SAS Viya 기반의 실무에 바로 적용하는 AutoML

강 봉 주 지음

자유아카데미

SAS Auto ML이란?

SAS 자동 머신러닝(AutoML)은 머신러닝 기법을 적용하는 모든 프로세스를 자동화하는 절차를 의미한다. 즉, 데이터(data), 발견(discovery), 전개(deployment)의 전 프로세스를, 각 프로세스의 하위 프로세스까지 연결하여 자동화하는 것이다.

SAS 자동 머신러닝의 기능적 특징은 다음과 같다.

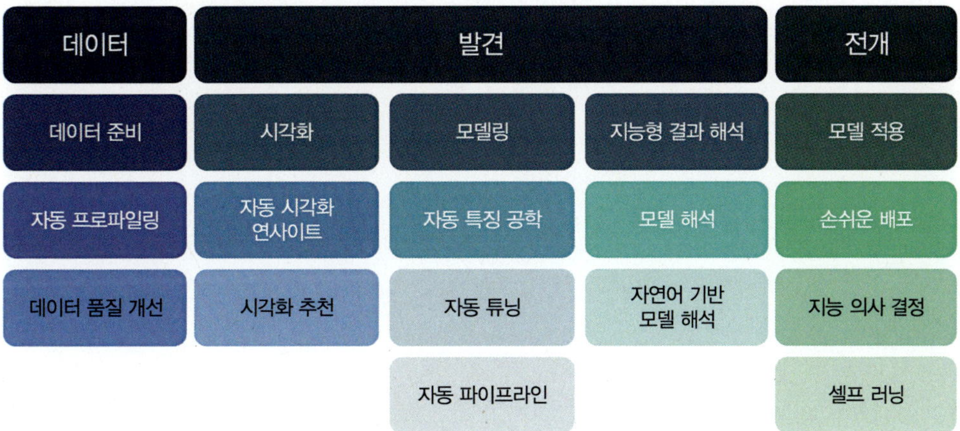

[SAS Viya 자동 머신러닝 기능의 특징 요약]

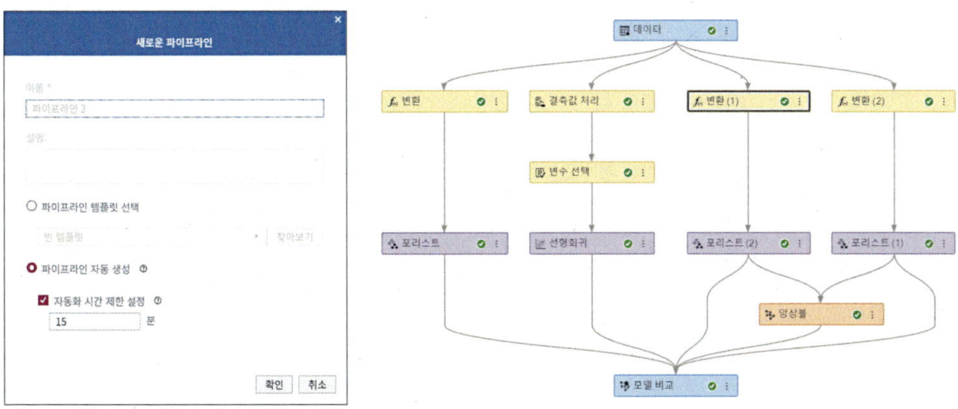

[자동 머신러닝의 자동 파이프라인 선택 및 생성 예]

머리말

이 책은 필자가 최근 3년간 SAS코리아에서 'SAS Enterprise Miner 기반의 머신러닝의 이해와 활용'이라는 강의를 하면서 준비했던 자료들을 기반으로 작성되었다.

현재 시중에 SAS Enterprise Miner 기반의 번역서나 국내도서는 많이 있지만, SAS의 새로운 머신러닝 플랫폼이라고 할 수 있는 'SAS Viya' 기반 관련 도서는 아직 국내에서 출판된 적이 없다. 이것은 SAS Viya가 많이 보급되지 않았고 실제 사용자가 사용해 볼 수 있는 환경도 극히 제한적이었기 때문이다. 하지만 이제는 출시된 지 이미 몇 해가 지났고 국내에서도 몇몇 고객사를 확보하여 활용되고 있는 상황이라는 점을 감안하면 많이 아쉬운 부분이다. 또한, SAS Viya 제품군이 다양한 데다가 실제 활용을 위한 각 옵션들의 설명이 여기저기 산재해 있어서 사용자 스스로 사용자 가이드, 레퍼런스 가이드 등을 파악하는 데에는 많은 시간이 소요된다. 이러한 필요에 따라 SAS Viya의 제품군의 대표격이라 할 수 있는 SAS VDMML(Visual Data Mining and Machine Learning) 제품을 이용하여 머신러닝을 직접 실무에 적용할 수 있는 책을 저술하게 되었다.

SAS VDMML 제품은 시각화가 아주 잘 되어 있으며, 내부적인 계산은 메모리 기반이고, 클라우드 서비스가 가능한, 사용자가 쓰기에 가장 좋은 인터페이스로 구성되어 있다. 상용 제품이다 보니 파이썬, R과 같은 오픈소스 기반의 머신러닝 라이브러리보다 훨씬 안정적이고, 일일이 원하는 알고리즘을 찾는 수고를 덜어주며 매우 시각적이다. 이는 필자가 저술한 책인「파이썬으로 실무에 바로 적용하는 머신러닝」을 비롯한 R, 파이썬 관련 책의 실제 코드를 보면 느낄 수 있을 것이다.

최근 SAS Viya 3.5 버전에는 자동 머신러닝(AutoML: automated machine learning)이라는 훌륭한 기능이 탑재되었다. 이 기능은 데이터가 주어지면 자동으로 머신러닝 파이프라인을 구성해주고(pipeline automation) 각각의 모델에서 자동 조율(auto tuning)과 자동 특징 생성(auto feature engineering)이 이루어진다. 즉, 전체의 자동화와

각 하위 프로세스의 자동화를 할 수 있는 주요 기능이 탑재된 것이다. 또한 전체 자동화 프로세스 중 모델 적용(model deployment)을 매우 쉽게 할 수 있으며 자율 학습 기능(self-learning)도 갖추고 있다. 시각화 인터페이스 기반으로 프로젝트를 한다면 더욱 편하게 수행할 수 있으며 입력과 출력에 보다 많은 시간을 할애할 수 있는 기능이라고 할 수 있다. 따라서 이에 맞춰 이 책의 0장에 자동 머신러닝의 정의와 기능을 다루었다.

이 책은 주요한 머신러닝 알고리즘으로 구성되어 있지만 머신러닝을 위한 또 다른 중요한 요소이자 데이터 준비 단계인 데이터 품질, 특징 추출, 특징 선택 등에도 많은 지면을 할애하였다. 머신러닝을 응용하는 독자라면 분석을 위한 입력 데이터를 구성하는 것이 무엇보다도 중요하고 어렵다는 것을 공감할 것이다. 이를 특히 특징공학이라고도 하는데, 여기에 도움이 되었으면 한다. 데이터 준비 과정을 거친 후 실무에서 바로 접하는 문제는 그중에 어떤 특징 또는 변수가 유의미한 것인지 판단하는 것이다. 따라서 정밀도행렬에 의한 방법을 추가로 소개하였다. 머신러닝의 모형들은 자체적으로 많은 초모수값을 지정해야 하는데 이 부분에 대한 해결 과정으로 자동 조율 방법을 수록하였으며, 또한 최근에 많은 관심을 받고 있는 해석 가능 머신러닝의 대표적인 기법들도 소개하였다. 머신러닝이 고도화되면서 알고리즘이 블랙박스와 같이 되어 산출물에 대한 이해를 입력변수와 연관지어 판단하기가 어려워졌는데, 이를 조금이나마 해소할 수 있는 기회가 되었으면 한다.

이 책은 단순 개요를 넘어서서 실제 적용을 위한 다양한 옵션에 대해 풍부하게 설명하였으며, 추가 설명이 필요한 경우 어떤 책, 논문, SAS 프로시저를 읽고 이해해야 할지에 대해서도 안내하였다.

이 책은 SAS 제품, 특히 SAS Viya 플랫폼으로 빅데이터 또는 머신러닝 프로젝트를 해야 하는 독자들을 대상으로 한다. 하지만 일반 SAS 독자이거나 오픈소스 기반의 프로젝트를 수행하는 독자들도 이 책의 시각화되고 잘 정리된 옵션 집합을 보면 하나의 인사이트를 얻을 수 있을 것이라고 생각된다.

각각의 알고리즘으로 구성된 장들은 독립적으로 읽어도 무방하지만 데이터 준비, 특징 선택, 선형회귀와 머신러닝 알고리즘 구조, 해석 가능 머신러닝은 반드시 읽기를 권장한다.

좋은 책을 위해 최선을 다했지만 오류나 부족한 부분이 있을 수 있다. 이에 대한 독자 여러분의 많은 조언을 구하며, 출간 후에라도 수정사항이 있을 경우에는 자유아카데미 홈페이지(http://www.freeaca.com) 자료실에 제공할 예정이니 참조하길 바란다.

마지막으로 나의 가족인 진영, 한솔, 두솔에게 고마움을 전한다.

차례

6장 • 이상값 탐지 / 89

7장 • 특징 선택 / 99

8장 • 표기법 / 137

9장 • 선형회귀와 머신러닝 알고리즘 구조 / 141

10장 • 분류 문제와 로지스틱 회귀분석 / 149

11장 • 분류와 회귀나무 / 165

12장 • 랜덤 포레스트 / 181

13장 • 해석 가능 머신러닝 / 189

14장 • 그래디언트 부스팅 / 197

15장 • 지지벡터 머신 / 211

16장 • 다층 신경망 / 233

17장 • 특잇값 분해 / 251

18장 • 주성분 분석 / 265

19장 • 군집분석 / 275

0장

자동 머신러닝 개요

0.1 자동 머신러닝 정의

자동 머신러닝(AutoML: automated machine learning)은 실제 문제에서 머신러닝 기법을 적용하는 프로세스를 자동화하는 절차를 의미한다. 즉, 원 데이터(raw data)로부터 머신러닝 모델을 전개하는 전 과정이 하나의 파이프라인으로 연결될 수 있는 것을 의미한다. 특히 고수준의 자동화는 분석 전문가가 아니더라도 머신러닝 모델을 적용하여 결과를 얻을 수 있어야 한다.

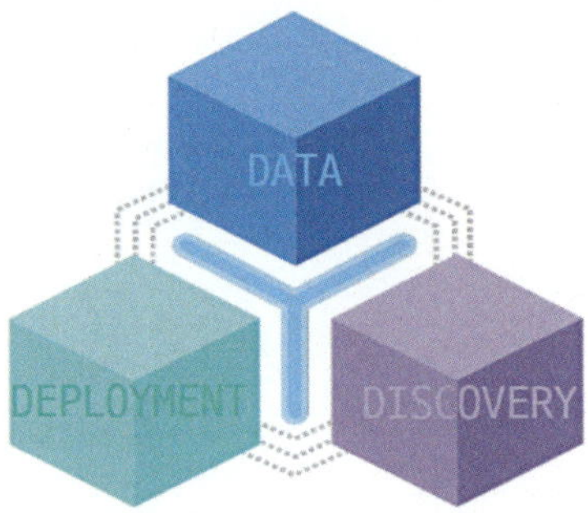

[그림 0.1] SAS의 분석 생애주기

[그림 0.1]은 SAS사의 분석 생애주기를 도식화한 것으로, 데이터, 발견, 전개라고 하는 큰 프로세스로 나누어져 있음을 알 수 있다.

이때 자동 머신러닝 툴은 이러한 분석 생애주기의 전 과정이 서로 연결되어 하나로서 처리되어야 한다는 것이다. 물론 각각의 프로세스는 독립적인 과정으로 있다 하더라도 이를 모두 연결시킬 수 있는 플랫폼이 있어야 진정한 자동 머신러닝 툴이라고 할 수 있다.

뿐만 아니라 하나의 프로세스, 예를 들어 데이터 프로세스인 경우에는 수많은 하위 프로세스(sub process)가 존재한다. 예를 들어 데이터 전처리(data pre-processing), 특징 공학(feature engineering), 특징 추출(feature extraction), 특징 선택(feature selection) 등이다. 이러한 각각의 하위 프로세스조차도 서로 연결되고 처리되어야 한다.

0.2 자동 머신러닝 예시

다음과 같은 프로그램을 살펴보자.

```
s.loadactionset(actionset="dataSciencePilot")
s.dataSciencePilot.dsAutoMl(
     table                    = {"name" : "DMAGECR"},
     target                   = "good_bad",
     explorationPolicy        = {},
     screenPolicy             = {},
     selectionPolicy          = {},
     transformationPolicy     = {"missing":True, "cardinality":True,
                                 "entropy":True, "iqv":True,
                                 "skewness":True, "kurtosis":True, "Outlier":True},
     modelTypes               = ["decisionTree"],
     objective                = "AUC",
     sampleSize               = 20,
     topKPipelines            = 20,
     kFolds                   = 5,
     transformationOut        = {"name" : "TRANSFORMATION_OUT", "replace" : True},
     featureOut               = {"name" : "FEATURE_OUT", "replace" : True},
     pipelineOut              = {"name" : "PIPELINE_OUT", "replace" : True},
     saveState                = {"name" : "ASTORE_OUT", "replace" : True}
 )
s.fetch(table = {"name": "PIPELINE_OUT"})
s.fetch(table = {"name": "FEATURE_OUT"})
s.fetch(table = {"name": "TRANSFORMATION_OUT"})
```

[그림 0.2] 프로그래밍 기반의 자동 머신러닝 예

[그림 0.2]의 프로그램 예시는 SAS Viya의 VDMML 제품에서 제공하는 프로그래밍 기반의 자동 머신러닝의 예이다. 프로그램을 보면 하나의 프로그램에서 원 데이터, 데이터 탐색, 변수 선택, 결측값 처리, 적합 모델 유형, 교차 검증 그리고 모델의 저장까지 전체 과정이 하나로 처리됨을 알 수 있다. 즉, 자동 머신러닝은 이와 같이 전 과정이 하나의 파이프라인으로 연결되어 처리되어야 한다.

그런데 자동 머신러닝의 또 다른 하나의 영역은 전문 분석가가 아니더라도 이를 적용할 수 있는 시각화 사용자 인터페이스를 제공해야 한다는 것이다.

[그림 0.3] 시각화 인터페이스 기반의 파이프라인 구성 선택 예

[그림 0.3]은 시각화 인터페이스 방식으로 파이프라인을 자동으로 구성하기 위한 선택 예이다. 주어진 데이터가 있을 때 이를 기반으로 하여 자동으로 가장 적절한 파이프라인을 생성하는 것이다.

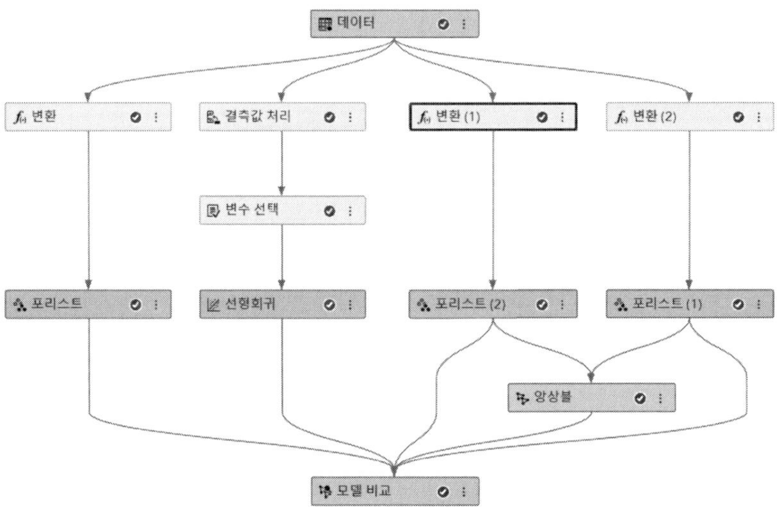

[그림 0.4] 시각화 인터페이스 기반의 자동 파이프라인 구성 예

[그림 0.4]는 자동 파이프라인을 구성한 예이다. 물론 자동으로 파이프라인을 구성하기도 하지만 때에 따라서는 추천하는 템플릿으로 파이프라인을 구성할 수도 있다.

[그림 0.5] 시각화 인터페이스 기반의 파이프라인 템플릿 선택 예

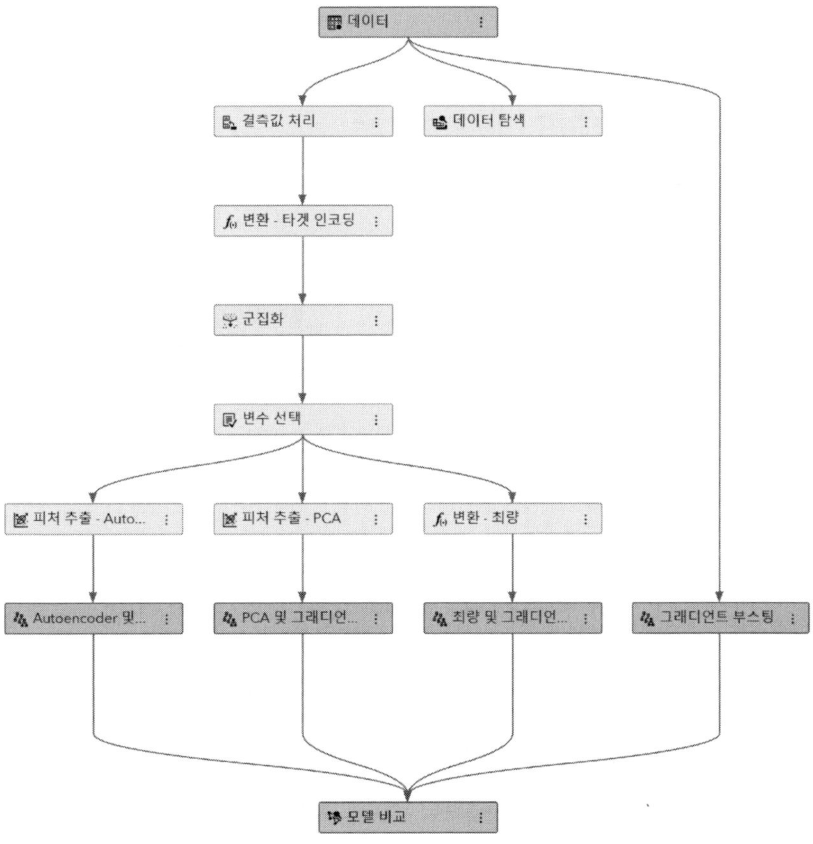

[그림 0.6] 시각화 인터페이스 기반의 파이프라인 템플릿 예

[그림 0.6]은 특징 공학 관점에서 저장된 템플릿을 이용하여 현재의 데이터에 대한 파이프라인을 생성한 것이다. 오픈소스 기반의 대부분의 머신러닝 프로젝트에서의 가장 큰 취약점 중의 하나는 분석가와 개발자의 역량에 대한 의존성이 너무 크다는 것이다. 즉, 역량에 따른 모델 개발의 차이가 너무 심하다는 단점이 있지만 [그림 0.6]과 같이 자동화된 템플릿이 제공된다면 그 차이는 많이 해소될 수 있는 것이다.

자동 파이프라인 생성, 추천 파이프라인 템플릿 이용 그리고 사용자가 직접 생성한 파이프라인 등의 모든 결과는 하나의 일관된 관점에서 평가되고 보고되어야 한다. 하지만 실제 모델을 최종 선택하고 난 후 어떻게 보고서를 작성하고 평가를 받아야 하는지에 대한 일관된 형식이 없었다. 즉, 분석가마다 엄청 큰 편차를 보였다. 이를 해소할 수 있는 자동화된 리포트, 즉 보고서가 필요하다.

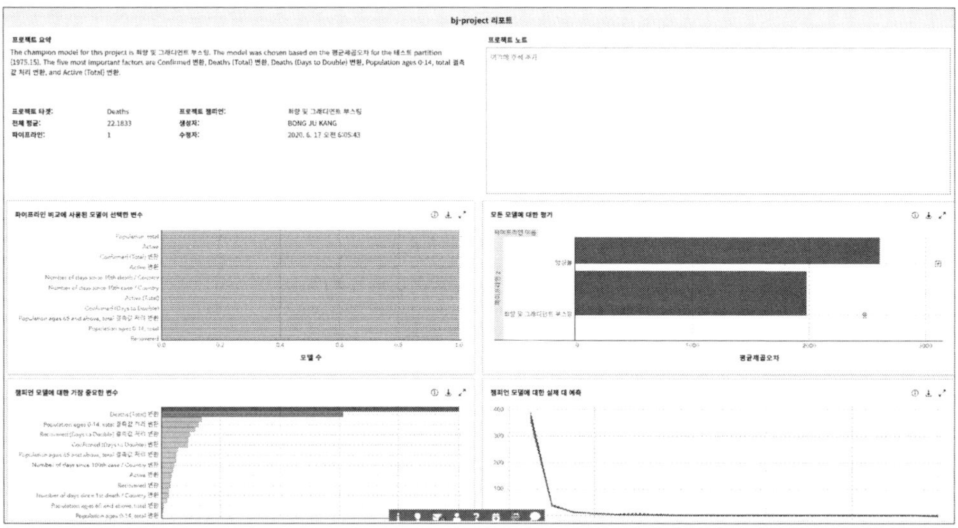

[그림 0.7] 시각화 인터페이스 기반의 자동 보고서 생성 예

[그림 0.7]을 보면 전체 프로젝트 요약, 모델 입력 변수, 변수 중요도, 모델 평가 등의 모든 결과가 일목 요연하게 정리되어 있음을 알 수 있다. 특히 프로젝트 요약 등과 같이 실제 자연어 형식으로 요약되어 있다. 이를 이용하여 통일적이고 표준화된 형식으로 분석 결과 등을 파악할 수 있는 것이다.

파이프라인 간의 비교를 통하여 최종적으로 선택된 모델은 어떻게 자동으로 관리되는지를 살펴보자.

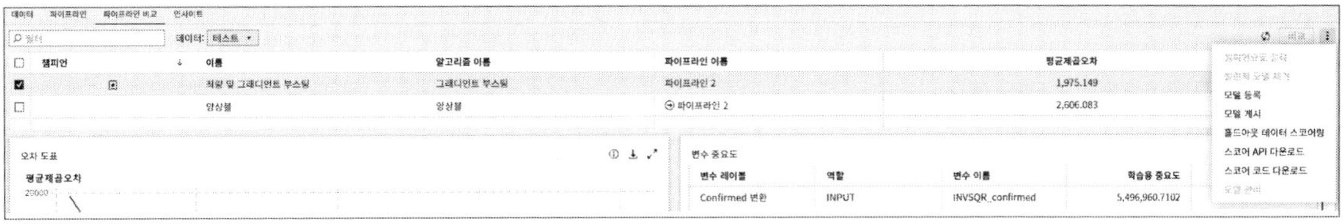

[그림 0.8] 시각화 인터페이스 기반의 모델 등록

[그림 0.8]을 보면 수없이 많은 파이프라인 간의 경쟁을 통하여 챔피언 모델이 선정되며 간단히 팝업으로 모델 등록을 할 수 있게 된다.

오픈소스 기반의 프로젝트에서의 단점 중의 하나는 수없이 많은 모델이 만들어지지만 이를 통합적으로 관리하는 기능이 없다는 것이다. 즉, 자동 머신러닝의 핵심인 연결 파이프라인이 제대로 안 되는 것이다.

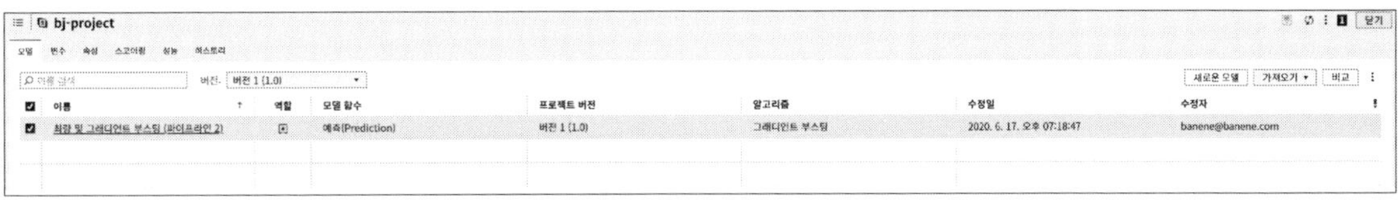

[그림 0.9] 시각화 인터페이스 기반의 모델 관리 예

[그림 0.9]는 등록된 모델의 목록을 살펴보는 예이다. 많은 사용자들이 분석을 하고 그 결과를 등록할 수 있다. 이때 등록된 모델은 사용된 변수, 속성, 스코어링, 성능, 히스토리를 볼 수 있어 체계적으로 관리되고 있음을 알 수 있다.

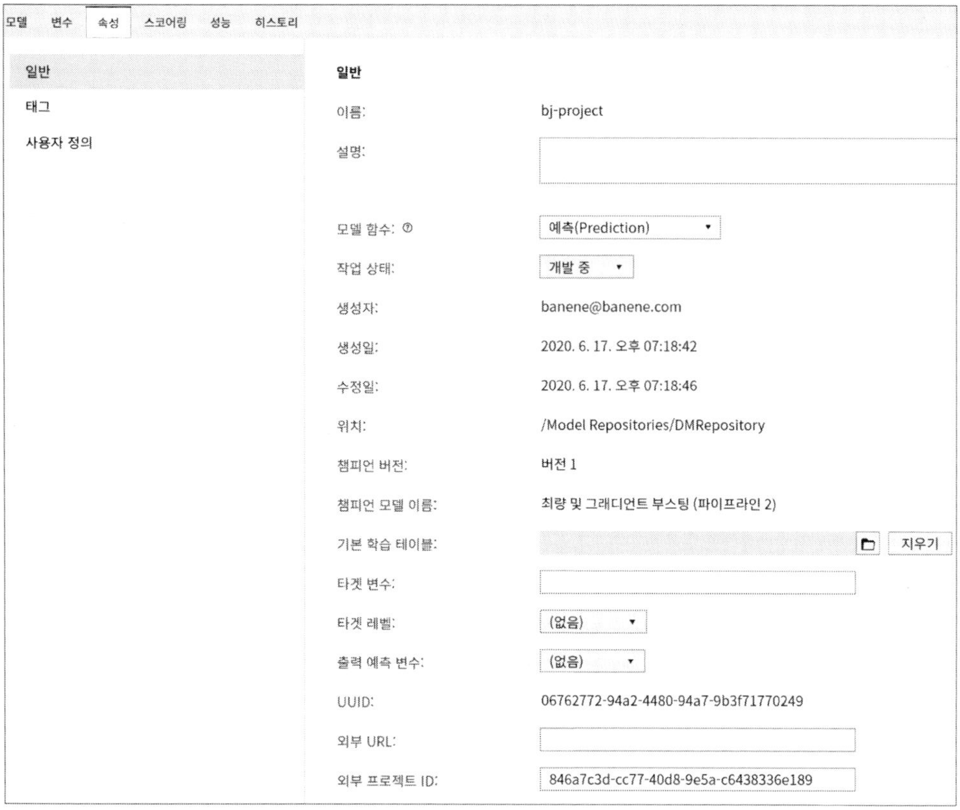

[그림 0.10] 시각화 인터페이스 기반의 모델 속성 예

[그림 0.10]은 관리되고 있는 모델 속성의 예이다. 관리되는 모델에 대하여 새로운 평가 데이터가 있는 경우에 스코어링을 통해서 제대로 모델이 작동하는지를 검증할 수 있다. 이때 문제가 되는 것은 모델의 입력 변수가 수없이 많은 변환 과정을 거쳐서 생성된 경우는 그 많은 과정을 평가 원 데이터 또한 거쳐야 한다는 점이다. 오픈소스 기반인 경우는 만만한 과정이 아니다. 바로 이러한 과정에 대한 자동화 또한 매우 중요한 것이다.

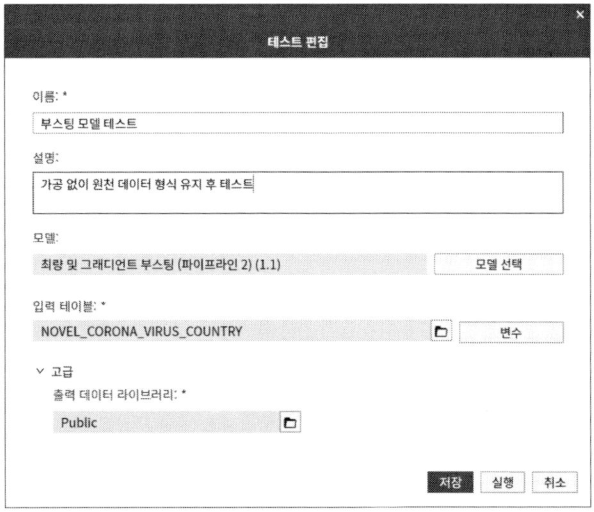

[그림 0.11] 시각화 인터페이스 기반의 스코어링 테스트 예

[그림 0.11]은 원 데이터 형식 그대로 입력한 경우에 스코어링 테스트를 하는 예이다.

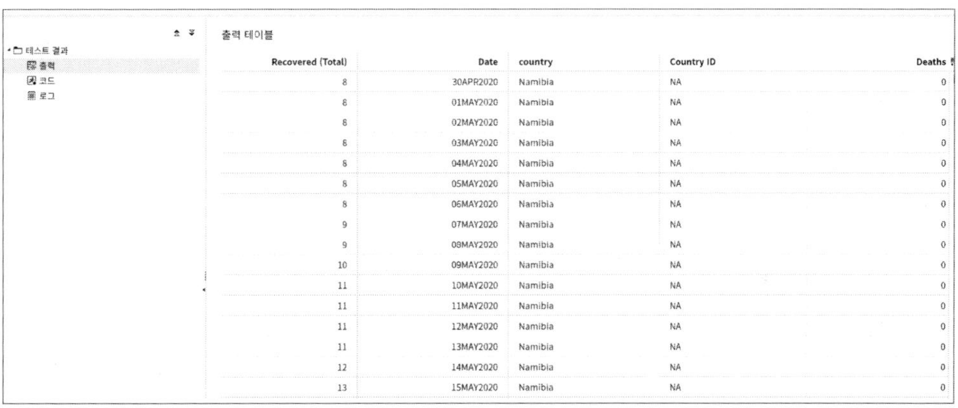

Recovered (Total)	Date	country	Country ID	Deaths
8	30APR2020	Namibia	NA	0
8	01MAY2020	Namibia	NA	0
8	02MAY2020	Namibia	NA	0
8	03MAY2020	Namibia	NA	0
8	04MAY2020	Namibia	NA	0
8	05MAY2020	Namibia	NA	0
8	06MAY2020	Namibia	NA	0
9	07MAY2020	Namibia	NA	0
9	08MAY2020	Namibia	NA	0
10	09MAY2020	Namibia	NA	0
11	10MAY2020	Namibia	NA	0
11	11MAY2020	Namibia	NA	0
11	12MAY2020	Namibia	NA	0
11	13MAY2020	Namibia	NA	0
12	14MAY2020	Namibia	NA	0
13	15MAY2020	Namibia	NA	0

[그림 0.12] 시각화 인터페이스 기반의 스코어링 결과 테이블 예

[그림 0.12]는 스코어링 결과 생성된 테이블이 예이다.

모델이 선정, 등록 및 스코어링 테스트까지 거치고 나면 다음 과정으로 비즈니스 가치를 생성하기 위하여 모델이 필요한 곳으로 적용 또는 전개(deployment)되어야 한다.

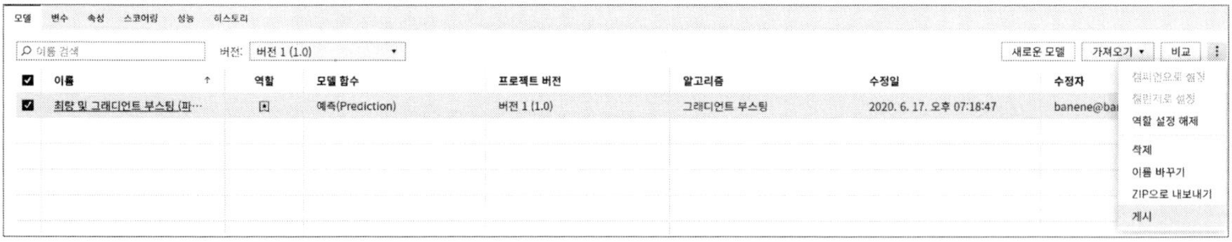

[그림 0.13] 시각화 인터페이스 기반의 모델 게시 선택 예

[그림 0.13]은 선택된 모델의 게시(publish)를 위한 선택 화면이다.

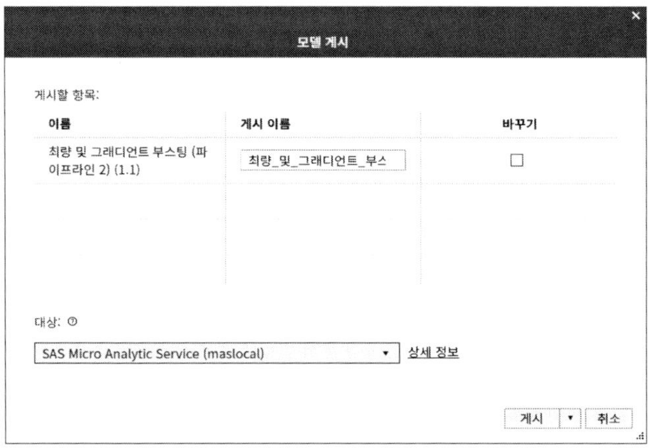

[그림 0.14] 시각화 인터페이스 기반의 모델 게시 예

[그림 0.14]는 모델 게시하기 위하여 항목과 대상을 정의하는 화면이다.

모델을 만드는 목적이 비즈니스 가치를 높이기 위한 것이기 때문에 무엇보다도 모델이 필요한 곳으로 전개(deployment)하여야 한다. 예를 들어, 보험사기 탐지를 위한 모델이라면 보험 고객이 보험금 청구(claim) 시에 이를 탐지할 수 있어야 한다. 즉, 보험금 청구를 처리하는 업무 시스템에서 호출할 수 있는 구조여야 한다.

대부분의 분석 전문가는 성능 좋은 모델을 만드는 것에만 초점을 두기 때문에 실제 업무 시스템에서 모델을 호출하기 위한 제반 문제를 고려하지 않는 경우를 많이 볼 수 있다. 예를 들어 R 또는 파이썬 프로그램으로 만든 모델을 업무 시스템에서 직접 호출할 수는 없다. 또한 호출 후 모델에서 필요로 하는 입력 데이터들이 자동으로 모델에 적용되는 구조도 아니다. 전체적인 자동 머신러닝을 고려하지 않는 경우가 많으며 이를 뒷받침할 수 있는 플랫폼도 거의 찾아볼 수 없다. 이런 이유로 모델을 개발하고 실제 업무에 적용하기까지 많은 시간과 노력이 필요하며 때에 따라서는 새롭게 모델을 재개발해야 하는 경우도 발생한다.

자동 머신러닝 관점에서 보면 모델 개발도 중요하지만 이를 저장, 등록, 관리하고 이를 업무 시스템에서 원하는 형식으로 바로 전개할 수 있는 프로세스가 더 중요하다. 따라서 자동화 과정이 특히 중요하다고 볼 수 있다.

모델을 게시한다는 것은 개발 단계에서 운영 단계로 넘어가기 위하여 운영 시스템의 하나의 모듈로서 등록하고 옮기는 것을 의미한다. 이렇게 옮겨진 모듈은 해당 모델을 원하는 모든 곳에서 호출되어 활용이 가능해지는 것을 의미한다.

이와 같이 데이터, 발견, 전개의 전 과정이 프로그래밍 방식 또는 시각화 인터페이스 기반으로 자동화가 되는 실제적인 예들을 살펴보았다.

0.3 자동 머신러닝 주요 기능

자동 머신러닝의 핵심어는 자동(automation)이다. 100% 자동이 안된다고 할지라도 자동화를 할 수 있는, 즉 서로 연결될 수 있는 플랫폼이 중요하다. 뿐만 아니라 각각의 하위 프로세스 자체의 자동화 또한 중요하다고 볼 수 있다. 각 하위 프로세스의 자동화의 예를 살펴보자.

데이터 프로세스에서 데이터의 품질 점검을 위한 데이터 프로파일링은 매우 중요하며 이를 자동으로 처리하고 그 결과를 시각화 인터페이스로 제공하는 것이 중요하다.

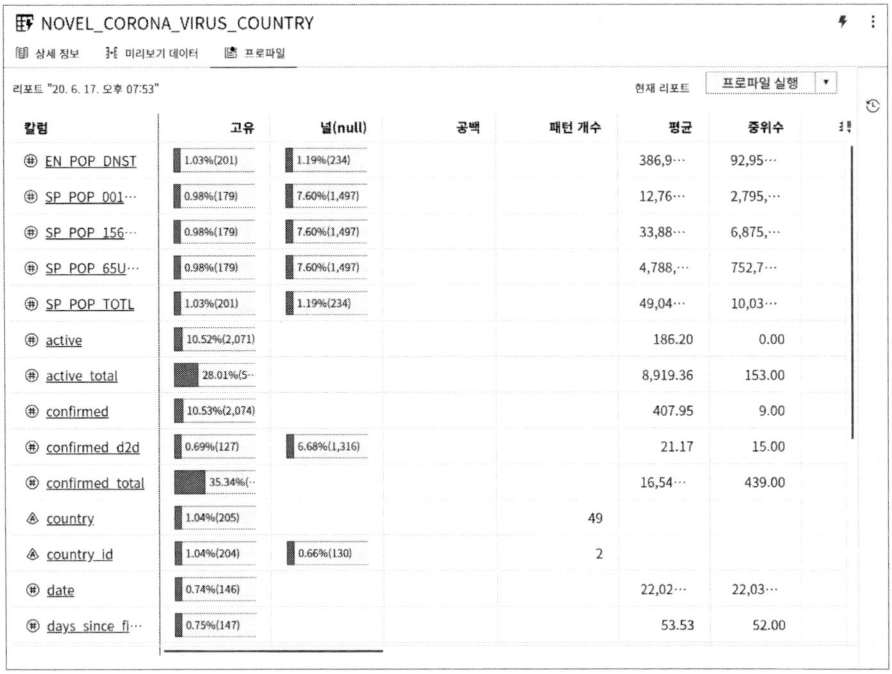

[그림 0.15] 시각화 인터페이스 기반의 데이터 프로파일링 예

[그림 0.15]는 분석 데이터에 대한 프로파일링 요약 예시이다.

실제 데이터 품질을 살펴볼 때는 [그림 0.16]과 같이 데이터 값에 대한 패턴 분포를 파악하는 것이 매우 중요하다.

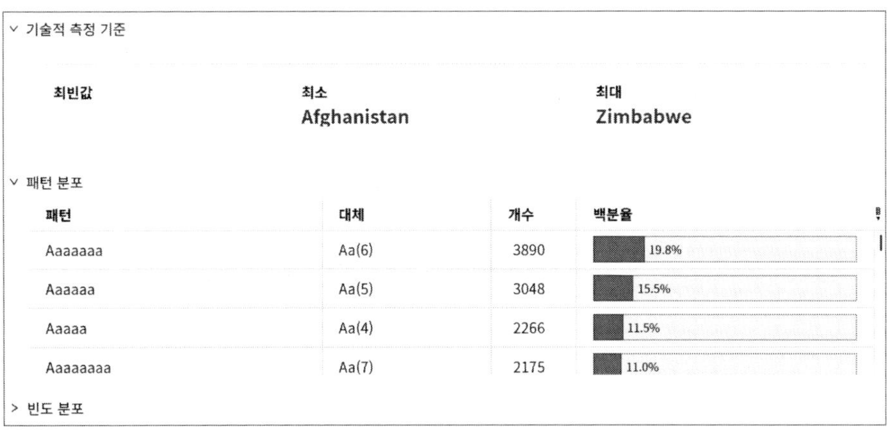

[그림 0.16] 시각화 인터페이스 기반이 데이터 패턴 예

분석 또는 발견(discovery) 프로세스에서는 자동 비주얼 인사이트(automated explanation), 자동 특징 공학(auto feature engineering), 초모수에 대한 자동 조율(auto tuning), 자동 파이프라인(auto pipeline), 해석 가능 또는 설명 가능 머신러닝을 위한 기능 등이 있다. 이 중 몇 가지 중요한 자동화 특징을 살펴보기로 하자.

자동 특징 공학은 주어진 입력 데이터가 있는 경우에 유의미한 파생 변수를 만드는 과정이라고 볼 수 있다. 실제 실무에서는 업무 전문가와 분석 전문가 등이 협력하여 유의미한 파생 변수를 만들고 때에 따라서는 많은 변수 변환을 하게 된다. 특히 특징들을 결합한 새로운 특징을 만들기도 한다. 대표적으로 주성분 분석 등이 있다.

특징 공학의 영역과 그 범위는 방대하지만 하나의 개별 변수, 즉 개별 특징으로부터 자동으로 새로운 특징을 만드는 과정 또한 단순하지 않다. 예를 들어 분포의 왜도 또는 첨도 값이 높은 경우에 이를 정규화(normalization)하는 것, 희귀 범주가 있는 경우 이를 묶어서 새로운 범주로 구성하는 것 등 다양하다. 또한 이렇게 변환된 변수가 목표 변수와 상관 관계 또는 상호 정보(mutual information)를 따져서 가장 높은 값을 주는 변수만 선택하는 것 또한 만만한 작업이 아니다.

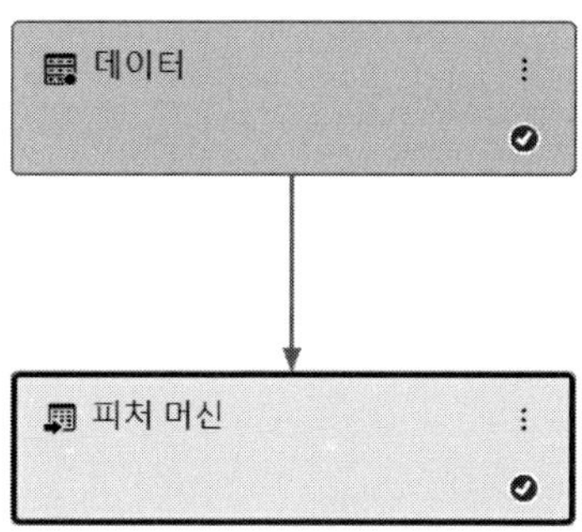

[그림 0.17] 시각화 인터페이스 기반의 단변량 자동 특징 추출 예

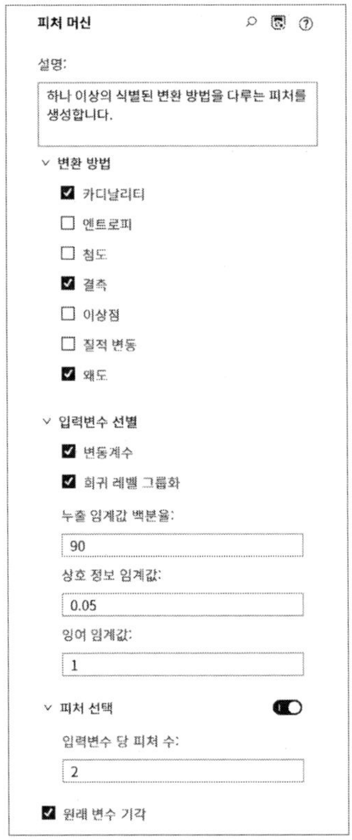

[그림 0.18] 시각화 기반의 자동 특징 추출 노드의 속성 예

[그림 0.18]은 피처 머신 노드, 즉 자동 특징 추출 노드의 속성의 예이다. 노드를 실행하고 나면 [그림 0.19]와 같은 결과를 얻을 수 있다.

선택한 피처

개수	피처	설명	레벨	입력변수
1	hs_bc_0_EN_POP_DNST	EN_POP_DNST: High skewness - Box-Cox(lambda=0) + impute(median)	INTERVAL	EN_POP_DNST
2	cpy_int_med_imp_EN_POP_DNST	EN_POP_DNST: Low missing rate - median imputation	INTERVAL	EN_POP_DNST
3	hs_bc_p1_EN_POP_DNST	EN_POP_DNST: High skewness - Box-Cox(lambda=1) + impute(median)	INTERVAL	EN_POP_DNST
4	cpy_int_med_imp_SP_POP_0014_TO	SP_POP_0014_TO: Low missing rate - median imputation	INTERVAL	SP_POP_0014_TO
5	miss_ind_SP_POP_0	SP_POP_0014_TO: Significant missing -	NOMINAL	SP_POP_0014_TO

[그림 0.19] 시각화 인터페이스 기반의 자동 특징 추출 결과 예

결과를 보면 어떠한 기준에서 해당 피처, 즉 특징이 문제가 있는지 그리고 어떤 변환 방법을 사용하고 결측값 처리 기준이 무엇인지 등의 내용이 상세하게 나와 있음을 알 수 있다.

자동 조율(auto tuning)에 대하여 살펴보기로 하자.

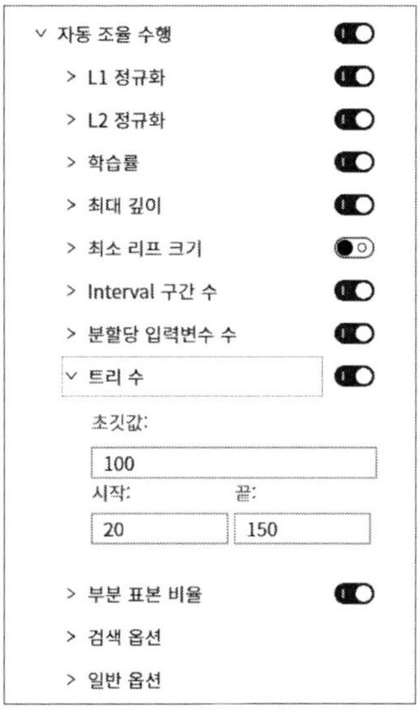

[그림 0.20] 시각화 인터페이스 기반의 자동 조율 선택 예

[그림 0.20]은 자동 조율 선택 예를 나타내었다. 자동 조율은 각 모델에 따라 사전 정의되어야 하는 초모수(hyper parameter)의 값들 중 최적의 조합을 선택하는 것이다. 이러한 부분 또한 자동화되어야 하는 영역 중의 하나이다.

최근에는 무엇보다도 블랙박스 인공지능 모델에 대한 해석 가능(interpretable) 또는 설명 가능(explainable) 머신러닝이 강조되고 있다.

[그림 0.21] 시각화 인터페이스 기반의 모델 해석가능성 선택 예

[그림 0.21]은 다양한 모델 해석 가능성 모델을 예시하고 있으며 이 또한 자동 머신러닝 기능의 사후 분석 기능 요건 중의 하나라고 할 수 있다.

모델 적용 또는 전개 프로세스에서 자동 머신러닝 기능은 손쉬운 배포 기능과 프로젝트 또는 모델 재학습 기능이 있다. 이 중 손쉬운 배포 기능은 앞서 설명을 한 바와 같이 가장 중요한 기능이다. 여기서는 모델 재학습 기능에 대하여 살펴보기로 하자.

모델 재학습 기능은 특정 시점의 데이터로 선정된 모델은 시간이 지나면서 데이터가 변하기 때문에 관련된 모수(parameter) 값들이 변화할 수 있다. 예를 들어 모델이 개발되고 나서 이후 여러가지 이유로 모델 전개가 늦어진 경우에 그만큼의 과거 데이터로 만들어진 모델이라고 할 수 있다. 즉, 모델 현행화가 필요한 것이다. 이런 이유로 자동 머신러닝 기능에서 모델 재학습은 그만큼 중요하다고 볼 수 있다.

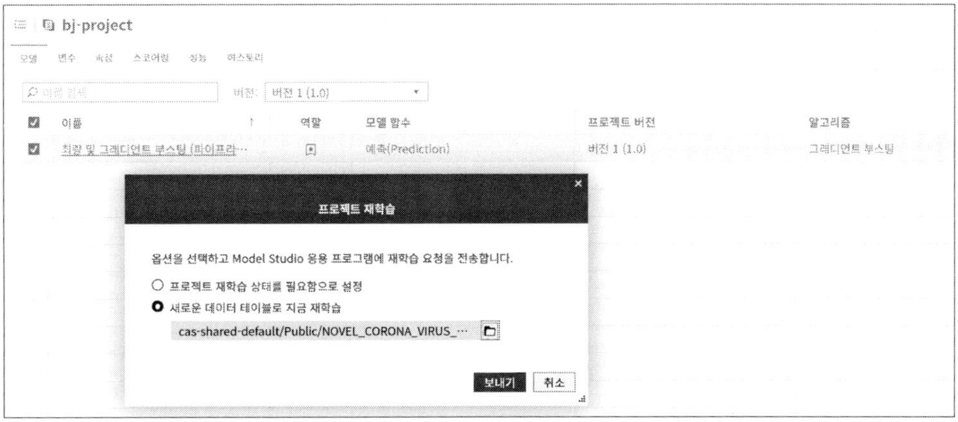

[그림 0.22] 시각화 인터페이스 기반의 모델 재학습 예

[그림 0.22]의 결과로 재학습의 보내기를 선택하면 [그림 0.23]과 같이 실제 모델 생성 노드에서 재학습이 실행되고 있음을 알 수 있다.

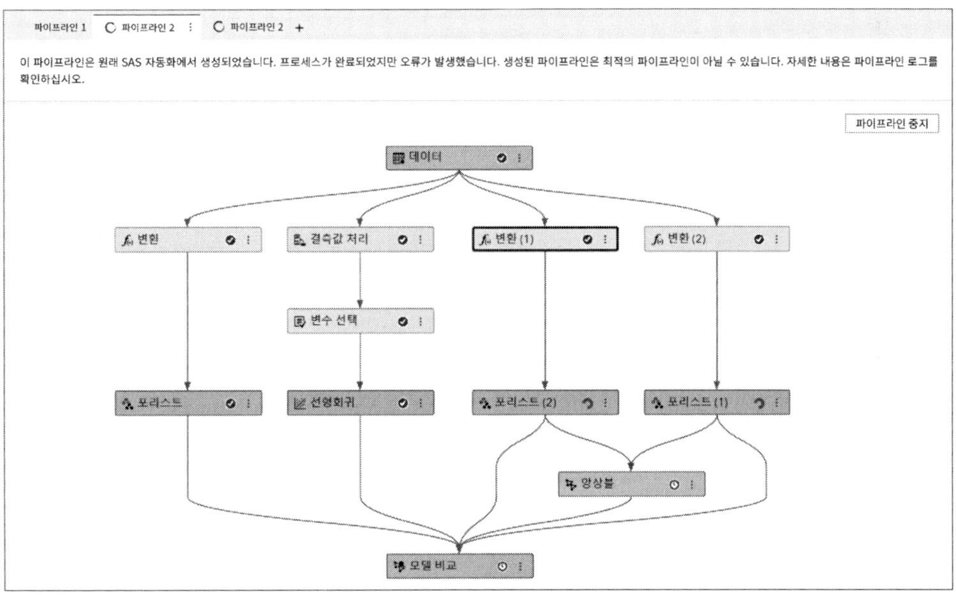

[그림 0.23] 재학습 실행 화면

마지막으로 자동 머신러닝의 중요한 기능 중 하나는 사용자들이 경험을 수용할 수 있어야 한다. 사용자 경험은 개발 또는 분석을 할 때 어떠한 방식과 플랫폼에서 주로

경험을 했는지 여부이다. 즉, 주로 프로그래밍 방식으로 파이썬 또는 R를 통하여 분석을 한 사용자와 시각화 기반 인터페이스 기반의 분석을 한 사용자 간에는 현격한 경험의 차이가 있는 것이다. 이렇듯 다른 경험을 가진 모든 사용자들을 위하여 통합된 환경의 플랫폼이 있어야 하는 것이다.

```
s.loadactionset{actionset="factmac"}
s.factmac(display={"names":{"DescStatsInt","FinalLoss","ModelInfo",
                            "NObs","OptIterHistory "}},
          output={"casOut":{"name":"out", "replace":True},
              "copyVars":{"userid","itemid","rating"}},
          target="rating",
          inputs={"userid","itemid"},
          nominals={"userid","itemid"},
          outModel={"name":"factors_out", "replace":True},
          learnStep=0.15, maxIter=20, nFactors=10,
          table={"caslib":"hps", "name":"movlens"})

factmac_out=s.CASTable('out')
pprint(factmac_out.fetch(to=20))
```

[그림 0.24] 파이썬 기반에서 SAS 모듈 호출 예

[그림 0.24]는 인수분해 머신(factorization machine) 모델을 파이썬 프로그램에서 호출하는 예시이다. 이 프로그램은 잘 알려진 주피터 노트북에서 파이썬 프로그램으로 호출하고 실행할 수 있는 예시이다. 이와 같이 오픈소스의 결과와 SAS의 결과를 하나의 파이썬 환경에서도 실행하고 결과를 확인할 수 있는 것이다. 즉, 자동 머신러닝 플랫폼은 사용자의 경험의 차이를 극복할 수 있는 환경을 제공해야 하는 것이다.

1장

머신러닝 개요

1.1 머신러닝 정의

머신러닝에 대한 정의는 아래와 같이 다양하다.

• **위키피디아**: 머신러닝은 전산과학의 한 분야로서 전산 시스템으로 하여금 명시적인 프로그래밍을 하지 않고 데이터로부터 학습할 수 있는 능력을 부여하는 것이다.

• **SAS**: 머신러닝은 인공지능의 한 분야로서 인간의 간섭이 거의 없이 결정을 하고, 유형을 확인하고 데이터부터 학습할 수 있는 시스템을 자동으로 생성하는 것이다.

• **An Introduction to Statistical Learning [ISL]**: 통계학습은 복잡한 데이터를 이해하고 모형화하는 툴들의 집합이다. 통계학습은 통계학 분야에서 최근에 개발되었으며 전산과학, 특히 머신러닝과 혼합 또는 병행하여 개발되었다. 통계학습은 라쏘, 릿지 회귀, 분류 및 회귀 결정나무 그리고 부스팅과 지지벡터 머신 등을 포함한다.

그러나 모든 정의를 관통하는 핵심 키워드는 데이터로부터 학습을 한다는 것이다. 즉, 한마디로 요약하여 설명하자면, 머신러닝은 학습의 과학이다.

1.2 머신러닝 프로세스

머신러닝의 정의를 보면 잘 정의된 데이터로부터 하나의 모형을 만들어내는 과정(모델링)이 전부인 것처럼 보인다. 그러나 실제 실무에 적용해 보면 하나의 모형을 만들어내는 과정 이상이다.

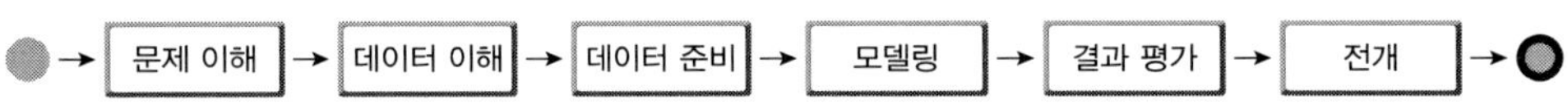

[그림 1.1] 머신러닝 프로세스(가트너)

[그림 1.1]은 [GARCHI] 문헌에서 머신러닝 프로세스라고 정의된 부분이다. 프로세스를 보면 머신러닝의 정의가 단순히 '모델링'에만 있지 않고 앞뒤로 연결된 많은 업무가 있음을 알 수가 있다. 특히 전체 업무를 100으로 보았을 때 모델링 직전까지의

업무가 최대 75% 정도를 차지한다고 한다. 즉, 평균적으로 모델링 업무만 놓고 보면 전체 업무의 20~30% 정도를 차지한다고 할 수 있다.

SAS의 [ALC] 문헌에 의하면 **[그림 1.2]**와 같이 분석 라이프 사이클을 3개의 업무로 구분하여 정의하고 있다.

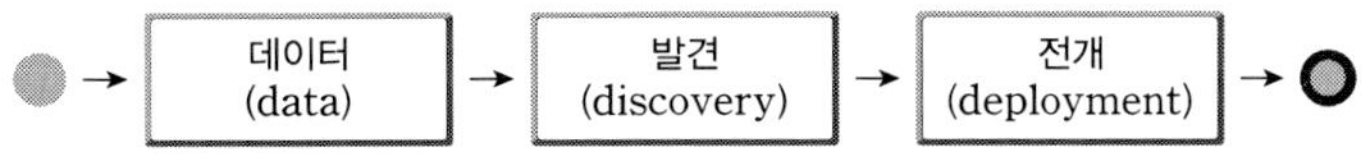

[그림 1.2] 분석 라이프 사이클(SAS)

SAS에서는 가트너의 데이터 준비까지의 전 과정을 '데이터'로 구분하고 있으며 데이터 탐색부터 모형 평가까지의 과정을 '발견'으로 정의하고 있다.

이외에도 다양하게 머신러닝 프로세스를 정의하고 있으나, 결론적으로 머신러닝을 단순히 모델링하는 것으로 정의하고 있지는 않다. 따라서 머신러닝을 실무에 적용하기 위해서는 문제를 정의하고 정의된 문제에 맞는 데이터의 소재 파악이 되어야 하며 파악된 데이터의 추출, 변수 변환 및 특징 추출과 같은 파생 변수 생성, 변수 선택(특징 선택), 모형, 모형 결과의 평가 그리고 원하는 비즈니스 애플리케이션의 전개 등의 전 과정을 이해해야 한다. 이러한 프로세스를 'end-to-end 머신러닝 프로세스'라고 한다.

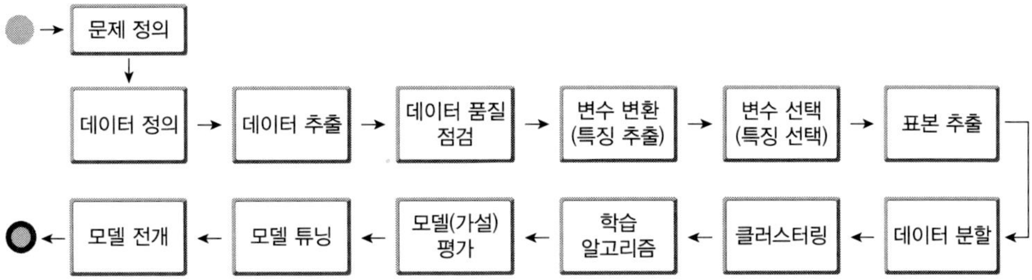

[그림 1.3] end-to-end 머신러닝 프로세스

[그림 1.3]에 나오는 각각의 업무는 생략할 수도 있다. 가령 데이터 분할 후 클러스터별 알고리즘을 적용하지 않는 경우에는 클러스터링, 즉 군집화 업무를 생략할 수도 있다.

이 책에서는 데이터 품질 점검에서부터 모델 튜닝(model tuning, 모형 조율)까지의 전 과정을 하나하나 살펴보기로 한다.

1.3 머신러닝의 응용 분야

머신러닝의 응용 분야는 특별히 제한이 없다. 그중 대표적인 몇 가지 사례를 살펴보기로 하자.

1.3.1 가상개인비서

애플의 시리(Siri), 구글 어시스턴트(Google Assistant), 아마존의 알렉사(Alexa), 마이크로소프트의 코타나(Cortana), 삼성의 빅스비(Bixby) 등이 가상개인비서(virtual personal

[그림 1.4] 가상개인비서: 구글 어시스턴트 예

assistant) 애플리케이션의 예이다. 최근에는 특히 음성 사용자 인터페이스가 많이 강화되었다.

가상개인비서 애플리케이션에는 특히 자연어처리(NLP: natural language processing), 즉 음성 또는 텍스트로 입력된 데이터를 처리하여 실행 가능한 명령어로 전환하는 기법과 같은 머신러닝 알고리즘이 사용되었다.

시리는 **[그림 1.5]**와 같은 일련의 과정(음성 → 데이터화 → 음소별로 분해 및 인식 → 최적의 단어 검색 → …)을 거쳐서 서비스하고 있다.

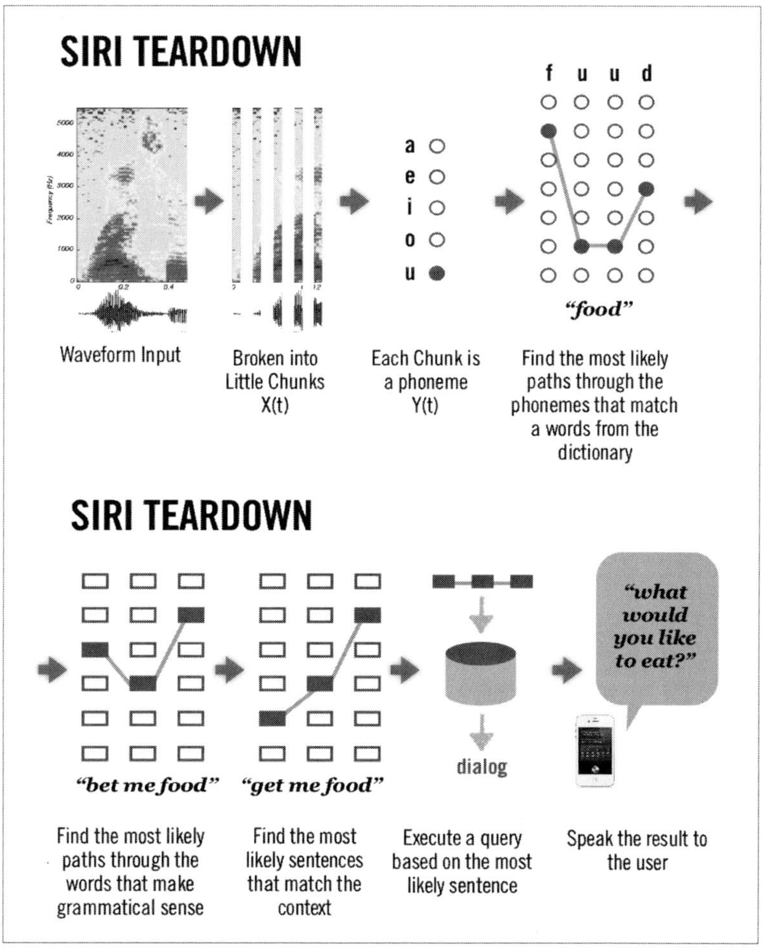

[그림 1.5] 시리의 음성 인식 시스템(IGS)

1.3.2. 구글 맵

구글은 2017년 Google Maps에 머신러닝을 도입하였으며, 스트리트 뷰 자동차를 통해 찍은 전 세계의 사진을 800억 장 이상 갖고 있다. 이때 거리 이름이나 주택 번호가 촬영되는데 그에 대한 인식을 높이고자 심층 신경망을 도입하였다. 일반적으로 잘 정의된 이미지, 즉 잘 스캔된 이미지에 대한 인식은 많이 높일 수 있지만 자연환경에서의 이미지 인식은 높지 않다. 이를 해결하기 위하여 2개의 심층 신경망을 연결하는데, 그 구조를 **[그림 1.6]**에 나타내었다.

구글은 이러한 심층 신경망 연결을 통해 프랑스 도로명 표시 데이터(FSNS: Freach Street Name Signs)에 대해 84.2%의 정확도를 달성하였다.

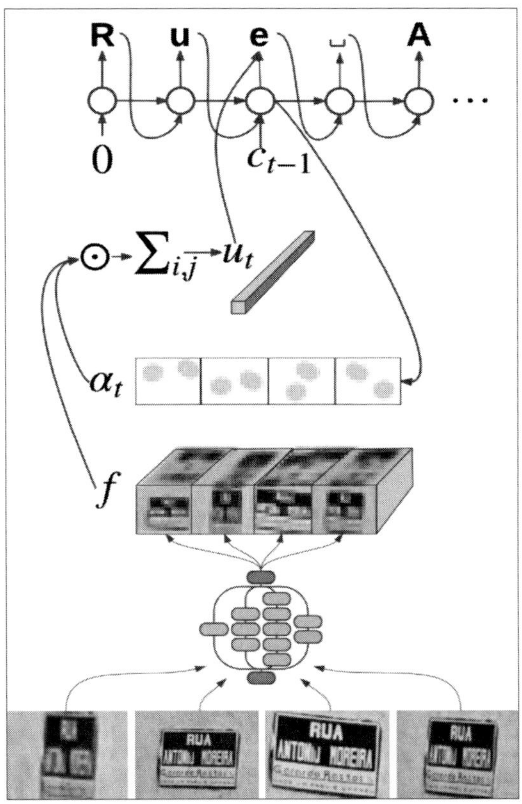

[그림 1.6] 합성곱(convolution) 신경망과 순환(recurrent) 신경망에 의한 표지판 인식(ABSVI)

1.3.3. 상품 추천

상업적으로 머신러닝이 가장 많이 활용되는 분야 중 하나는 상품 추천(product recommendation)이다. 고객의 과거 또는 현재의 행동, 이력 등을 종합적으로 분석하고, 현재 고객이 클릭하는 주 관심 상품에 대한 이해를 합하여 가장 살 확률이 높은 상품을 추천하는 것이다.

[그림 1.7]은 현대카드의 데이터 기반 해외 패션 사이트 검색 앱에서 '내게 맞는' 추천 서비스의 예이다. 여기서는 고객이 앱 고객인지 아니면 현대카드 고객인지에 따라 추천하는 알고리즘을 구분하여 제공하고 있다.

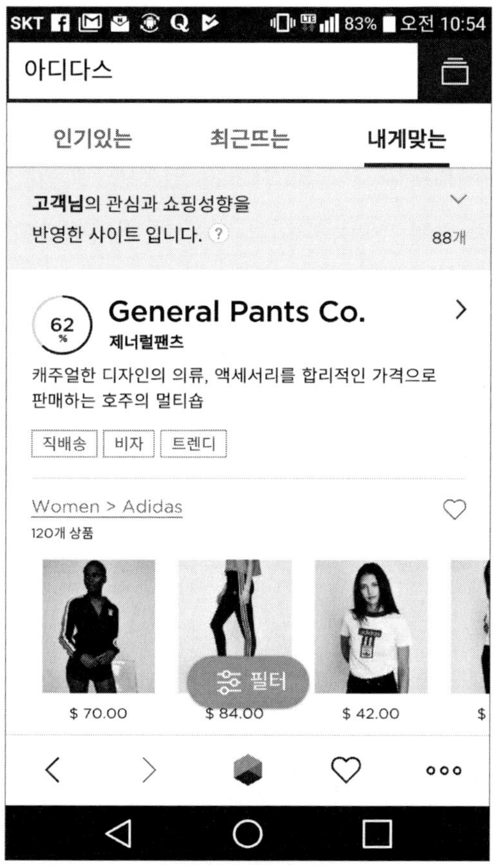

[그림 1.7] 현대카드 PICO 앱

1.4 머신러닝 알고리즘

앞 절에서 얘기한 바와 같이 머신러닝은 단지 하나의 또는 복수의 알고리즘을 적용하는 것에 국한되지 않으며, 머신러닝 전 과정에 있어 요소별로 다양한 알고리즘이 적용될 수 있다.

머신러닝 알고리즘이라고 분류되는 것은 굉장히 많다. 그중에서도 **[표 1.1]**과 같은 10대 알고리즘은 매우 범용적이므로 이에 대한 충분한 이해가 필요하며 대부분의 머신러닝 문제들은 이 알고리즘으로 해결하고 있다.

물론 딥 러닝 영역에서는 보다 특정한 문제, 예를 들어 자율주행차에 특화된 알고리즘과 아키텍처가 있을 수 있다. 하지만 이런 부분은 많은 수학적 알고리즘 등이 포함되어 있어 대부분의 독자가 이해하기 어려울 수 있기 때문에 여기에서는 다루지 않는다. 이 책에서는 가장 범용적인 10대 알고리즘을 중심으로 진행한다.

[표 1.1]을 보면 사이트마다 약간의 차이는 있지만, 회귀(선형회귀, 로지스틱 회귀), 결정나무(분류 및 회귀 트리), 나이브 베이즈, 지지벡터 머신, K 최근접이웃, K-

[표 1.1] 범용적인 10대 알고리즘의 예

www.kdnuggets.com	www.analyticsvidhya.com	machinelearningmastery.com	bigdata-madesimple.com	www.simplilearn.com
1. 결정나무	1. 선형회귀	1. 그래디언트 부스팅	1. 결정나무	1. 선형회귀
2. 나이브 베이즈 분류	2. 로지스틱 회귀	2. 선형회귀	2. 랜덤 포레스트	2. 로지스틱 회귀
3. 선형회귀	3. 결정나무	3. 로지스틱 회귀	3. 로지스틱 회귀	3. 결정나무
4. 로지스틱 회귀	4. 지지벡터 머신	4. 선형 판별 분석	4. 지지벡터 머신	4. 지지벡터 머신
5. 지지벡터 머신	5. 나이브 베이즈 분류	5. 분류 및 결정나무	5. 나이브 베이즈 분류	5. 나이브 베이즈 분류
6. 앙상블 기법	6. K 최근접이웃	6. 나이브 베이즈 분류	6. K 최근접이웃	6. K 최근접이웃
7. 군집 알고리즘	7. K-평균 군집	7. K 최근접이웃	7. K-평균 군집	7. K-평균 군집
8. 주성분 분석	8. 랜덤 포레스트	8. 벡터 양자화	8. Adaboost	8. 랜덤 포레스트
9. 특잇값 분해	9. 차원축소 기법	9. 지지벡터 머신	9. 신경망	9. 차원축소 기법
10. 독립성분 분석	10. 그래디언트 부스팅	10. 부스팅 결정나무와 랜덤 포레스트	10. 마코브	10. 그래디언트 부스팅

평균 군집, 랜덤 포레스트, 그래디언트 부스팅, 특잇값 분해, 주성분 분석을 10대 알고리즘이라고 할 수 있다.

SAS에서는 나이브 베이즈 분류, K-평균 군집, 지지벡터 머신, 선형회귀, 로지스틱 회귀, 신경망, 결정나무, 랜덤 포레스트, K 최근접이웃과 앙상블 기법을 가장 범용적이고 인기 있는 알고리즘으로 선정하였다.

저자에 따라서는 지도 학습 또는 비지도 학습 등으로 분류하여 대표적인 몇 개의 알고리즘을 선별하기도 한다.

머신러닝 알고리즘들은 똑같은 이름으로 표현되지만 그 안에는 보다 더 세분화되어 구분할 수 있다. 예를 들어 결정나무(Decision Tree) 알고리즘은 CART, ID3, C4.5 등으로 세분화할 수 있다.

1.5 머신러닝 알고리즘의 범위

이 책에서는 머신러닝 10대 알고리즘 중에 선형회귀, 로지스틱 회귀, 결정나무, 신경망, 지지벡터 머신, 그래디언트 부스팅, 랜덤 포레스트, 특잇값 분해, 주성분 분석을 다루며, 이외에 신경망의 기본인 다층 신경망, 그리고 군집분석을 수록하였다.

이러한 주요 알고리즘 외에도 실무에 적용하기 위해서는 데이터 준비 단계에서부터 적지 않은 분석 과정을 거치면서 데이터를 구성하게 되는데 이를 위한 추가적인 알고리즘도 포함하였다. 대표적으로 변수 변환 방법, 변수 또는 특징 선택을 위한 알고리즘 그리고 이상값 탐지 알고리즘이다.

1.6 머신러닝 알고리즘의 구현

머신러닝 알고리즘을 구체적으로 적용하기 위해서는 알고리즘 그 자체에 대한 이해 외에도 추가적으로 이해하고 습득해야 할 지식이 필요하다. 그중 대표적인 것이 구현을 위한 컴퓨터 언어 또는 잘 정의된 상업용 패키지에 대한 지식이다.

머신러닝 언어로는 오픈 소스 기반의 R, 파이썬(Python), 그리고 상업용 패키지인 SAS 등이 있다.

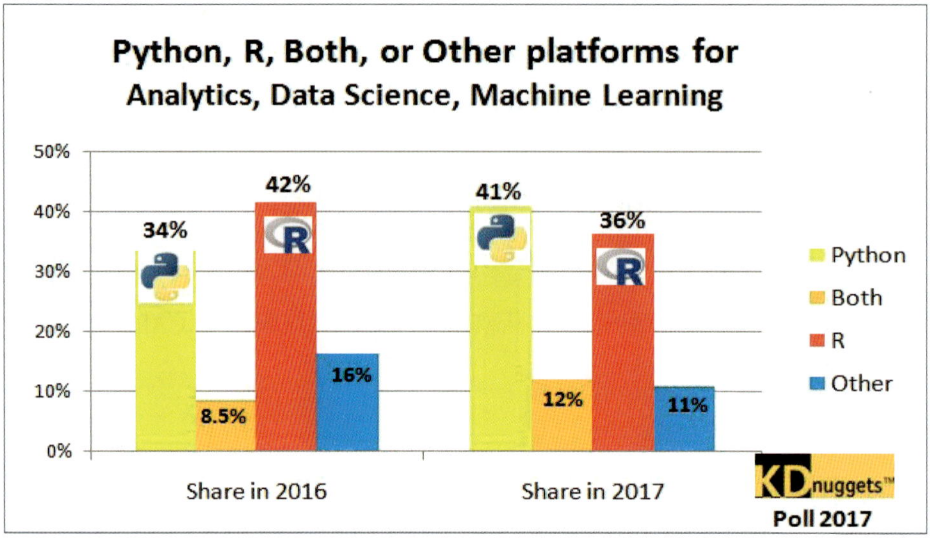

[그림 1.8] R과 파이썬 플랫폼의 점유율

[그림 1.8]을 보면 R과 파이썬이 머신러닝 플랫폼 점유율의 대부분을 차지하고 있다.

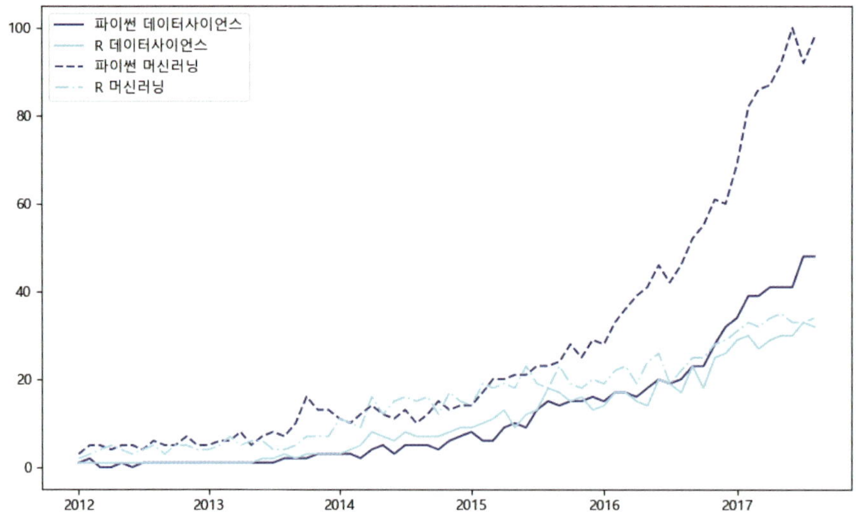

[그림 1.9] 구글 트렌드, 2012년 1월~2017년 8월, 파이썬 대 R 추세

특히 **[그림 1.9]**를 통해 파이썬 기반의 데이터 사이언스 및 머신러닝이 점차적으로 대세로 자리잡고 있음을 알 수가 있다. 언어적인 측면에서 보더라도 **[그림 1.10]**에서 보듯 파이썬이 타 언어에 비해 성장률이 매우 높음을 알 수가 있다.

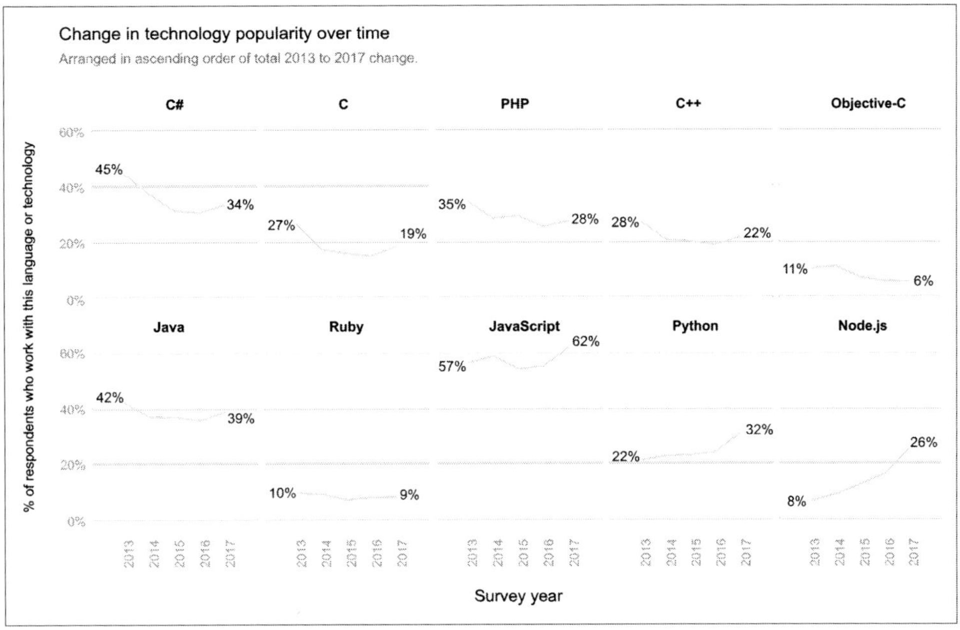

[그림 1.10] 언어별 성장률(stackoverflow.com)

상업용 패키지로는 시각화 기반의 제품들이 주로 성장하고 있으며 SAS, IBM, RapidMiner 회사의 제품들이 리더그룹을 형성하고 있다. 상업용 패키지들은 하나의 머신러닝 알고리즘의 구현보다는 전체적인 머신러닝의 과정을 제품별로 세분화하여 지원하고 있다. 이 책에서는 시각화 제품의 대표 격인 SAS Viya 머신러닝 플랫폼의 VDMML(Visual Data Mining and Machine Learning) 제품을 중심으로 다룬다.

2장

SAS® Viya®

2.1 개요

SAS Viya(이하 등록 상표는 표기하지 않으며 Viya로 표기함)는 SAS의 기본 플랫폼의 확장이라고 볼 수 있다. 즉 전통적인 플랫폼은 현재 SAS 9(버전 9)으로 지속되고 있으며 이와는 별도로 그러나 서로 연결되어 운용될 수 있는 새로운 플랫폼인 것이다.

Viya는 인메모리(in-memory) 엔진이며, 분산(distributed) 환경을 지원하는 서비스인 SAS Cloud Analytic Services(CAS)를 포함한 많은 서비스를 갖고 있고, 클라우드 서비스가 가능한 분석 환경이다.

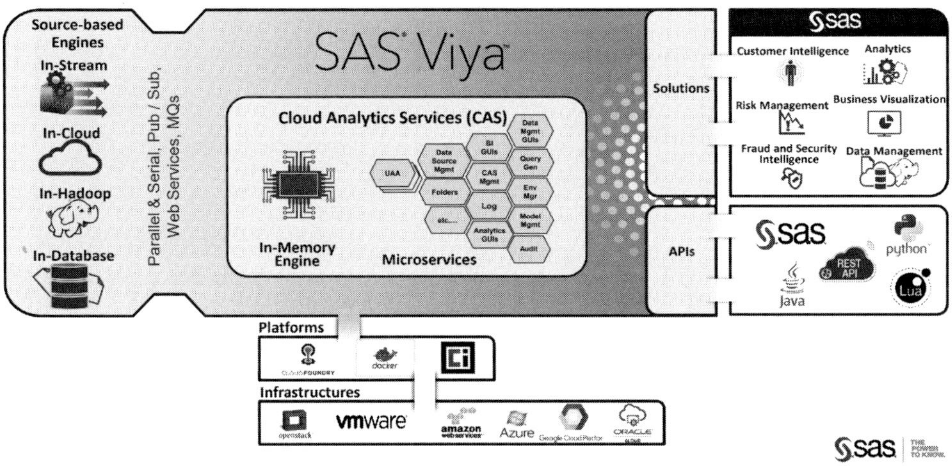

[그림 2.1] SAS 분석 플랫폼

[그림 2.1]을 보면 Viya는 다양한 운영 환경이라고 할 수 있는 멀티 벤더, 멀티 클라우드 서비스 및 보안 서비스를 지원하며, 다양한 데이터 소스로부터 접근(access)이 가능하고, 다양한 오픈 환경을 지원하며 더 나아가 오픈 환경에서 사용할 수 있는 패키지 또는 라이브러리를 제공한다. 또한 다양한 분석 서비스(일종의 마이크로 서비스)를 조합하여 비즈니스 애플리케이션, 예를 들어 리스크관리시스템, 사기방지시스템 등을 지원한다.

요약하면, Viya는 최근 전산 환경의 급격한 변화라고 할 수 있는 오픈, 대용량, 인메모리, 분산 환경, 멀티코어 및 멀티스레드(multi thread)를 지원하는 분석 환경이라고 할

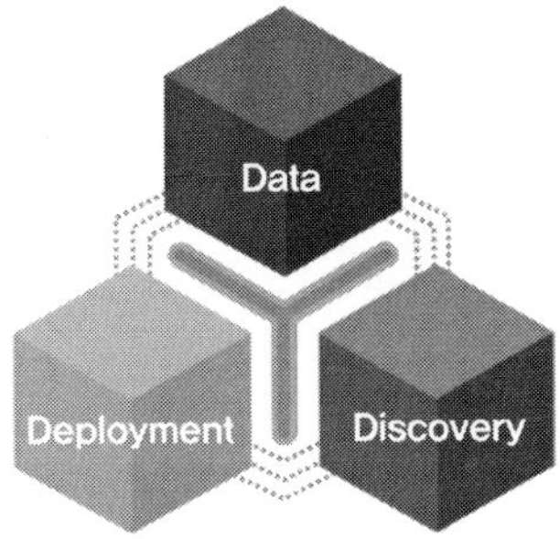

[그림 2.2] SAS의 분석 사이클

수가 있다. 또한 Viya는 일종의 플랫폼이므로 이를 표현하는 다양한 제품군이 있다.

[그림 2.2]는 일종의 분석 사이클로, 데이터에 접근한 후 분석 및 발견을 하고 그 결과를 통해 비즈니스 가치를 높이기 위한 활동을 하는 전개로 구성되어 있다. Viya 제품군은 이러한 분석 사이클 전반을 지원하는 제품들로 구성되어 있으며 [표 2.1]에 나타내었다.

[표 2.1] Viya 제품군

분석 사이클	제품
데이터 (Data)	SAS® In-Database Technologies
	SAS® Data Preparation
	SAS® Data Quality
발견 (Discovery)	SAS® Visual Analytics
	SAS® Visual Statistics
	SAS® Visual Data Mining and Machine Learning
	SAS® Visual Text Analytics
	SAS® Optimization
	SAS® Visual Forecasting
	SAS® Econometrics
	SAS® Visual Investigator
전개 (Deployment)	SAS® Model Manager
	SAS® Decision Manager
	SAS® Event Stream Processing
	SAS® Scoring Accelerators

이러한 제품 중에서 머신러닝 부분에 초점이 맞추어진 SAS® Visual Data Mining and Machine Learning(이하 VDMML) 제품에 중점을 두어 설명하고자 한다.

2.2 SAS 드라이브

SAS 드라이브(Drive)는 설치된 Viya 서버에 접속하고 크롬 또는 익스플로러 브라우저에 https://prod.host.com/SASDrive을 입력한(사전에 관리자가 지정하는 URL) 후에 사용자 ID와 패스워드를 입력하면 등장하는 화면이다.

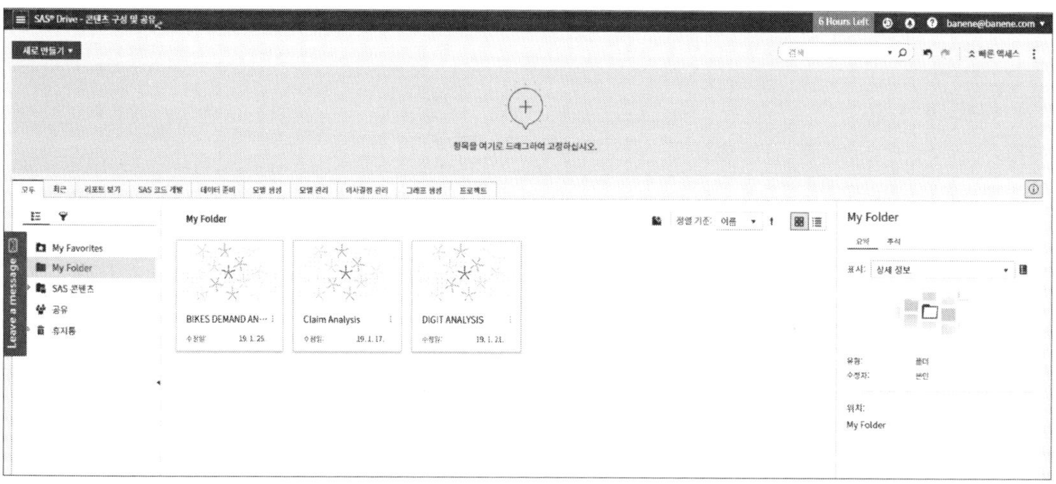

[그림 2.3] SAS 드라이브 초기 화면

[그림 2.3]에 보이는 왼쪽 상단의 애플리케이션 메뉴를 클릭하면 [그림 2.4]와 같은 팝업 메뉴를 볼 수가 있다. [그림 2.4]에서 모델 생성을 클릭하면 VDMML 제품을 구입한 경우에 마이닝 및 머신러닝을 할 수 있다.

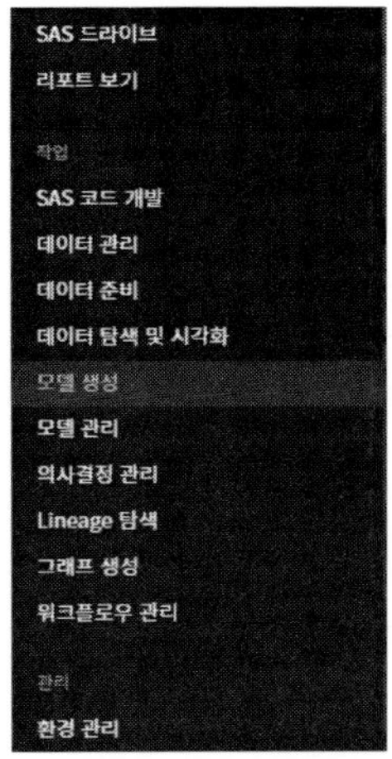

[그림 2.4] SAS 드라이브 메인 메뉴

2.3 SAS VDMML

[SAS 드라이브] > **[메인 메뉴]** > **[모델 생성]**을 클릭하면 다음과 같은 화면이 나타난다.

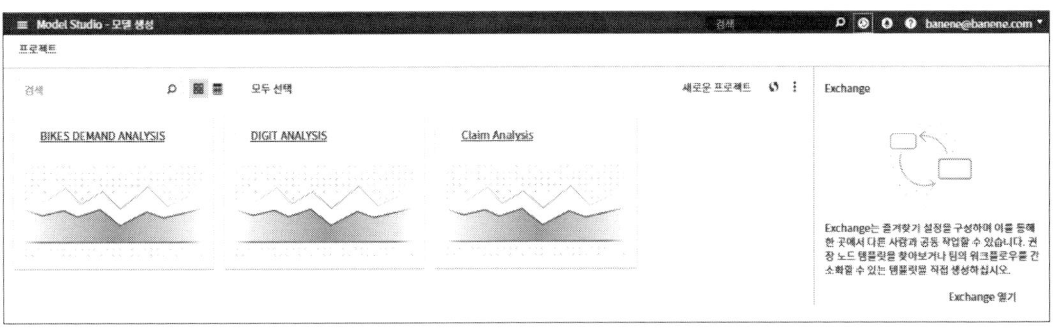

[그림 2.5] 모형 스튜디오 초기 화면

[그림 2.5]는 기존에 존재하는 프로젝트가 있는 경우를 포함하여 보여 주는 화면이다. 이 책에서는 VDMML(Visual Data Mining and Machine Learning)의 모형 스튜디오 버전 8.3을 기초로 하여 구성하였다.

2.4 모형 스튜디오

모형 스튜디오(model studio)는 데이터 마이닝과 머신러닝을 할 수 있게 도와주는 웹 기반의 통합 시각화 환경이다. 모형 스튜디오는 VDMML, Visual Forecasting, Visual Text Analytics 제품을 하나라도 구입하면 사용할 수 있는 플랫폼이다. 사용자 인터페이스는 SAS의 엔터프라이즈 마이너(Enterprise Miner)와 매우 유사한 기능을 갖고 있다.

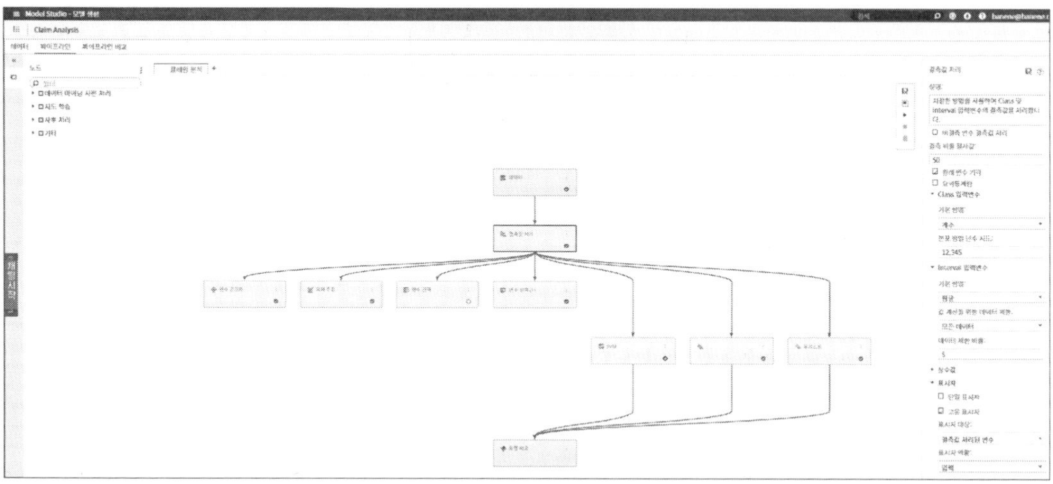

[그림 2.6] 모형 스튜디오: 파이프라인

[그림 2.6]은 모형 스튜디오의 기존에 생성된 하나의 프로젝트를 클릭하면 보이는 화면이다. 그림에서 보듯이 파이프라인(pipeline) 형태로 분석 과정의 흐름을 보여 주고 있다. 파이프라인의 각 노드를 클릭하면 관련된 속성 또는 옵션을 보거나 수정할 수 있다.

3장

사용 데이터 레이아웃

이 책에서 사용하는 모든 데이터에 대한 레이아웃이다.

3.1 [CLAIM] 데이터

자동차 보험회사의 보험금청구(claim) 가능성을 확률로 예측하는 모형을 구성하기 위한 데이터이다.

	변수	수준(level)	설명	한글 설명
1	ID	categorical	ID number	식별번호
2	CHILD_DRIV	numeric	No of driving children	운전가능자녀수
3	AGE	numeric	Age	나이
4	CHILDREN	numeric	Number of children	자녀수
5	YOJ	numeric	Years on Job	재직년수
6	INCOME	numeric	Income	수입금액
7	HOUSE_VAL	numeric	Housing value	주택가격
8	STATUS	categorical	Marital Status	결혼상태
9	GENDER	categorical	Gender of driver	운전자성별
10	EDU_LEVEL	categorical	Highest Education	교육수준
11	JOB	categorical	Occupation of driver	운전자직업
12	DISTANCE	numeric	Work distance	직장거리
13	CAR_USE	categorical	Car use(y/n)	차량이용여부
14	VEHICLE_VAL	numeric	Vehicle value	차량가격
15	VEHICLE_TYPE	categorical	Type of Car	차량유형
16	CLM_FREQ	numeric	No of claims(10yrs)	10년 내 보험청구건수
17	REVOKED	categorical	License revoked(10yrs)	10년 면허취소건수
18	MVR_PTS	numeric	Motor Vehicle Record points	운전자운전이력점수
19	CLAIM_AMOUNT	numeric	Claim amount	보험청구금액
20	VEHICLE_AGE	numeric	Age of Vehicle	차량연식
21	CLAIM_IND	categorical	Claim flag	보험청구여부
22	AREA	categorical	Home/Work area	지역
23	STATE_CODE	categorical	State code	주코드

3.2 [BANK] 데이터

데이터의 출처는 https://archive.ics.uci.edu/ml/machine-learning-databases/00222/bank.zip 이며 포르투갈 은행에서 추가 판매를 위한 대상 고객을 추출하는 데 사용되었다.

	변수	유형	설명	비고	한글 설명
1	age	numeric			나이
2	job	categorical	type of job	"admin.","unknown","unemployed","management","housemaid","entrepreneur","student","blue-collar","self-employed","retired","technician","services"	직업
3	marital	categorical	marital status	"married","divorced","single"	결혼 상태
4	education	categorical		"unknown","secondary","primary","tertiary"	교육 수준
5	default	binary	has credit in default?		채무 불이행 유무
6	balance	numeric	average yearly balance, in euros		년잔액
7	housing	binary	has housing loan?		주택 대출 유무
8	loan	binary	has personal loan?		개인 대출 유무
9	contact	categorical	contact communication type	"unknown","telephone","cellular"	접촉 채널
10	day	numeric	last contact day of the month		최근 접촉 일
11	month	categorical	last contact month of year	"jan", "feb", "mar", ..., "nov", "dec"	최근 접촉 월
12	duration	numeric	last contact duration, in seconds		최근 접촉 시간 (초)
13	campaign	numeric	number of contacts performed during this campaign and for this client		캠페인 기간 내 접촉 건수
14	pdays	numeric	number of days that passed by after the client was last contacted from a previous campaign		최근 캠페인 후 경과 일수
15	previous	numeric	number of contacts performed before this campaign and for this client		과거 캠페인 접촉 건수
16	poutcome	categorical	outcome of the previous marketing campaign	"unknown","other","failure","success"	최근 캠페인 결과
17	y	binary	has the client subscribed a term deposit?		정기 예금 가입 여부

3.3 [USERMOVIE] 데이터

데이터의 출처는 [MMD] 문헌의 예제 데이터이다.

	변수	수준(level)	설명
1	M1	numeric	영화 시청 후 점수(1-5), 비시청(0)
2	M2	numeric	영화 시청 후 점수(1-5), 비시청(0)
3	M3	numeric	영화 시청 후 점수(1-5), 비시청(0)
4	M4	numeric	영화 시청 후 점수(1-5), 비시청(0)
5	M5	numeric	영화 시청 후 점수(1-5), 비시청(0)
6	DUMMY_TARGET	categorical	1/0 값 임의 부여

3.4 [DIGITS] 데이터

데이터의 출처는

http://archive.ics.uci.edu/ml/datasets/Optical+Recognition+of+Handwritten+Digits

이며, 0에서 9까지의 문자를 손으로 직접 쓴 데이터이며, 가로 8, 세로 8의 총 64바이트로 색을 표현하였다.

	변수	유형	설명	한글 설명
1-64	pixel1-pixel16	numeric	0-255 number in grayscale	흑백 척도(0-255 숫자)
285	target	categorical	0-9 digits	분류결과(0-9)

3.5 [HOUSING] 데이터

데이터의 출처는

https://archive.ics.uci.edu/ml/machine-learning-databases/housing/housing.data

이며, 보스턴 주의 각 지역의 주택 중위 가격을 예측하기 위한 제반 설명변수로 구성되었다.

	변수	유형	설명	한글 설명
1	CRIM	numeric	per capita crime rate by town	도시별 1인당 범죄율
2	ZN	numeric	proportion of residential land zoned for lots over 25,000 sq.ft.	25,000 sq.ft. 이상의 로트용 구역토지 비율
3	INDUS	INDUS	proportion of non-retail business acres per town	도시별 비 소매 사업 땅의 비율
4	CHAS	categorical	Charles River dummy variable(= 1 if tract bounds river; 0 otherwise)	Charles River 경계여부
5	NOX	numeric	nitric oxides concentration parts per 10 million	천만당 산화 질소 농도
6	RM	numeric	average number of rooms per dwelling	주거당 평균 방수
7	AGE	numeric	proportion of owner-occupied units built prior to 1940	1940년 이전에 건설된 소유주 차지 비율
8	DIS	numeric	weighted distances to five Boston employment centres	보스턴 고용 센터 5곳까지의 가중치
9	RAD	numeric	index of accessibility to radial highways	방사형 고속도로 접근성 지수
10	TAX	numeric	full-value property-tax rate per $10,000	$10,000당 완전 가치 재산세 세율
11	PTRATIO	numeric	pupil-teacher ratio by town	도시별 학생-교사 비율
12	B	numeric	$1000(Bk-0.63)^2$ where Bk is the proportion of blacks by town	$100($도시별 흑인 비율$-0.63)^2$
13	LSTAT	numeric	% lower status of the population	인구 감소 % 상태
14	MEDV	numeric	Median value of owner-occupied homes in $1000's	1000 달러 단위 주택 소유 주택의 중간값

4장

모형 스튜디오와 데이터 탐색기

4.1 개요

모형 스튜디오(model studio)와 데이터 탐색기(data explorer)를 이용하여 프로젝트 생성, 데이터 소스 정의 등을 어떻게 할 수 있는지 살펴보기로 한다.

4.2 프로젝트 생성

[SAS 드라이브] > [모델 생성]을 클릭하면 [그림 4.1]과 같은 초기화면이 나타나게 된다.

[그림 4.1] 모형 스튜디오 초기 빈 화면

여기서 말하는 프로젝트는 데이터 소스와 파이프라인을 담는 하나의 컨테이너(container)이다.

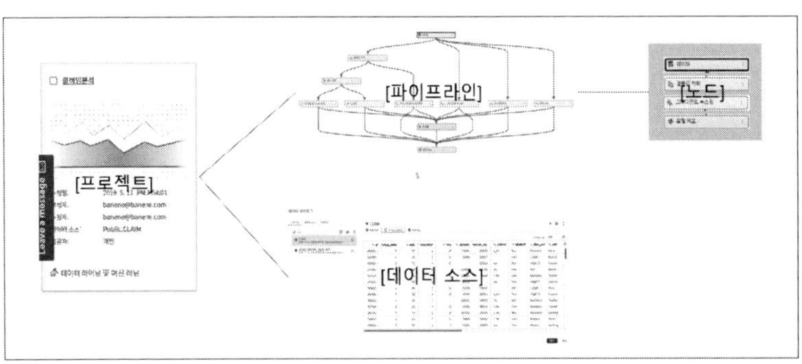

[그림 4.2] 프로젝트 구조

파이프라인은 분석의 흐름과 노드를 포함하고 있으며 하나의 파이프라인은 여러 개의 노드로 구성되어 있다. 모형 스튜디오에서는 분석 목적에 따른 다양한 파이프라인 템플릿을 보유하고 있다. 이 부분은 이후의 분석 과정에서 다루기로 한다.

이제 하나의 프로젝트를 생성해 보자. 모형 스튜디오의 빈 화면에서 새로운 프로젝트를 클릭한다.

[그림 4.3] 모형 스튜디오 **[새로운 프로젝트]** 초기 화면

여기서 하나의 프로젝트를 생성하기 위해서는 [**이름**], [**유형**], [**데이터 소스**]가 정의되어야 한다. [**이름**]과 [**유형**]을 입력한다.

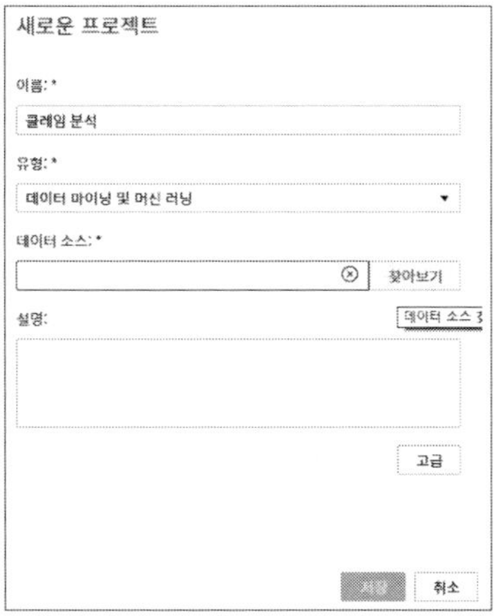

[그림 4.4] **[새로운 프로젝트]** 입력 화면

데이터 소스를 입력하기 위하여 **[찾아보기]**를 클릭한다.

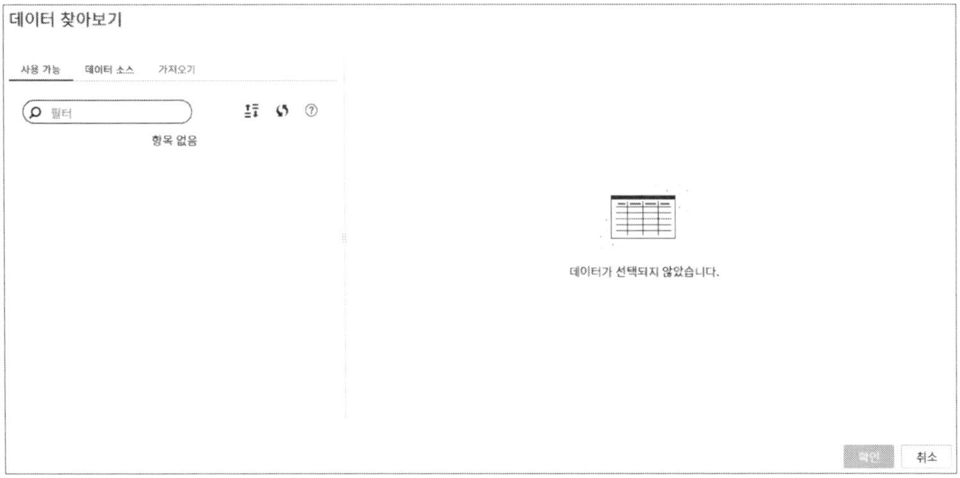

[그림 4.5] **[데이터 찾아보기]** 빈 화면

[그림 4.5]는 데이터를 선택할 수 있는 윈도우이다. 이 윈도우는 Viya 애플리케이션 중에서 CAS(Cloud Analytic Services) 서버로 데이터를 업로드하고 관리하는 데 사용된다. 이 서비스는 정식 명칭으로는 SAS Data Explorer라는 애플리케이션을 호출하는 것이다. 이 서비스의 핵심은 인메모리 서비스를 받기 위하여 데이터를 CAS 서버로 업로드하는 것이다. 이 서비스를 호출할 수 있는 애플리케이션은 SAS Environment Manager, SAS Visual Analytics, Model Studio, SAS Decision Manager이다.

다른 애플리케이션에서 호출할 때는 윈도우 이름이 **[데이터 찾아보기]**로 표시된다. **[데이터 찾아보기]**는 **[사용 가능]**, **[데이터 소스]**, **[가져오기]** 탭으로 구성되어 있다. **[사용 가능]** 탭은 CAS 서버에 적재된 모든 테이블과 파일을 표시해주며, **[데이터 소스]** 탭은 하둡과 같은 원격 파일 시스템이나 데이터베이스 서버와의 연결을 위하여 필요한 탭이고, **[가져오기(import)]** 탭은 로컬 파일과 CAS 서버로의 업로드 등을 하기 위한 탭이다.

여기서는 주로 로컬 파일을 CAS 서버로 업로드하는 부분만을 다루기로 하자.

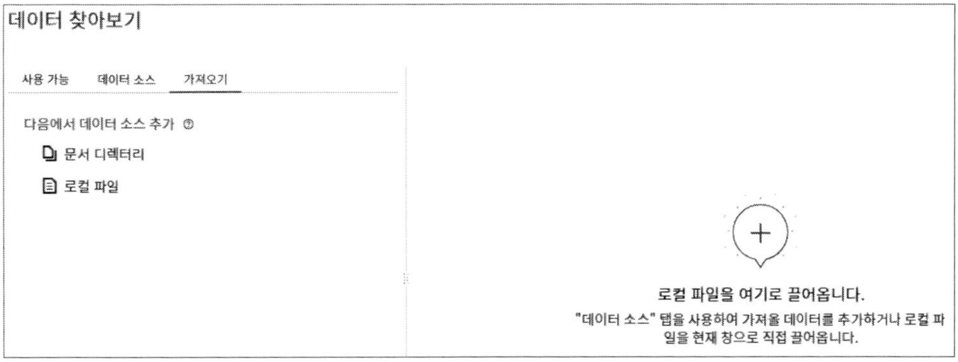

[그림 4.6] [가져오기] 빈 화면

[그림 4.7]은 **[데이터 찾아보기]**의 **[가져오기]**의 빈 화면이다. 여기서 선택할 수 있는 것은 기존의 데이터 소스를 추가하여 데이터를 선택하거나 기존의 문서 디렉토리에서 데이터를 선택하거나 마지막으로 로컬 파일을 업로드하는 방법이 있다.

로컬 파일을 업로드하기 위하여 **[로컬 파일]**을 클릭한 후

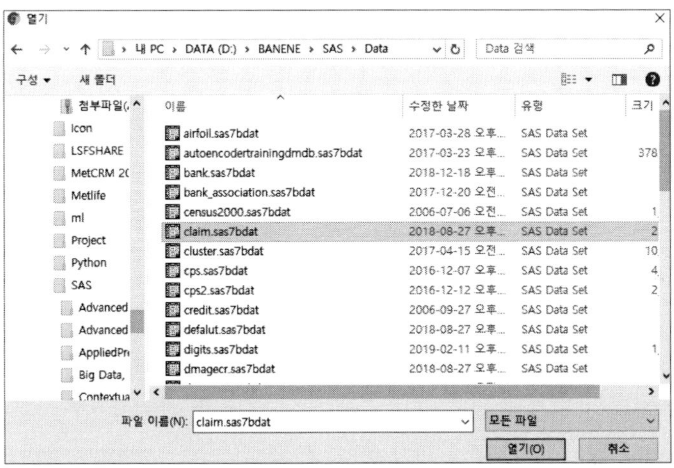

[그림 4.7] 로컬 파일 선택

해당 SAS 데이터 파일을 선택한다. 로컬 파일은 구분자(콤마 등)를 갖고 있는 텍스트 파일, 엑셀 파일 등을 포함한다. SAS 데이터 셋은 가능하지만 SAS 데이터 뷰 파일은 업로드되지 않는다. SAS 데이터 파일이 아닌 경우에는 변환 후 업로드가 된다.

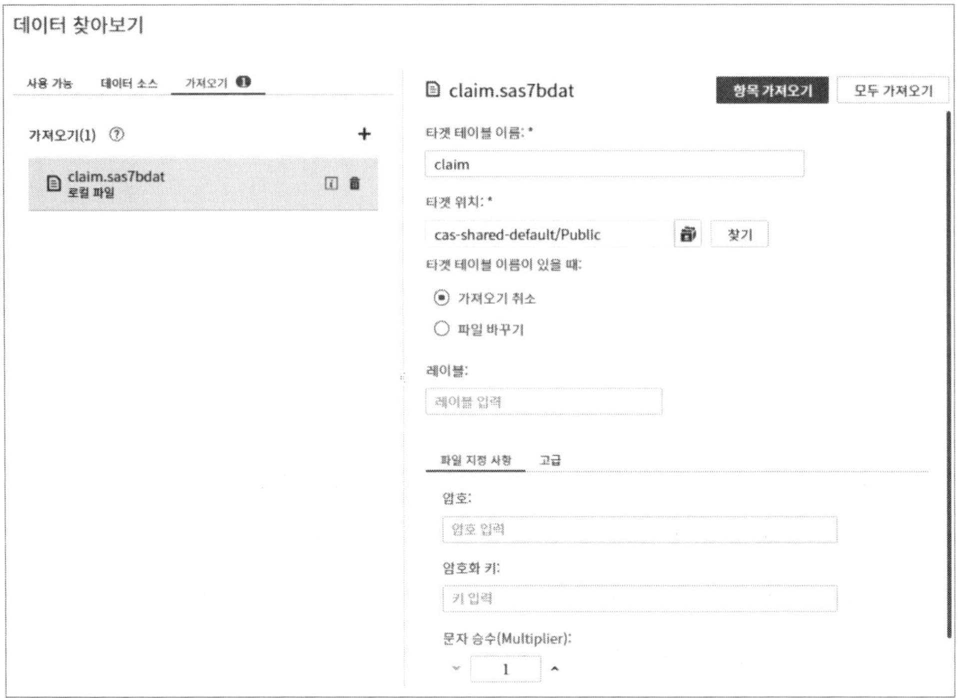

[그림 4.8] **[항목 가져오기]**

기본 입력 사항으로 타겟 테이블 이름, 타겟 위치를 지정해야 한다. 디폴트는 입력하는 파일명의 파일 확장자를 제외한 이름과 CAS 디폴트 라이브러리가 지정된다.

이름을 변경하고자 하면 해당 필드에 값을 변경하면 된다. 이름을 변경할 때는 일반적인 SAS 프로그램 내의 이름으로 사용하는 경우에는 ‘_’, ‘A-Z’, ‘a-z’의 문자로 시작하여 사용하고 /, \, *, ?, ", <, >, |와 같은 특수 문자를 사용하지 않는 것이 좋다. 길이에는 제한이 없으나 특별한 운영체제인 경우에 ‘247문자까지만 가능’과 같은 제한이 있을 수도 있으니 가급적 너무 길지 않게 사용하는 것을 추천한다. SAS의 이름은 대소문자를 구분하지 않으므로 이에 대한 주의가 필요하다.

업로드하는 파일의 크기는 디폴트로 4기가바이트(GB)까지이다. 이를 초과하여 업로드하고자 하는 경우에는 CAS 관리 서비스 구성의 maxFileUploadSize 옵션을 변경해야 한다. 모든 입력이 완료되면 **[항목 가져오기]**를 클릭한다.

[그림 4.9] **[항목 가져오기]**

[항목 가져오기]를 완료한 후 **[사용 가능]** 탭으로 이동하면 다음과 같이 데이터가 업로드되어 있음을 알 수 있다.

[그림 4.10] **[사용 가능]** 테이블 리스트

업로드된 데이터를 클릭하면 상세 내용을 볼 수 있다.

4.3 데이터 탐색기를 이용한 데이터 탐색

CAS 서버에 데이터가 업로드되면 이를 모형 스튜디오의 데이터로 선택하여 이후 프로세스를 바로 진행할 수 있지만, 데이터 탐색기[**데이터 찾아보기(data selection)**]를 이용하여 원 데이터 보기 및 프로파일 분석을 할 수 있다.

[그림 4.11] **[사용 가능]** 탭의 **[상세 정보]**

[사용 가능] 탭은 **[상세 정보(details)]**, **[미리보기(sample data) 데이터]**, **[프로파일(profile)]**로 구성되어 있다. 상세 정보는 데이터의 메타 정보라고 할 수 있는 이름, 레이블, 유형, 길이 등이 표시되어 있다.

다른 메타데이터와는 다르게 SAS에서는 태그 형식으로 각 컬럼이 정보의 유형(information type)이 무엇인지를 표시할 수 있다. 태그는 데이터 자체 또는 컬럼마다 둘 수 있다. 이러한 꼬리표를 붙이는 태깅(tagging) 작업을 하면 이를 이용하는 모든 애플리케이션에서는 해당 컬럼이 무엇을 의미하는지를 보다 명확하게 이해할 수 있다.

이 작업을 어떻게 수행하는지 알아보자. **[그림 4.11]**에서 [ID] 컬럼 행의 **[태그]** 컬럼의 ◇를 클릭한다.

[그림 4.12]와 같이 [ID] 컬럼을 [UniqueId]로 지정하였다.

[그림 4.12] 태그 지정

[미리보기 데이터]는 전체 데이터 중 일부만 보는 표본 데이터의 의미를 갖고 있다.

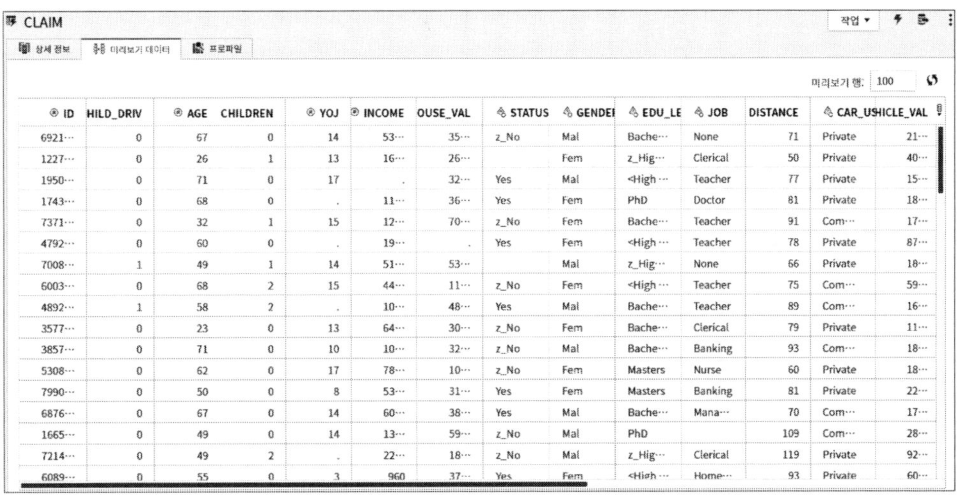

ID	HILD_DRIV	AGE	CHILDREN	YOJ	INCOME	OUSE_VAL	STATUS	GENDEI	EDU_LE	JOB	DISTANCE	CAR_U	HICLE_VAL
6921···	0	67	0	14	53···	35···	z_No	Mal	Bache···	None	71	Private	21···
1227···	0	26	1	13	16···	26···		Fem	z_Hig···	Clerical	50	Private	40···
1950···	0	71	0	17	.	32···	Yes	Mal	<High···	Teacher	77	Private	15···
1743···	0	68	0	.	11···	36···	Yes	Fem	PhD	Doctor	81	Private	18···
7371···	0	32	1	15	12···	70···	z_No	Fem	Bache···	Teacher	91	Com···	17···
4792···	0	60	0	.	19···	.	Yes	Fem	<High···	Teacher	78	Private	87···
7008···	1	49	1	14	51···	53···		Mal	z_Hig···	None	66	Private	18···
6003···	0	68	2	15	44···	11···	z_No	Fem	<High···	Teacher	75	Com···	59···
4892···	1	58	2	.	10···	48···	Yes	Mal	Bache···	Teacher	89	Com···	16···
3577···	0	23	0	13	64···	30···	z_No	Fem	Bache···	Clerical	79	Private	11···
3857···	0	71	0	10	10···	32···	z_No	Mal	Bache···	Banking	93	Com···	18···
5308···	0	62	0	17	78···	10···	z_No	Fem	Masters	Nurse	60	Private	18···
7990···	0	50	0	8	53···	31···	Yes	Fem	Masters	Banking	81	Private	22···
6876···	0	67	0	14	60···	38···	Yes	Mal	Bache···	Mana···	70	Com···	17···
1665···	0	49	0	14	13···	59···	z_No	Mal	PhD		109	Com···	28···
7214···	0	49	2	.	22···	18···	z_No	Mal	z_Hig···	Clerical	119	Private	92···
6089···	0	55	0	3	960	37···	Yes	Fem	<High···	Home···	93	Private	60···

[그림 4.13] **[미리보기 데이터]**

[그림 4.13]에서 더 많은 행을 보고자 한다면 오른쪽 상단의 미리보기 행의 값을 조절한다.

프로파일은 오른쪽 상단의 ⚡🗄⋮의 메뉴 중 ⋮를 클릭하여 프로파일을 실행한 후 **[프로파일]** 탭을 클릭한다.

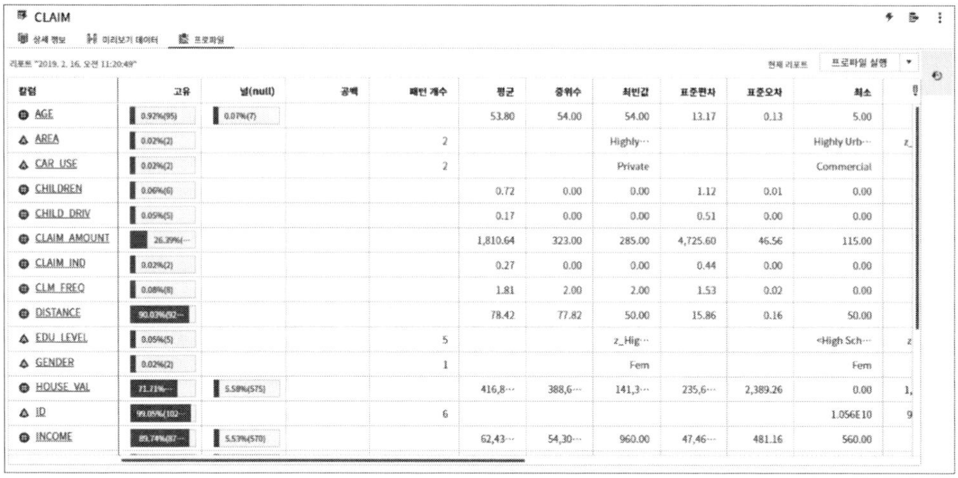

[그림 4.14] **[프로파일]**

프로파일 분석의 결과를 보면 연속형 변수인 경우에는 기술통계량이라고 할 수 있는 결측값 비율 및 건수, 평균값, 중위수, 최빈값, 표준편차, 표준오차, 최솟값, 최댓값이 계산되며 범주변수인 경우에는 결측값 비율 및 건수, 유일한 패턴개수, 최빈값이 나온다. 이 중 범주 자료인 [EDU_LEVEL] 컬럼을 클릭하여 상세 프로파일 정보를 살펴보기로 하자.

데이터 프로파일은 이상값이나 불합치성(inconsistency)을 확인하기 위한 작업이다. [그림 4.15]를 보면 기술적 측정 기준(descriptive metrics), 패턴 분포(pattern distribution), 빈도 분포(frequency distribution)로 나누어져 있다. 패턴 분포는 범주 자료의 구조에 따른 분포를 의미한다. 예를 들어, 'z_High School'이라는 코드 값은 'a_Aaaa Aaaaaa'과 같은 패턴으로 표현된다. 디폴트는 1000개의 서로 유일한 패턴까지 보여 준다. 이와 같은 모든 작업이 끝나고 나면 데이터를 선택하고 [확인]을 클릭한다.

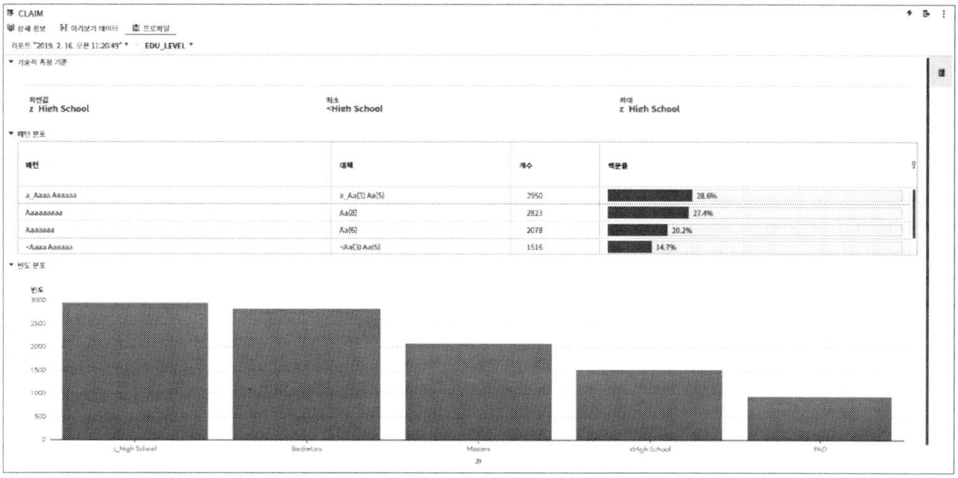

[그림 4.15] 범주 자료의 상세 분석

4.4 프로젝트 생성 옵션

[그림 4.16] 데이터 소스 선택 후

[그림 4.16]은 **[데이터 소스]**를 지정한 후 나오는 프로젝트 생성 화면이다.

신규 프로젝트를 생성하기 위해서는 프로젝트와 데이터 소스에 적용되는 추가 옵션을 정의해야 한다. **[그림 4.16]**에서 **[고급]** 버튼을 클릭한다.

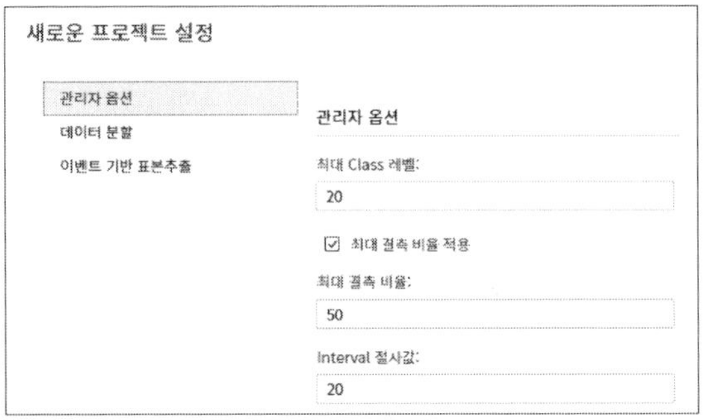

[그림 4.17] 프로젝트 생성 고급 옵션 중 관리자 옵션

프로젝트 생성을 위한 고급 옵션은 **[그림 4.17]**과 같이 **[관리자 옵션(advisor options)]**, **[데이터 분할(data partition)]**, **[이벤트 기반 표본추출(event-based sampling)]**로 구성되어 있다. **[관리자 옵션]**의 **[최대 Class 레벨]**은 범주변수인 경우에 이 값보다 큰 경우는 변수로 사용하지 않는다. 즉, 변수의 역할이 기각(rejected)되어 입력변수로 사용되지 않는다. **[최대 결측 비율]**은 지정된 비율보다 큰 경우에는 변수로 사용하지 않는다. 연속(구간) 변수의 절사값(interval Cutoff)인 **[Interval 절사값]**은 서로 다른 값이 지정된 값보다 큰 경우는 연속형 변수로 사용되지만 작은 경우에는 범주변수로 사용된다. 디폴트 값을 수정하기 위해서는 해당 필드에 가서 값을 수정하면 된다.

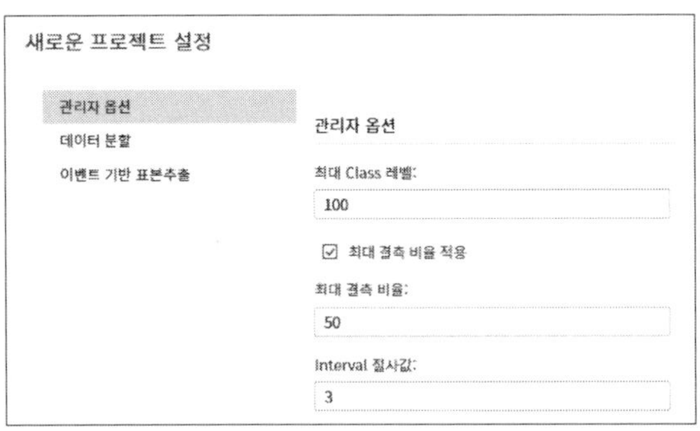

[그림 4.18] **[관리자 옵션]** 수정

[데이터 분할]은 예측모형인 경우에 모형의 과적합을 방지하기 위하여, 즉 일반화 오류를 작게 하기 위하여 모형을 구성하는 데이터, 모형을 검증하는 데이터, 모형을 평가하는 데이터로 분할하는 것을 의미한다. 디폴트 세팅은 **[그림 4.19]**와 같이 정의된다.

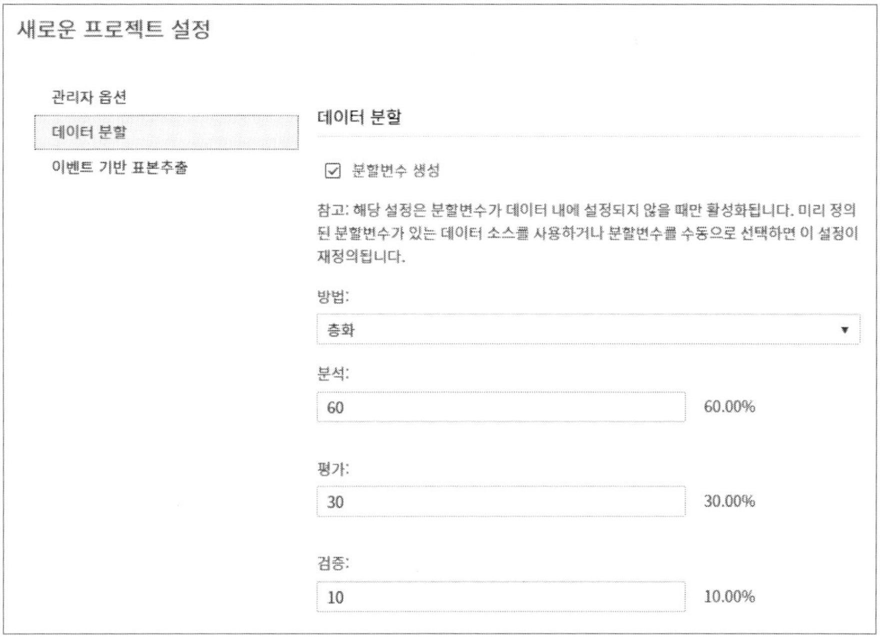

[그림 4.19] **[데이터 분할]** 디폴트

[그림 4.19]에서 **[분석]**은 training 데이터, **[평가]**는 validation 데이터, **[검증]**은 test 데이터 비율을 의미한다. 일반적으로 '검증'은 'validation'을 번역한 것을 사용하지만 SAS는 'validation'을 '평가'로 번역하여 사용한다. 경험적으로 분석 데이터는 70%, 평가 데이터는 30%를 사용하므로 이 값을 입력한다. 따라서 검증 데이터는 0%가 된다. **[데이터 분할]** 옵션은 모형 스튜디오의 **[데이터]** 탭의 설정에서 수정할 수 있다.

[이벤트 기반 표본추출]은 모형을 위한 입력 데이터를 구성할 때 사용하는 기법 중 하나이다. 예측모형에서 일반적으로 이벤트인 경우, 가령 보험사기가 발생한 경우는 비이벤트보다 일반적으로 건수가 매우 작다. 이런 경우를 목표변수에 대한 불균형

(imbalanced) 데이터라고 한다. 이러한 불균형을 균형, 즉 이벤트 대 비이벤트 빈도를 50%씩 맞춰주기 위한 과정이 발생한다. 이러한 과정에서 일종의 편향(bias)이 발생하기 때문에 모형 후 이를 조정하는 과정이 반드시 필요하다. 이러한 조정 과정을 사후분포조정(adjust posterior distribution)이라고 한다.

불균형을 균형으로 만드는 방법은 다양한 방법이 있는데, 균형으로 맞추기 위해서는 이벤트 데이터를 많이 만들거나(oversampling) 비이벤트 데이터를 적게 추출하는(undersampling) 과정이 필요하다. 일반적으로 이벤트 과표본추출(oversampling) 방법이 많이 사용된다.

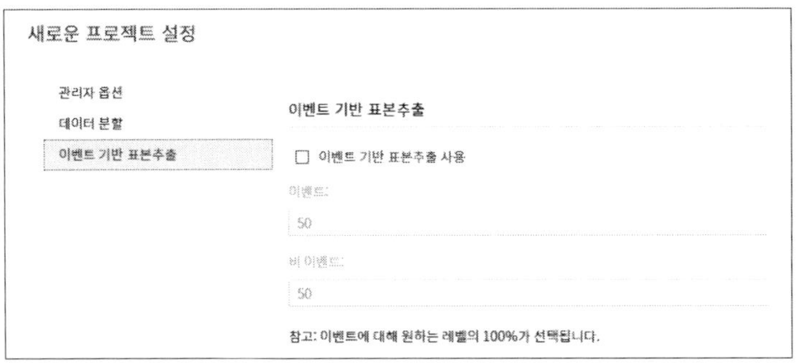

[그림 4.20] **[이벤트 기반 표본추출]** 디폴트

[그림 4.20]은 일종의 비이벤트 데이터를 적게 뽑는 방법으로써 목표변수의 이벤트에 대해서는 100% 추출하고 이와 같은 크기의 비이벤트 표본을 추출하는 것을 의미한다. **[이벤트 기반 표본추출]** 옵션은 모형 스튜디오의 데이터 탭의 설정에서 수정할 수 있다.

4.5 메타데이터 정의

하나의 데이터에 대한 메타데이터 정의는 변수의 역할(role), 수준(level), 정렬순서(order), 변수변환(transformation) 방법, 결측값처리(imputation) 방법을 정의하는 것이다. 이 중에 변수의 역할 및 수준에 대하여 알아보기로 하자. 나머지 메타데이터 속성은 이후 분석 과정에서 다루기로 한다.

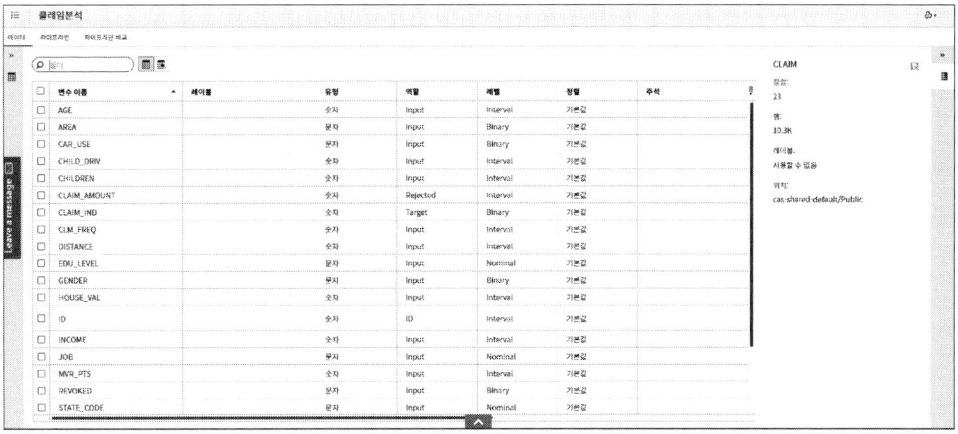

[그림 4.21] [CLAIM] 데이터 탭

[그림 4.21]은 [CLAIM] 데이터가 선택된 후의 화면이다.

프로젝트 창 오른쪽 상단의 은 프로젝트 설정 아이콘이며 팝업 메뉴의 프로젝트 설정을 클릭하면 [그림 4.22]와 같이 **[데이터 분할]**, **[이벤트 기반 표본추출]** 등을 재설정할 수 있다. 단, 주어진 데이터에 대하여 실행을 한 후에는 수정할 수 없다.

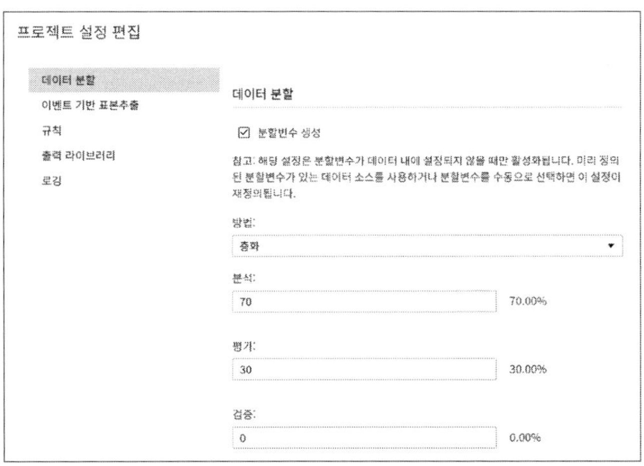

[그림 4.22] 데이터 탭의 설정

데이터 탭의 상단의 [아이콘] 의 버튼은 변수 테이블과 테이블 보기를 의미한다. 이 중에 변수 테이블이 각 변수에 대한 메타데이터를 지정하는 것을 의미한다.

다음 표는 [CLAIM] 데이터 레이아웃이며 자동차 보험회사의 보험금청구(claim) 가능성을 확률로 예측하는 모형을 구성하기 위한 데이터이다. 구성 형식은 다음과 같다.

	변수	수준(level)	설명	한글 설명
1	ID	categorical	ID number	식별번호
2	CHILD_DRIV	numeric	No of driving children	운전가능자녀수
3	AGE	numeric	Age	나이
4	CHILDREN	numeric	Number of children	자녀수
5	YOJ	numeric	Years on Job	재직년수
6	INCOME	numeric	Income	수입금액
7	HOUSE_VAL	numeric	Housing value	주택가격
8	STATUS	categorical	Marital Status	결혼상태
9	GENDER	categorical	Gender of driver	운전자성별
10	EDU_LEVEL	categorical	Highest Education	교육수준
11	JOB	categorical	Occupation of driver	운전자직업
12	DISTANCE	numeric	Work distance	직장거리
13	CAR_USE	categorical	Car use(y/n)	차량이용여부
14	VEHICLE_VAL	numeric	Vehicle value	차량가격
15	VEHICLE_TYPE	categorical	Type of Car	차량유형
16	CLM_FREQ	numeric	No of claims(10yrs)	10년 내 보험청구건수
17	REVOKED	categorical	License revoked(10yrs)	10년 면허취소건수
18	MVR_PTS	numeric	Motor Vehicle Record points	운전자운전이력점수
19	CLAIM_AMOUNT	numeric	Claim amount	보험청구금액
20	VEHICLE_AGE	numeric	Age of Vehicle	차량연식
21	CLAIM_IND	categorical	Claim flag	보험청구여부
22	AREA	categorical	Home/Work area	지역
23	STATE_CODE	categorical	State code	주코드

여기서 보험청구여부인 **[CLAIM_IND]** 변수가 목표(target) 변수가 되며, **[CLAIM_**

AMOUNT]는 보험청구금액을 예측하는 것이 아니므로 기각(rejected) 변수가 된다. 또한 ID 변수는 단지 식별을 위해서 사용되는 인식(ID) 변수로만 사용된다. 이와 같은 작업을 '변수의 역할을 정의한다'라고 한다. 메타데이터 설정에 중요한 역할 중 하나가 바로 변수의 역할을 정의하는 것이다.

변수 테이블 탭에서 해당 변수의 행을 클릭한 경우에 오른쪽의 속성 창에서 **[그림 4.23]**과 같이 변수의 역할을 정의할 수 있다.

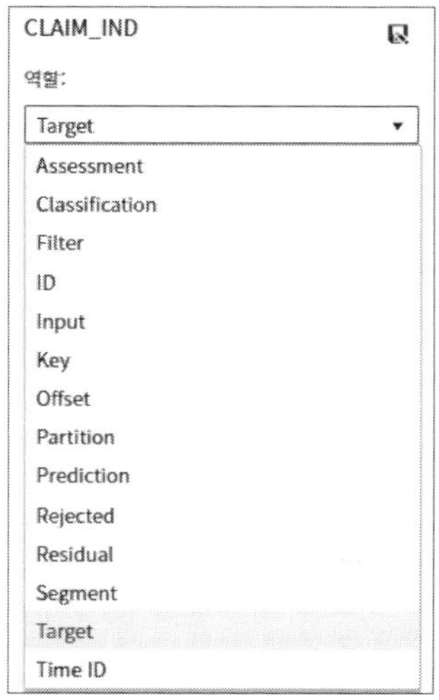

[그림 4.23] 변수의 역할 지정

변수의 역할을 지정하고 난 후에는 속성 창 상단의 저장 버튼을 눌러서 글로벌 메타데이터(global metadata)에 추가한다.

변수의 수준은 변수의 측정 수준(measurement level) 또는 측정 척도(measurement scale)를 의미한다. 측정 수준은 **[그림 4.24]**와 같이 정의할 수 있다.

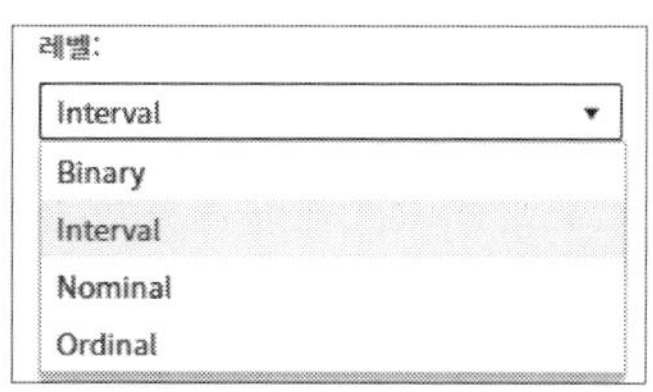

[그림 4.24] 측정 수준

측정 수준은 이진(Binary), 구간(Interval), 명목(Nominal), 순서(Ordinal)로 구분하여 관리하고 있다. 마찬가지로 수정을 한 경우에는 글로벌 메타데이터로 저장한다.

최종적으로 메타데이터는 **[그림 4.25]**와 같이 정의된다.

변수 이름	레이블	유형	역할	레벨	정렬	주석	레벨 수
AGE	Age	숫자	Input	Interval	기본값		95
AREA	Home/Work Area	문자	Input	Binary	기본값		2
CAR_USE	Car use (y/n)	문자	Input	Binary	기본값		2
CHILD_DRIV	No of driving children	숫자	Input	Interval	기본값		5
CHILDREN	Number of children	숫자	Input	Interval	기본값		6
CLAIM_AMOUNT	Claim Amount	숫자	Rejected	Interval	기본값		>254
CLAIM_IND	Claim flag	숫자	Target	Binary	기본값		2
CLM_FREQ	No of claims (10yrs)	숫자	Input	Interval	기본값		8
DISTANCE	Work distance	숫자	Input	Interval	기본값		>254
EDU_LEVEL	Highest Education	문자	Input	Nominal	기본값		5
GENDER	Gender of driver	문자	Input	Binary	기본값		2
HOUSE_VAL	Housing value	숫자	Input	Interval	기본값		>254
ID	ID number	문자	ID	Nominal	기본값	최대 레벨 수 절사값을 초과합니다.	>254
INCOME	Income	숫자	Input	Interval	기본값		>254
JOB	Occupation of driver	문자	Input	Nominal	기본값		11
MVR_PTS	Record points	숫자	Input	Interval	기본값		17
REVOKED	License revoked (10yrs)	문자	Input	Binary	기본값		2
STATE_CODE		문자	Input	Nominal	기본값		10
STATUS	Marital Status	문자	Input	Nominal	기본값		3
VEHICLE_AGE	Age of Vehicle	숫자	Input	Interval	기본값		30
VEHICLE_TYPE	Type of Car	문자	Input	Nominal	기본값		8
VEHICLE_VAL	Vehicle value	숫자	Input	Interval	기본값		>254
YOJ	Years on Job	숫자	Input	Interval	기본값		21

[그림 4.25] [CLAIM] 메타데이터 정의

현재의 메타데이터와 똑같은 형식(목표변수명 등)의 새로운 데이터로 재훈련(retraining)을 하고자 하는 경우에는 **[그림 4.26]** 왼쪽 상단 버튼의 데이터소스 변경을 클릭하여 새로운 데이터로 교체한다. 교체된 경우에는 기존의 정의된 파이프라인의 변경 없이 수행할 수 있다.

[그림 4.26] 데이터소스 변경 버튼

4.6 파이프라인

모형 스튜디오에서 정의하는 프로젝트는 1개 이상의 파이프라인(pipeline)으로 구성되어 있다. 따라서 하나의 파이프라인에서 정의된 모형 간의 비교도 가능할 뿐만 아니라 파이프라인 간의 비교도 가능하다.

파이프라인은 분석 흐름도라고 정의할 수 있다. **[파이프라인]**은 하나의 업무를 처리하는 단위인 노드들을 처리 순서에 따라 연결한 그래프이다. 이러한 [노드]들은 **[그림 4.27]**과 같이 4가지 범주로 구분하여 구성되어 있다.

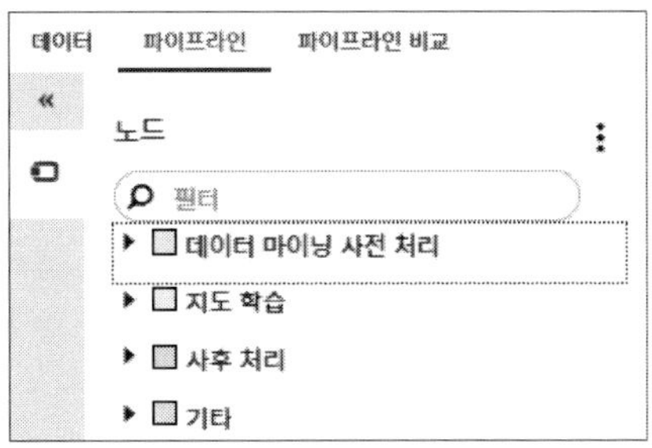

[그림 4.27] **[노드]** 범주

[데이터 마이닝 사전 처리(data mining preprocesssing)]는 **[그림 4.28]**의 노드로 구성되어 있다.

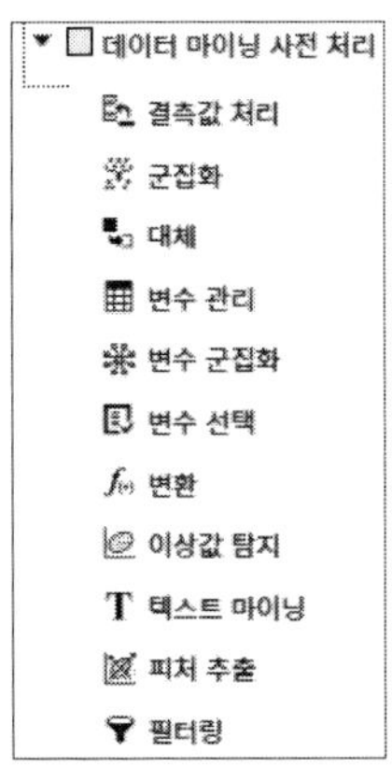

[그림 4.28] **[데이터 마이닝 사전 처리]** 노드

[**지도 학습**(supervised learning)]은 [그림 4.29]의 노드로 구성되어 있다.

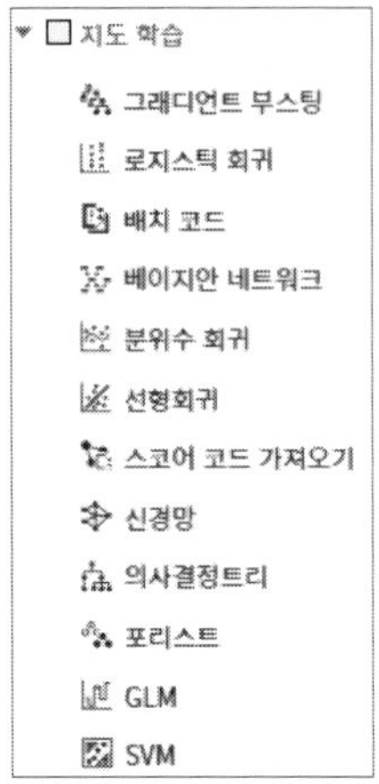

[그림 4.29] **[지도 학습]** 노드

[**사후 처리**]와 [**기타**(miscellaneous)]는 [그림 4.30]의 노드로 구성되어 있다.

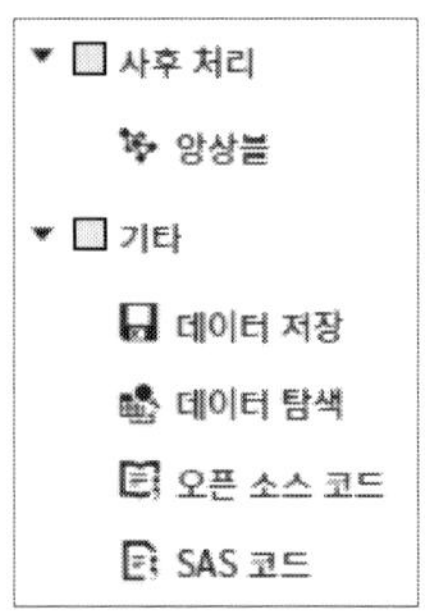

[그림 4.30] **[사후 처리]**와 **[기타]** 노드

각각의 노드에 대한 자세한 설명은 참고 문헌의 레퍼런스 가이드를 참조한다.

파이프라인의 생성은 [그림 4.31]과 같이 '+' 버튼을 클릭하면 되며, 이름을 변경하려면 [**파이프라인 1**]을 더블 클릭하면 된다.

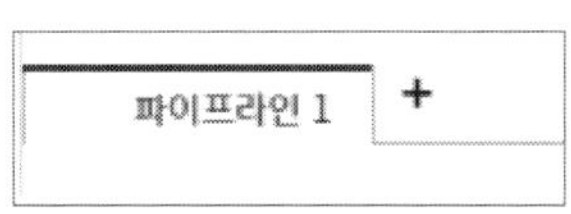

[그림 4.31] 파이프라인 탭

'+' 버튼을 클릭한 후 **[그림 4.32]**와 같이 이름을 지정함으로써 새로운 파이프라인이 생성된다.

[그림 4.32] 파이프라인 생성

템플릿(template)을 지정할 수도 있는데 사전 정의된 파이프라인 템플릿 리스트는 **[그림 4.33]**과 같다.

템플릿 찾아보기

필터

템플릿 이름	설명	소유자	마지막 수정일
빈 템플릿	데이터 노드만 포함된 데이터 마이닝 파이프라인입니다.	SAS 파이프라인	2018. 7. 19. AM 6:20:41
자동 조율이 포함된 Class 타겟용 고급 템플릿	자동 조율된 트리, 포리스트, 신경망 및 그래디언트 부스팅 모델이 포함된 Class 타겟용 고급 템플릿입니다.	SAS 파이프라인	2018. 7. 19. AM 6:17:54
자동 조율이 포함된 Interval 타겟용 고급 템플릿	자동 조율된 트리, 포리스트, 신경망 및 그래디언트 부스팅 모델이 포함된 Interval 타겟용 고급 템플릿입니다.	SAS 파이프라인	2018. 7. 19. AM 6:18:08
자동화된 피처 엔지니어링 템플릿	자동화된 피처 엔지니어링을 수행하기 위한 템플릿입니다.	SAS 파이프라인	2018. 7. 19. AM 6:20:18
Class 타겟용 고급 템플릿	Class 타겟용 중간 템플릿에 신경망, 포리스트, 그래디언트 부스팅 모델 및 앙상블을 포함하여 기능을 확장합니다.	SAS 파이프라인	2018. 7. 19. AM 6:18:01
Class 타겟용 기본 템플릿	단순 선형 플로우: 데이터, 결측값 처리, 로지스틱 회귀, 모델 비교	SAS 파이프라인	2018. 7. 19. AM 6:20:26
Class 타겟용 중간 템플릿	기본 템플릿에 단계별 로지스틱 회귀 모델과 의사결정트리를 포함하여 기능을 확장합니다.	SAS 파이프라인	2018. 7. 19. AM 6:20:50
Feature Engineering Template without Autotuning	Template to perform automated feature engineering without Autotuning	sasboot	2019. 3. 26. AM 1:23:45
Interval 타겟용 고급 템플릿	Interval 타겟용 중간 템플릿에 신경망, 포리스트, 그래디언트 부스팅 모델 및 앙상블을 포함하여 기능을 확장합니다.	SAS 파이프라인	2018. 7. 19. AM 6:18:15
Interval 타겟용 기본 템플릿	단순 선형 플로우: 데이터, 결측값 처리, 선형회귀, 모델 비교	SAS 파이프라인	2018. 7. 19. AM 6:20:35
Interval 타겟용 중간 템플릿	기본 템플릿에 단계별 선형회귀 모델과 의사결정트리를 포함하여 기능을 확장합니다.	SAS 파이프라인	2018. 7. 19. AM 6:20:54
Speed Dating with Variable Clustering	Gradient Boosting Model with Variable Clustering	sasboot	2019. 3. 26. AM 1:30:39

[그림 4.33] 템플릿 목록

이 중에 [CLAIM] 데이터인 경우에는 클래스 타겟용이므로 클래스 타겟용 고급 템플릿을 살펴보자.

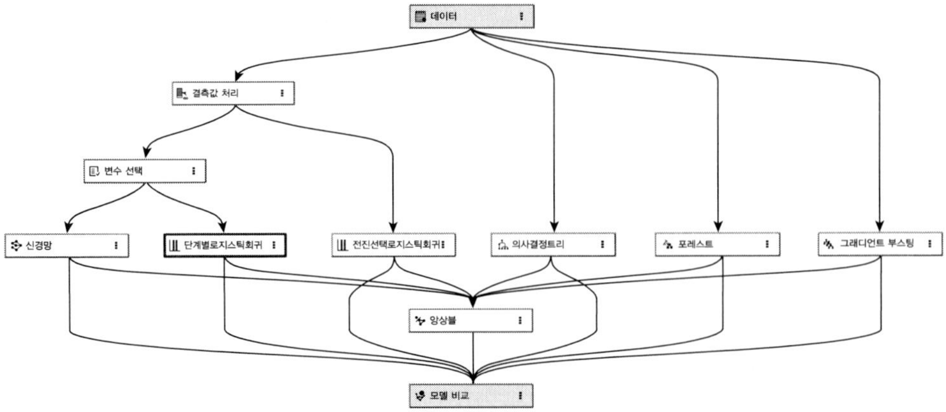

[그림 4.34] 클래스 타겟용 파이프라인 템플릿

[그림 4.34]를 통해 목표변수가 범주인 경우에 모형을 하는 일반적인 흐름을 정의하였다. 즉, 데이터로부터 결측값을 정의하고 변수(특징)를 선택하여 신경망과 단계별(stepwise) 로지스틱 회귀를 적합하였고 변수 선택 없이 전진선택(forward selection) 로지스틱 회귀, 결정나무, 랜덤 포레스트, 그래디언트 부스팅 기법을 정의하였다. 그리고 이를 모두 종합한 앙상블 모형과 각각의 모형들을 비교하였다. 물론 모든 노드에는 디폴트 세팅이 사용되었다. 전체 프로젝트에 적용되는 디폴트 세팅은 프로젝트 창의 오른쪽 상단에 있는 프로젝트 설정 아이콘을 클릭 후 확인할 수 있다.

[그림 4.35]는 **[규칙(rules)]** 설정의 예이다. **[규칙]**은 파이프라인에서 비교하려는 모든 모형에 대하여 모형 선택을 위한 측도로써 무엇을 사용할지를 지정하며 이진(binary) 목표변수에 대하여 절사(cutoff) 확률을 사전에 정의하는 것이다. 예를 들어 데이터의 이벤트 비율이 50%가 안 되는데 예측된 확률이 50% 이상인 경우에는 이벤트로 예측하는 것은 합리적이지 않으므로 특별한 측도, 즉 곡선밑면적(AUC: area under curve, C 통계량), KS 통계량, 오분류율 등을 최대 또는 최소로 할 수 있는 절사 확률값을 정의해야 한다. 실제로는 이벤트 비율이 아주 작지 않으면 그대로 사용하는 경우가 많으나 경우에 따라서 이를 조정해주어야 한다. 모형 선택 깊이(selection depth)는 범주 목표변수인 경우에 점수(예측 확률)를 몇 등분하여 분류결과표를 구성할 것인지 정의하는 것이다.

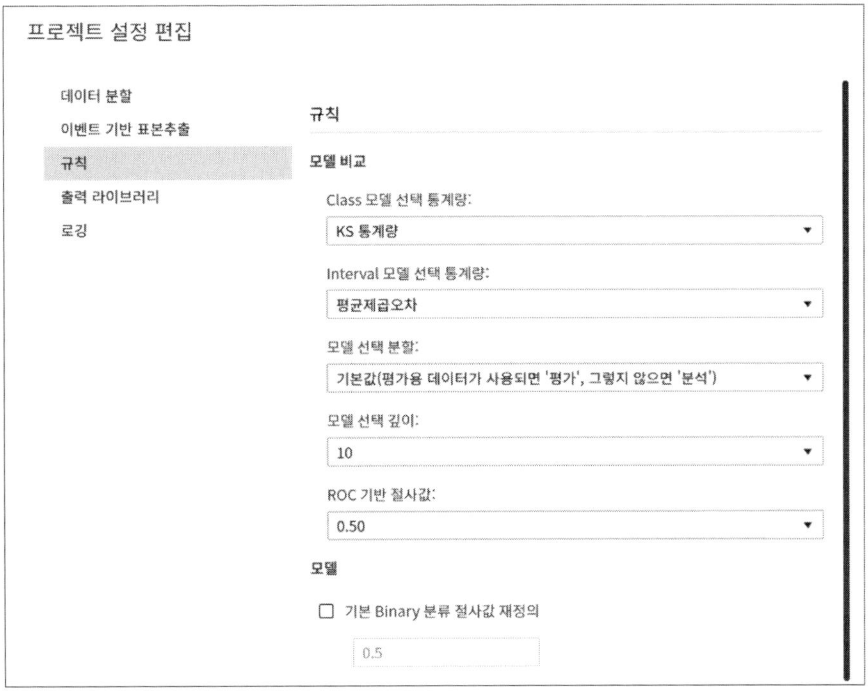

[그림 4.35] **[규칙]** 설정

현재 설정된 파이프라인을 제거하고자 하는 경우에는 캔버스 내의 오른쪽 상단의 휴지통 아이콘을 클릭한다.

[그림 4.36] 파이프라인 캔버스 내 아이콘

템플릿을 사용하지 않고 새로운 파이프라인을 정의하면 **[그림 4.37]**과 같이 데이터 노드만 있고 아무 것도 없는 파이프라인이 구성된다.

[그림 4.37] 파이프라인 캔버스

5장

데이터 준비

5.1 개요

데이터 준비(data preparation)는 하나의 학습 알고리즘을 통과하는 데 필요한 분석을 위한 입력 데이터를 구성하는 것을 의미한다. 머신러닝 프로세스 관점에서 보면 데이터 정의, 데이터 추출, 데이터 품질 점검, 변수 변환 또는 특징 추출의 업무를 의미한다. 이때 원 데이터(raw data)로부터 파생 변수(derived variable) 또는 특징(feature)을 만들어 나가는 과정을 특별히 특징 공학(feature engineering)이라고 한다. 이러한 특징을 만들기 위해서는 원 데이터의 의미를 잘 알고 있는 업무 전문가(domain expert)가 필요하다. 이런 의미에서 특징 공학은 업무 전문 지식을 이용하여 머신러닝 알고리즘에 사용되는 데이터를 생성하는 절차라고도 한다. 예를 들어, 보험사 데이터에서 '최근 계약 후 경과개월수'라는 특징을 생각해 보자. 이 특징은 추가 판매 모형 구성에 결정적으로 중요하다. 그런데 이러한 특징은 보험 업무의 신계약 업무 데이터를 이용하여 구성한다. 이때 단지 데이터 과학자만 들어가서 추가판매 모형을 만든다고 가정한다면 해당 변수를 처음부터 만들기는 어려울 것이다. 물론 최근에는 이러한 특징을 자동으로 생성하여 적용하는 사례도 있다. 심층 특징 합성(deep feature synthesis)에 대한 자세한 내용은 [DFS] 문헌을 참고한다.

데이터 정의 및 추출은 업무적 관점과 회사마다 다양한 전산 환경에 종속되므로 생략한다. 즉, 데이터를 추출할 때 일반적인 데이터웨어하우스에서 추출하는 경우와 하둡과 같은 빅데이터 플랫폼에서 추출하는 경우가 다르다. 또한 일종의 스트리밍(streaming) 데이터라고 할 수 있는 IOT(internet of things) 데이터의 추출 방식도 다르다. 각각의 추출 방식은 다양할 수 있다. 그러나 공통적으로 적용할 수 있는 인터페이스는 표준 SQL(structured query language)을 다룰 수 있으면 웬만한 경우에는 직접 데이터를 추출할 수 있다. 이외에도 분석 패키지가 자체적으로 데이터를 추출할 수 있는 언어와 툴을 제공하기도 한다.

이 장에서는 공통적으로 적용 가능한 데이터 품질 및 변수 변환 과정을 중점적으로 살펴보기로 한다.

5.2 데이터 품질

데이터 품질에 대한 정의는 매우 다양하지만 일반적으로 정량/정성 변수값의 상태를 의미한다. ISO 9000과 같은 품질 표준에서는 데이터 요구 사항에 대한 데이터 특징의 충족 정도로 정의하기도 한다. 또는 특별한 사용 목적에 맞게 완비성(completeness), 유효성(validity), 일관성(consistency), 시적절성(timeliness), 정확성(accuracy) 상태로 정의하기도 한다. 그러나 이러한 특징들을 하나하나 점검하는 일은 생각보다 쉽지 않다. 예를 들어 데이터의 완비성은 하나의 필드 또는 컬럼의 값이 모두 유효한 값으로 채워져 있는지에 대한 정도를 분석하는 데이터 품질 지표이다. 이때 이를 사전에 어떠한 데이터가 꼭 있어야 하는지를 정의하기가 어렵다. 데이터의 일관성은 특정 컬럼의 값이 어느 테이블이든 같은 조건이면(예를 들어 식별자(identifier)가 같으면) 값이 일치해야 한다. 이 또한 데이터를 요약하는 최종적인 관점에서 발견되는 경우가 많아서 하나하나 확인하기 어렵다. 데이터의 정확성은 말 그대로 데이터 값이 정확한가를 확인하는 것이다. 비록 특정 컬럼의 값이 범위 내에 있다고 하더라도 실제 부정확하게 스캔되거나 입력되었다면 이를 확인하기가 매우 어렵다. 데이터 유효성은 실제 데이터 입력 시 대부분의 업무 시스템에서 이에 대한 점검을 하고 유효하지 않은 데이터는 입력 자체가 불가능하지만 간혹 프로젝트를 해보면 유효하지 않은 값이 나오는 경우가 많다. 예를 들어 남/여 성별 값은 'M', 'F'와 같이 2개의 값만이 입력되어야 하지만 'U' 값 등이 나오는 경우가 있다. 이는 메타데이터 시스템과 연계하여 그 값의 유효성을 파악할 수가 있다. 시적절성은 실제 분석에 사용할려고 하는 데이터가 존재는 하지만(이미지 또는 종이와 같이) 수치화된 데이터로 없어서 이용하지 못하는 것을 의미한다. 이 문제는 사전 문제 정의 및 데이터 정의 시에 정량화 시기 등을 사전에 정의하여 진행해야 한다. 실제 실무적인 관점에서는 **[표 5.1]**과 같이 원 데이터(raw)에 대한 품질을 점검한다.

[표 5.1] 데이터 품질 점검

순번	내용	비고
1	원 데이터 테이블 각각에 대하여 구간변수(interval variable)와 범주변수(categorical variable)로 구분한다.	
2	구간변수에 대하여 결측값 건수, 유일값의 비율, 요약통계량값을 확인한다. 범주변수에 대하여 결측값 건수, 각 범주별 건수, 패턴 분석, 요약통계량값을 확인한다.	구간 요약통계량은 최솟값, 최댓값, 중간값, 최빈값, 평균, 표준편차이다. 범주 요약통계량은 최빈값, 최소 건수, 최대 건수를 주는 범주이다.
3	2에서 계산된 품질 점검 측도값에 대하여 실제로 문제가 없는 값인지를 확인한다. – 결측값이 발생한 경우에는 실제 결측값인지 여부를 확인한다. – 구간변수인 경우에는 일반적인 범위 내 데이터인지 확인한다. – 범주변수인 경우에는 메타데이터 내의 사전 정의된 값에 속하는지 확인한다. 범주변수인 경우에 그 값이 잘 정의된, 즉 사용 가능한 형식으로 잘 표준화되어 있는지 확인한다.	확인하는 과정은 문제가 있는 데이터의 식별자를 확인하여 해당 레코드를 직접 데이터베이스의 테이블에서 조회하여 원 데이터 값을 확인한다.
4	3에서 문제가 발생한 경우에는 데이터 관련 업무 전문가 또는 데이터 구성에 참여한 전산 담당자와 협의하고 그 결과를 기록한다.	

[표 5.1]은 원 데이터에 대한 품질 점검이며 실제 분석을 위한 입력 데이터에서의 추가적인 데이터 품질 점검이 아니다.

이제 [CLAIM] 데이터에 대하여 [표 5.1]과 같이 품질 점검을 해보자.

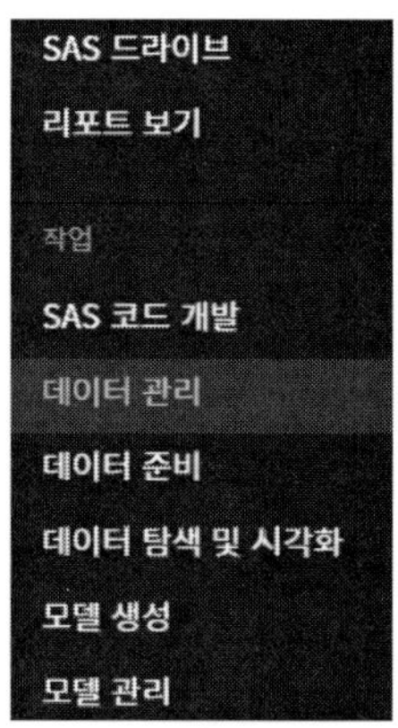

[그림 5.1] **[데이터 관리]** 선택

SAS 드라이브의 메인 메뉴에서 [**데이터 관리**]를 선택한다.

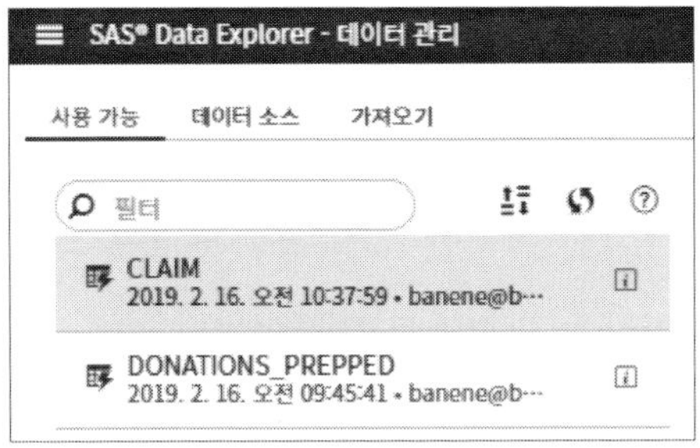

[그림 5.2] **[사용 가능]** 데이터 선택

데이터 관리는 모형 스튜디오에서 데이터 가져오기를 선택하는 경우에 호출하는 데이터 선택 윈도우와 동일한 기능을 가지고 있다. 현재와 같이 메인 메뉴에서 선택해서 호출하는 경우와 모형 스튜디오나 다른 애플리케이션에서 호출하는 방법이 있다.

이후의 진행 과정 및 내용은 4.3절에서 설명하였다.

5.3 파생 변수 생성

변수 변환은 기존의 변수로부터 새로운 변수를 만드는 과정이다. 하나의 변수로부터 새로운 변수를 만드는 대표적인 경우는 표준화(standardization)나 분포 모양을 변경하도록 스케일링하는 것이다. 이외에도 변수가 갖고 있는 결측값을 채우는 것(최빈값이나 평균값 등)도 하나의 예이다. 여러 개의 변수로부터 하나의 변수를 만드는 과정도 넓게 보면 변수 변환이다. 예를 들어 합성곱 신경망에서 필터를 통하여 하나의 값을 만드는 과정, 문자열 데이터로부터 tf-idf(term frequency-inverse document frequency) 값을 만드는 과정 또한 변수 변환이라고 할 수도 있다. 그러나 머신러닝에서는 후자와 같은 과정을 특별히 특징 추출이라고 한다. 즉, 특징 추출의 예는 문자열 데이터로부터 ngrams, word2vec, tf-idf 값을 만드는 것, 합성곱 신경망의 합성층(convolution layer)과 결합층(pooling layer)의 값을 만드는 것, 공간 데이터로부터 위도와 경도를 추출하는 것, 날짜 데이터로부터 일, 월, 요일, 년 등을 추출하는 것 그리고 차원 축소 기법을 통한 새로운 축을 만드는 것 등이 있다.

특징 공학(feauture engineering)은 이러한 변수 변환과 특징 추출을 포함하여 정의된다. 즉, 특징 공학은 원 데이터(raw data)로부터 머신러닝에 적합한 특징을 만드는 과정이라고 정의할 수가 있다. 이러한 특징 공학은 일반적으로 실무자들은 파생 변수(derived variable) 생성이라는 관점에서 다루어왔다. 즉, 기존 기초 변수라고 할 수 있는 원 데이터로부터 만들어내는 모든 변수를 파생 변수라 명명하였고 이러한 과정을 파생 변수 생성이라고 정의하였다. 이런 의미에서 특징 공학과 파생 변수 생성을 특별한 차이점이 없는 한 서로 혼용하여 사용하기로 한다.

SAS의 모형 스튜디오에서는 **[데이터 마이닝 사전 처리]** 노드들 중 대부분이 특징 공학을 처리하도록 설계되어 있다.

[그림 5.3] **[데이터 마이닝 사전 처리]** 노드

이 중에서 머신러닝에서 기본적으로 많이 사용되는 변환(transformation)과 결측값 처리(imputation)에 대하여 알아보기로 하자. 다른 노드의 기능, 예를 들어 변수 선택이나 이상값 탐지 등은 이후의 장에서 상세히 다루기로 한다.

5.4 연속변수의 변수 변환

[VDMMLR] 문헌에서 정의하는 변환은 하나의 변수를 그 변수만의 함수로 대체하는 것을 의미한다. 이러한 함수는 분산을 안정화하기 위한 변환(variance stabilizing transformation), 비선형성을 제거하기 위한 변환, 비정규성(non-normality)을 수정하기 위한 변환이 있다. 이제 변환의 옵션을 살펴보자.

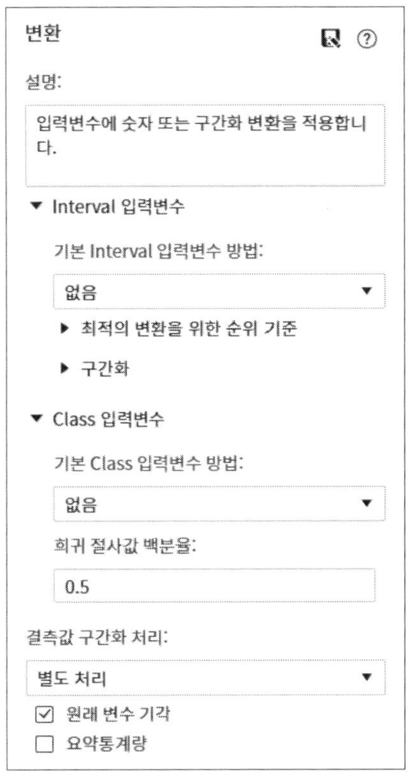

[그림 5.4] (변수)변환 옵션

옵션은 크게 구간(interval) 입력변수와 범주 입력변수의 변환으로 구분되어 있다. 구간변수(연속변수)의 변환에 대한 방법은 [그림 5.5]와 같이 설정되어 있다.

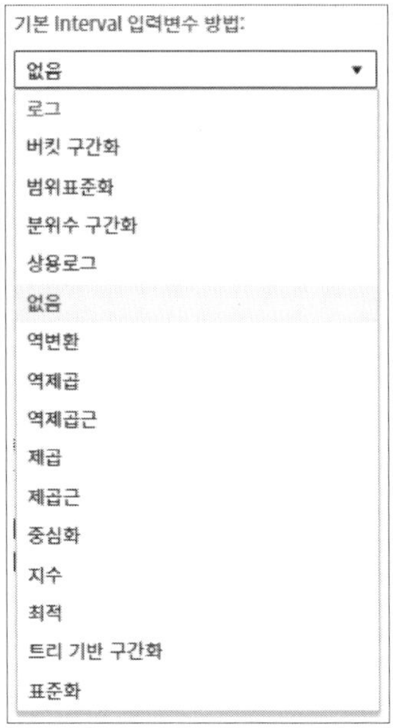

[그림 5.5] 구간변수 변환 방법

구간변수의 변환 방법을 이해하기 위해서는 Box-Cox 변환(Box-Cox transformation)에 대한 이해가 선행되어야 한다. Box-Cox 변환은 분산 안정화 변환이라고 한다. 즉, 주어진 데이터의 특정 변수값의 분산이 너무 큰 경우에 하나의 변환을 통하여 분산을 안정화시키는 것, 즉 일정 구간에서만 움직일 수 있도록 하는 것이다.

Box-Cox 변환은 다음의 식과 같이 변환하는 것이다.

$$\psi(\lambda, x) = \begin{cases} \dfrac{x^{\lambda} - 1}{\lambda} & if\ \lambda \neq 0 \\ \log(x) & if\ \lambda = 0 \end{cases}$$

단, 여기서 x는 양수이다. 위의 식으로 정의한 후 변환된 값의 우도(likelihood)를 최대로 하는 λ 값을 구하게 된다. 이런 변환을 하면 분산이 안정화될 뿐 아니라 근사적으로 정규분포도 따르게 된다. 이런 이유로 Box-Cox 변환을 많이 사용한다. 식에서 보듯이 λ=0이면 로그 변환(자연 로그 변환), $\lambda=\frac{1}{2}$이면 제곱근 변환 등 다양한 변환을 할 수 있다.

Box-Cox 변환의 단점은 음수값을 갖는 변수인 경우에는 유효하게 적용할 수가 없다. 물론 이를 해결하기 위해서 일종의 평행 이동이라고 할 수 있는 이동 모수(shift parameter)를 도입하여 원래 데이터를 양수가 될 때까지 이동 후 적용하는 방법이 있다. 그러나 이 방법을 적용할려면 반드시 아래로 유계(bounded below)가 되어 있어야 한다. 이 방법이 갖고 있는 단점을 극복한 것이 Yeo-Johnson 방법([YJ] 문헌 참조)이다. 이 방법은 다음의 식과 같이 변환하게 된다.

$$\psi(\lambda, x) = \begin{cases} \dfrac{(x+1)^{\lambda}-1}{\lambda} & for\ x \geq 0, \lambda \neq 0 \\ \log(x+1) & for\ x \geq 0, \lambda = 0 \\ \dfrac{(-x+1)^{2-\lambda}-1}{2-\lambda} & for\ x < 0, \lambda \neq 2 \\ -\log(-x+1) & for\ x < 0, \lambda = 2 \end{cases}$$

분산을 안정화시킨다는 의미를 살펴보자. 예를 들어, 보험사에서 대부분의 고객은 보험계약 건수가 1건이거나 많아야 3건인 경우가 많다. 그러나 몇몇 고객은 10건, 심지어 100건의 계약을 소지한 경우가 많다. 이런 경우에 1, 2, 3, 10, 100 데이터는 로그 변환(밑이 10인 경우)을 하면, 0, 0.3, 0.48, 1, 2가 되어 원래 데이터의 분산인 1484.56보다 훨씬 작은 0.4926이 된다. 이러한 변환은 항상 하는 것이 아니라 적용할려고 하는 머신러닝 알고리즘에 따라 변환이 필요한 경우에 한하여 적용한다. 데이터 척도화(scaling)가 필요하지 않은 결정나무 기법 등은 이런 과정이 필요하지 않으나 이를 제외한 대부분의 알고리즘은 분산을 크게 갖는 경우를 가급적 피하는 것이 좋다.

변환 방법 중에 많이 활용되는 방법은 표준화(standardization) 방법이다. 표준화 방법에는 범위 표준화와 표준편차 표준화 방법이 있다.

$$\text{범위 표준화} = \frac{x_i - \min\{x_1, \ldots, x_n\}}{\max\{x_1, \ldots, x_n\} - \min\{x_1, \ldots, x_n\}}$$

$$\left(\text{표준편차}\right) \text{표준화} = \frac{x_i - \bar{x}}{s}, \bar{x}, \mathrm{s} \text{ 는 표본평균과 표준편차}$$

표준화 방법은 특히 신경망 기법에서 널리 사용되고 있다. 왜냐하면 사용되는 가중치(weight) 자체가 0이 아닌 작은 값에서부터 출발하기 때문에 거기에 맞는 척도(scale)의 값을 입력해야 하기 때문이다. 물론 기울기 하강법 등을 위해서도 반드시 표준화가 필요하다.

실무에서 이상값 등의 값을 제거하기 위하여 많이 쓰는 방법 중 하나는 구간화(binning, digitization)에 의한 변환 방법이다. 구간화는 구간변수에 적용된다. 구간화를 하는 방법은 간단히 등간격(equal-width)으로 데이터를 나누는 방법(bucket binning)과 분위수(quantile)로 나누는, 즉 등빈도(equal-frequency)로 나누는 방법(quantile binning)이 있다. 모든 방법은 구간화를 몇 개로 할 것인지를 사전에 결정해야 한다. 즉, 구간수(bins count)를 결정해야 한다.

목표변수가 있는 경우에는 결정나무 기법에 의한 구간화를 할 수 있다. 이 방법은 목표변수가 구간변수이면 회귀 결정나무, 범주변수이면 분류 결정나무가 적용된다. 훈련 데이터를 이용하여 모든 변수를 사전에 등간격 구간화 또는 등빈도 구간화를 한 후 결정나무를 적합시킨다. 디폴트는 등간격 구간화를 사용한다. 물론 결정나무 성장을 위한 분기(splitting)는 구간 목표변수인 경우는 제곱오차합(SSE)을 사용하며 분류 목표변수인 경우는 엔트로피나 지니 통계량을 사용하여 불순도를 최소화하는 변수와 분기값을 정한다. 결정나무에 대한 자세한 알고리즘은 해당 장을 참조한다. 이때 분기하는 변수와 분기값을 이용하여 구간화를 실시한다. 자세한 사항은 [VSP83] 참고 문헌을 참조한다.

구간변수의 변환 방법 중 최적(best) 방법은 다음과 같은 순위 기준(ranking criterion)을 추가로 지정하는 것이다.

최적 방법은 변환 방법 중 구간화 방법을 제외한 모든 방법을 후보로 하여 순위를 매기는 기준이 되는 측도인 적률 왜도, 적률 첨도 등을 최소로 하는 변환 방법을 자동으로 선택하여 주는 것이다.

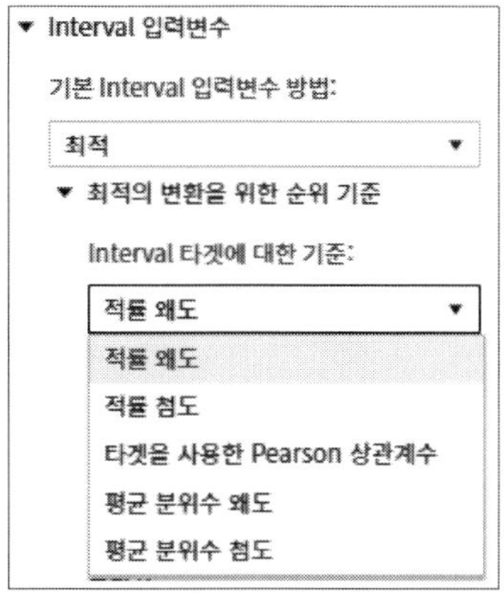

[그림 5.6] 구간변수 순위 기준

적률 왜도(moment skewness), 적률 첨도(moment kurtosis), 평균 분위수 왜도(average quantile skewness), 평균 분위수 첨도(average quantile kurtosis)는 목표변수에 관계없이 구간 입력변수의 정규성(normality)을 나타내는 측도들이다. 이 값들은 절댓값이 작을수록 정규성을 나타내므로 작은 값을 갖는 변환을 선택하는 것이다.

$$\text{적률 왜도} = \frac{\frac{1}{n}\sum_{i=1}^{n}(x_i - \bar{x})^3}{\left[\frac{1}{n-1}\sum_{i=1}^{n}(x_i - \bar{x})^2\right]^{\frac{3}{2}}}$$

$$\text{적률 첨도} = \frac{\frac{1}{n}\sum_{i=1}^{n}(x_i - \bar{x})^4}{\left[\frac{1}{n}\sum_{i=1}^{n}(x_i - \bar{x})^2\right]^{2}} - 3$$

$$\text{평균 분위수 왜도} = \text{보울리(Bowley) 왜도} = \frac{Q_3 - Q_2 - (Q_2 - Q_1)}{Q_3 - Q_1} = \frac{R - L}{\frac{R + L}{2}},$$

여기서 Q_1, Q_2, Q_3는 사분위수이고, $R = Q_3 - Q_2, L = Q_2 - Q_1$을 의미하며, 평균의 의미는 분모가 R, L의 평균이기 때문이다.

$$\text{평균 분위수 첨도} = \text{중심화된 호그 계수(centered Hogg coefficient)} = \frac{U_{0.05} - L_{0.05}}{U_{0.5} - L_{0.5}} - 2.59,$$

$$U_\alpha = \frac{1}{\alpha}\int_{1-\alpha}^{1} F^{-1}(y)dy, \qquad L_\alpha = \frac{1}{\alpha}\int_{0}^{\alpha} F^{-1}(y)dy$$

이며 F는 분포함수이다.

목표변수가 이진(binary)인 경우에는 추가로 앤더슨-달링 검정통계량(Anderson-Darling statistic with target), 크레머-폰미제스 검정통계량(Cramer-Von Mises statistic with target), 콜모고로프-스미르노프 검정통계량(Kolmogorov-Smirnov statistic with target)을 사용한다. 이 통계량은 목표변수가 이진이므로 각 값에 따른 2개의 경험분포(empirical distribution)가 생성이 되며 이 2개의 경험분포의 차에 대한 값이다. 즉, 연속변수에 대한 최적의 변환을 선택한다는 것은 위의 기준 통계량의 값이 최대가, 즉 순위가 1등이 되는 변환을 선택하는 것이다.

콜모고로프-스미르노프 검정통계량(KS 통계량)에 대하여 조금 더 살펴보자. 경험분포함수를 다음과 같이 정의한다.

$$F_n(x) = \frac{1}{n}\sum_{i=1}^{n} 1_{[-\infty,x]}(x_i)$$

즉, 주어진 x 값보다 작은 데이터 건수의 비율이다. 이때 이진 목표변수의 값, 예를 들어 0과 1을 갖는다면 각 값을 갖는 데이터로 구분한 경우, 즉 2개의 표본 집단을 구성했을 때 KS 통계량은 다음과 같이 정의할 수 있다.

$$\text{KS 통계량} = \sup_x \ |F_{1,n}(x) - F_{0,m}(x)|$$

즉, 2개의 경험분포함수가 있는 경우의 그 간격, 다시 말해 분포함수 간의 거리 중 최댓값을 의미한다. 아래는 이에 대한 알고리즘이다.

순번	내용	비고
1	모든 구간변수에 대하여 변환 후보 군에 대한 값을 계산한다.	
2	모든 구간변수의 변환 후보 군에 대한 순위 기준 통계량 값을 계산한다.	
3	모든 구간변수의 통계량 값 중 최소 또는 최대가 되는 변환을 선택한다.	목표변수가 필요없는 순위 기준 통계량인 경우는 최소, 목표변수가 있는 경우는 최댓값을 주는 변환을 선택한다.

[CLAIM] 데이터에 대하여 순위 기준을 KS 통계량으로 정의한 후 그 결과를 살펴보자.

변환된 변수 요약

변환된 변수	방법	입력변수	수식	변수 레벨
INVSQRT_CHILDREN	INVSQRT	CHILDREN	1/(SQRT('CHILDREN'n + 1))	INTERVAL
INV_DISTANCE	INVERSE	DISTANCE	1/('DISTANCE'n)	INTERVAL
INV_HOUSE_VAL	INVERSE	HOUSE_VAL	1/('HOUSE_VAL'n)	INTERVAL
INVSQRT_VEHICLE_AGE	INVSQRT	VEHICLE_AGE	1/(SQRT('VEHICLE_AGE'n + 2))	INTERVAL
INVSQR_VEHICLE_VAL	INVSQUARE	VEHICLE_VAL	1/(('VEHICLE_VAL'n**2) + 1)	INTERVAL

[그림 5.7] KS 통계량 순위 기준의 산출물 예

[그림 5.7]을 보면, 사전에 정의된 변환 목록 중에서 KS 검정통계량의 값을 최대로 해주는 각 구간변수별로 최적의 변환을 보여 주고 있다. 가령 CHILDREN 입력변수인 경우에는 $\frac{1}{\sqrt{(CHILDREN+1)}}$로 변수 변환을 해주고 있다. 이때 +1를 해주는 이유는 값이 0인 경우에도 변환될 수 있도록 하기 위함이다.

5.5 범주변수의 변수 변환

범주변수인 경우 변환하는 옵션은 다음과 같다.

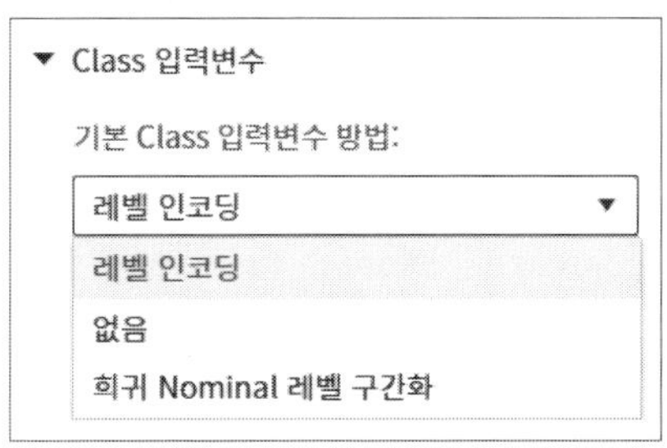

[그림 5.8] 범주변수 변환 옵션

[그림 5.8]을 보면 2가지 변환 방법을 제시하고 있다. 레벨 인코딩(level encoding)은 일반적으로 one-hot 인코딩 방법으로 범주변수의 각 값마다 하나의 변수를 생성하는 것이다. 예를 들어 'male', 'female' 값을 갖고 있는 변수가 있다면 'male' 값을 갖는 경우에 1, 아닌 경우는 0, 'female' 값을 갖는 경우에는 1, 아닌 경우에는 0값을

갖는 2개의 변수로 대체할 수 있다. 일반적으로 *k*개의 값을 갖는 범주변수는 *k*개의 구간변수로 대체된다.

희귀 nominal 레벨(rare nominal levels) 구간화 방법은 범주변수가 갖는 값 중에서 빈도 비율이 일정 비율 이하인 것, 즉 절사 비율(rare cutoff value percentage)보다 작은 경우에는 하나의 범주로 묶어서 처리하는 것이다. 즉, 일정 정도 비율 이상인 범주만 의미가 있다고 변환하는 것이다. 디폴트 절사 비율은 0.5%이다.

```
* Transformation Method = BINRARE ;
Length 'BIN_JOB'n $ 12;
Label 'BIN_JOB'n = '변환됨 JOB';
if missing('JOB'n) then
   'BIN_JOB'n = '_MISSING_';
else do;
   Length _bintmp12 $12;
   drop _bintmp12; _bintmp12='';
   _bintmp12 = ktrim(put('JOB'n, $CHAR12.));
   if _bintmp12 IN( 'Banking'
               , 'None'
               , 'Police'
   ) then
      'BIN_JOB'n = '_OTHER_';
   else 'BIN_JOB'n = _bintmp12;
end;
```

[그림 5.9] 희귀 범주 묶기

[그림 5.9]는 희귀 nominal 레벨를 선택 후 나오는 산출물 중 노드 스코어 코드이다. JOB 범주변수의 값 중에 'Banking', 'None', 'Police'는 빈도 비율이 0.5%보다 작으므로 하나로 묶어서 BIN_JOB이라는 새로운 변수의 '_OTHER_' 범주로 생성됨을 알 수가 있다.

5.6 결측값의 처리

[CLAIM] 데이터를 보면 **[그림 5.10]**과 같은 결측값이 있음을 알 수 있다.

[그림 5.10]은 데이터 관리(data explorer) 윈도우에서 프로파일 분석을 한 결과이

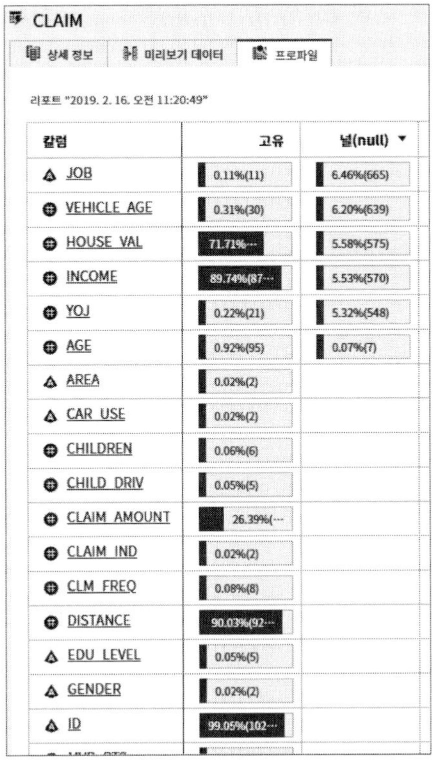

[그림 5.10] 데이터 관리 프로파일 분석

다. 결과를 보면 널(null) 컬럼에서 결측값 비율과 건수를 보여 준다. [JOB] 변수에서 [AGE] 변수까지 총 6개의 변수가 결측값을 갖고 있다. 이러한 결측값은 그 비율이 작을 때는 무시하고 지나갈 수 있지만, 어느 정도 비율을 갖고 있고 서로 결측값을 갖고 있는 행(row, record, observation)이 겹치지 않는다면 실제 분석에서는 많은 양의 데이터를 사용할 수 없다. 이런 문제를 해결하는 과정에서 결측값을 다른 값으로 대체(imputation)하기도 한다.

결측값이 발생한 경우에 그 값의 영향도의 범위(비율)를 파악하고 나면 그대로 두고 분석을 할 것인지 아니면 그 값을 대체할 것인지를 판단하게 되는데 무엇보다도 우선적으로 분석해야 하는 것은 왜 결측값이 발생했는지를 살펴보는 것이다. 실무에서 가장 먼저 하는 것은 해당 컬럼이 생성되는 과정을 역으로 확인하는 과정을 살펴보는 것이다. 최종적으로는 원 데이터(raw data)까지 살펴보게 된다. 이 과정을 통하여 원 데이터가 갖고 있는 데이터의 품질 등이 자세하게 파악된다.

원 데이터가 갖고 있는 어쩔 수 없는 결측값이 발생한 경우에 이를 대체하는 방법을 알아보기로 하자. 결측값을 발생시킨 변수가 범주변수인 경우에는 일정한 상수값 주기, 최빈값으로 대체, 분포에서 임의의(random) 값을 선정하여 주기 등을 통하여 값을 대체할 수 있다.

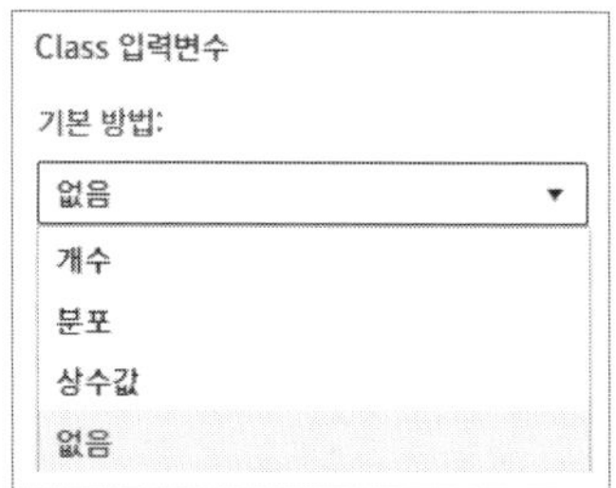

[그림 5.11] 범주변수 결측값 처리 방법

[그림 5.11]은 결측값 처리 노드에서의 범주변수에 대한 결측값 처리 방법이다. 디폴트로 결측값 처리 방법은 개수, 즉 최빈값으로 처리된다. 분포는 비결측값들 중에 임의로 값들을 선택하여 결측값을 채워넣는 것을 의미한다. 재현성을 위하여 난수발생을 초기 씨앗값(seed value)을 설정할 수 있다. 디폴트는 12345이다.

변수가 구간변수, 즉 연속변수인 경우의 처리 방법은 다음과 같다.

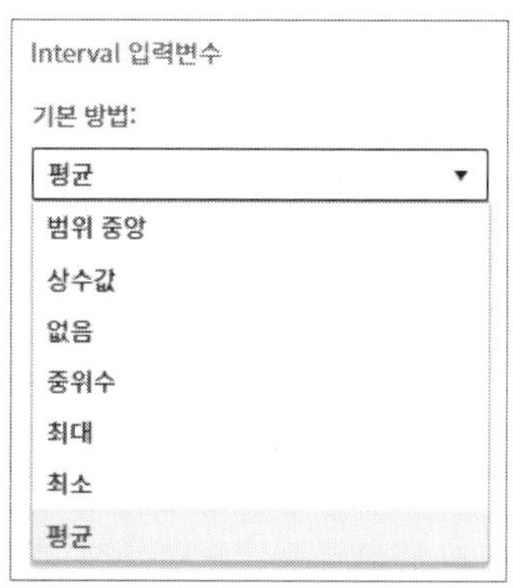

[그림 5.12] 구간변수 결측값 처리 방법

디폴트는 평균값으로 처리가 된다. 여기서 이러한 값을 계산할 때 만약 이상값(outlier)이 있는 경우에는 대체되는 값이 원래 분포를 잘 반영하지 못하는 경우(예를 들어 평균값이 심하게 커지거나 작아지는 경우)가 있다. 이를 해결하기 위하여 **[그림 5.12]**의 통계량 값 중 평균, 최댓값, 최솟값 그리고 최댓값과 최솟값의 평균인 범위 중앙(midrange)인 경우, 계산하기 위한 데이터를 제한(data limit)하기도 한다. 디폴트는 모든 데이터를 이용하여 값을 계산한다. 데이터 제한은 해당 변수의 분포 양 끝단의 지정된 절사 비율의 반(5%이면 양쪽에서 2.5%씩)에 해당하는 데이터를 절단(truncated) 또는 절사(trimmed)한 후 남은 데이터에서 통계량 값을 계산한다. 윈저화(winsoring, winsorization)는 양 끝단의 데이터를 버리는 것이 아니라 가령 왼쪽 끝은 2.5%의 해당하는 분위수, 오른쪽 끝은 97.5%에 해당하는 분위수 값으로 대체 후 해당 통계량 값을 계산하는 것이다. 예를 들어 다음과 같은 데이터가 있다고 하자.

[92, 19, 101, 58, 1053, 91, 26, 78, 10, 13, -40, 101, 86, 85, 15, 89, 89, 28, -5, 41]

데이터를 보면 얼핏 보기에도 1053은 매우 큰 값이고 이상값임을 알 수가 있다.

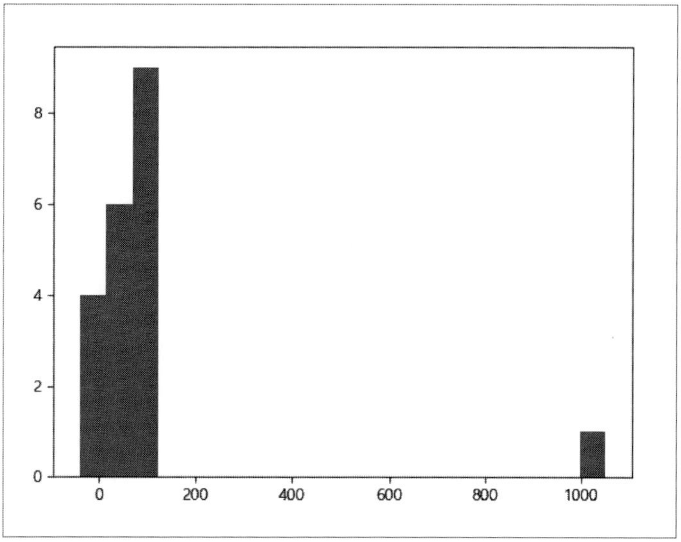

[그림 5.13] 데이터 분포

모든 데이터를 사용하는 경우에 평균은 101.5이며 10% 절사인 경우, 즉 양쪽으로 5%씩인 경우는 56.5이다. 윈저 평균은 똑같이 10% 절사인 경우는 다음과 같이 데이터가 대체된다.

[92, 19, 101, 58, **101**, 91, 26, 78, 10, 13, **-5**, 101, 86, 85, 15, 89, 89, 28, -5, 41]

대체된 후 평균은 55.65이다. 이상의 과정은 결측값을 대체하는 것이며 결측값 자체도 하나의 범주로써 의미를 갖는다고 생각하면 이를 하나의 변수, 즉 표시자(indicator) 변수로 생성하여 입력변수의 하나로 활용할 수도 있다.

결측값을 갖는 변수에 대한 표시자 변수는 각각의 데이터 예(example, observation)에 대하여 각 변수가 하나라도 결측값을 갖는 경우는 1, 아니면 0과 같이 단일 표시자(single indicator) 변수로 두는 방법과 각 변수마다 결측값이 있는 경우에 1 아니면 0과 같이 고유 표시자(unique indicator) 변수를 두는 방법이 있다.

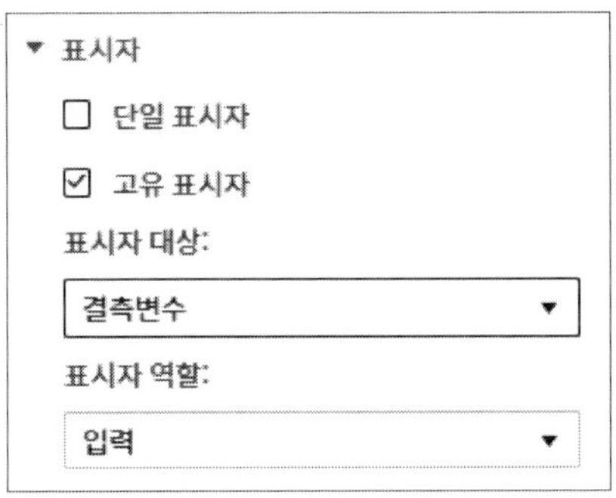

[그림 5.14] 표시자 옵션

[그림 5.14]와 같이 설정한 경우에 출력물은 **[그림 5.15]**와 같다.

```
* Indicator for missing value ;
Label 'M_AGE'n = '결측값 표시자: AGE';
Length 'M_AGE'n 8 ;
if missing('AGE'n) then
   'M_AGE'n = 1;
else
   'M_AGE'n = 0;

* Indicator for missing value ;
Label 'M_HOUSE_VAL'n = '결측값 표시자: HOUSE_VAL';
Length 'M_HOUSE_VAL'n 8 ;
if missing('HOUSE_VAL'n) then
   'M_HOUSE_VAL'n = 1;
else
   'M_HOUSE_VAL'n = 0;
```

[그림 5.15] 고유 표시자 생성

[그림 5.15]를 보면 결측값을 갖는 각 변수마다 새로운 변수인 'M_기존변수명' 형식으로 새로운 변수가 생성됨을 알 수 있다. 결측값 처리까지의 파이프라인은 다음과 같이 요약할 수 있다.

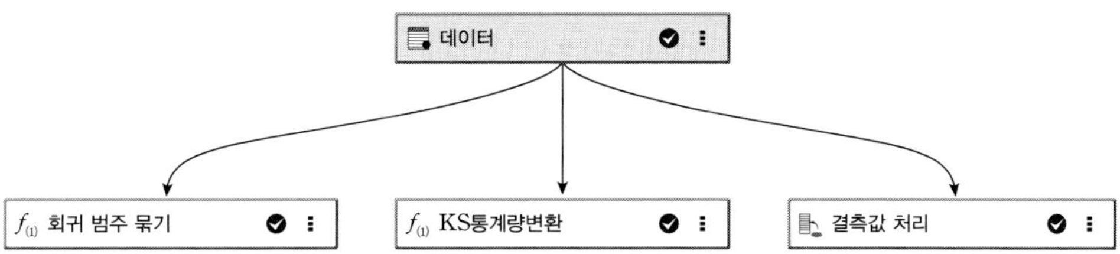

[그림 5.16] 특징 변환 및 결측값 처리 파이프라인

5.7 특징 추출

특징 추출(feature extraction)은 원 데이터로부터 의미 있는 파생 변수(derived variable)를 생성하는 과정이라고 정의할 수 있다. 파생 변수는 서로 중복이 없고(non-redundant) 의미가 있어야 한다. 대부분의 문헌에서는 특징 추출을 차원 축소(dimension reduction)와 동일시하는 경우가 많다. 즉, 입력변수가 너무 많아서 관리 가능한 수준까지 변수의 개수를 줄이는 것을 의미한다. 똑같은 결론을 얻는다면 당

연히 변수의 수를 작게 하는 것이 의미가 있다. 그러나 보다 적극적으로 해석하면 머신러닝 모형을 적합할 때 보다 유의미한 특징이나 해석 가능한 특징들을 만들어 모형 예측력을 높이는 것이 더 중요하다. 따라서 단지 변수 개수의 감소에 국한되어 해석할 필요는 없다.

특징 추출을 차원 축소와 유의미한 인자(factor)의 관점으로 접근한 기법들로는 주성분 분석(principal component analysis), 특잇값 분해(singular valude decomposition), 자기부호화기(autoencoder) 등이 있다. 주성분 분석과 특잇값 분해는 해당 장에서 다루기로 한다.

차원 축소 관점의 특징 추출과 무관한 다른 방법을 알아보자. 다음과 같은 문장들이 있다고 하자.

```
docu = ['2019년 3월 1일은 대한민국 임시정부 수립 100주년이 되는 해입니다.',
        '그래서 정부는 이 날을 임시 공휴일로 지정하고자 합니다.',
        '정부는 처음으로 경기 부양이 아닌 진정한 의미의 공휴일로 이 날을 정한다고 합니다.']
```

문장들로 구성된 이 문서를 숫자화하기 위해서는 자연어 처리의 많은 기법들, 이를테면 공백을 구분자로 하여 잘라주고, 각 단어의 줄기어를 찾고, 조사 등은 제외하는 등 많은 작업이 필요하다.

간단하게 공백으로만 제거한 단어들의 가방인 '단어 가방(bow: bag-of-words)'을 만들어 보자.

```
{'2019년': 2, '3월': 3, '1일은': 1, '대한민국': 8, '임시정부': 15, '수립': 11, '100주년이': 0,
'되는': 9, '해입니다': 22, '그래서': 6, '정부는': 16, '날을': 7, '임시': 14, '공휴일로': 5, '지정
하고자': 18, '합니다': 21, '처음으로': 20, '경기': 4, '부양이': 10, '아닌': 12, '진정한': 19, '의
미의': 13, '정한다고': 17}
```

단어 가방은 모든 단어를 순서 없이 정렬하여 하나의 어휘 사전을 만들어 준다. 위의 표에서와 같이 '임시정부'는 15로 숫자화되어 있고 이는 0에서부터 인덱스가 시작

되므로 14번째 컬럼 변수를 차지한다.

아래 행렬을 보면 각 문장을 단어 가방으로 표현한 것이다. 단어 가방에서 '100주년이'가 0으로 표현되어 있으므로 각 문장, 즉 행에서 첫 번째 열에 해당 단어에 대한 출현 빈도를 표현해주는 것이다.

$$\begin{bmatrix} 1 & 1 & 1 & 1 & 0 & 0 & 0 & 0 & 1 & 1 & 0 & 1 & 0 & 0 & 0 & 1 & 0 & 0 & 0 & 0 & 0 & 0 & 1 \\ 0 & 0 & 0 & 0 & 0 & 1 & 1 & 1 & 0 & 0 & 0 & 0 & 0 & 0 & 1 & 0 & 1 & 0 & 1 & 0 & 0 & 1 & 0 \\ 0 & 0 & 0 & 0 & 1 & 1 & 0 & 1 & 0 & 0 & 1 & 0 & 1 & 1 & 0 & 0 & 1 & 1 & 0 & 1 & 1 & 1 & 0 \end{bmatrix}$$

위와 같이 문장 및 문서를 어휘 사전을 만들고 출현 빈도로 표현해주는 것을 단어 가방이라고 한다. 여기까지는 문자 데이터를 수치화하는 방법이라고 정의할 수 있다. 이러한 단어 가방 데이터에 대하여 다음과 같은 수식의 변환에 의해 의미 있는 형태로 바꿔주는 것 또한 특징 추출이라고 할 수 있다.

$$\text{tf} * \text{idf}\,(i, j) = \text{각 문장에서 해당 단어의 빈도} * \left(\log \frac{\text{전체 문서의 갯수}}{\text{해당 단어가 나타난 문서의 갯수}} + 1\right)$$

이 식에 의하여 주어진 단어 가방 행렬에 적용하면 다음과 같은 행렬이 된다.

$$\begin{bmatrix} 2.1 & 2.1 & 2.1 & 2.1 & 0 & 0 & 0 & 0 & 2.1 & 2.1 & 0 & 2.1 & 0 & 0 & 0 & 2.1 & 0 & 0 & 0 & 0 & 0 & 0 & 2.1 \\ 0 & 0 & 0 & 0 & 0 & 1.41 & 2.1 & 1.41 & 0 & 0 & 0 & 0 & 0 & 0 & 2.1 & 0 & 1.41 & 0 & 2.1 & 0 & 0 & 1.41 & 0 \\ 0 & 0 & 0 & 0 & 2.1 & 1.41 & 0 & 1.41 & 0 & 0 & 2.1 & 0 & 2.1 & 2.1 & 0 & 0 & 1.41 & 2.1 & 0 & 2.1 & 2.1 & 1.41 & 0 \end{bmatrix}$$

해당 식은 문장 내의 단어의 빈도와 전체 문서에서의 단어의 빈도의 함수로 정의된 통계량이다. 의미는 해당 단어 또는 용어가 하나의 문장에서 또는 문서의 집합체인 말뭉치(corpus)에서 얼마만큼 중요한지를 나타내준다. 해당 단어가 하나의 문서에서 중요하다면 그 문서에서는 자주 나오고 다른 문서에서 적게 나올 때 중요하다고 판별하는 것이다. 즉, 검색을 할 때 하나의 키워드를 입력하면 그 키워드에 가장 적합한 문서를 찾는 방법 중 하나이다.

이미지 처리에서의 특징 추출의 예는 합성곱 신경망의 합성곱 층을 생성하는 과정이다. 이에 대한 자세한 과정은 [KANG] 문헌을 참조한다.

6장

이상값 탐지

6.1 개요

6.2 지지벡터 데이터 기술

6.3 SAS VDMML 옵션

6.4 SAS VDMML 예제

6.1 개요

이상값 탐지(anomaly detection, outlier detection)는 데이터의 대다수로부터 멀어진 희귀한 사건이나 관측값을 파악하는 것이다. 예를 들어 보험 사기, 공정 제어, 의료기기 모니터링 등을 통해서 매우 희귀한 사건들을 감지하는 것이다. 이 문제를 분류 관점에서 보면 매우 희귀한(scarce) 범주가 발생한 것이다. 희귀한 범주를 1, 아닌 경우 0이라고 하면, 사건(event)이 일어나는 경우가 없거나(missing) 매우 작은 문제인 것이다. 이러한 문제는 1-범주(one class) 분류 문제이며 이를 처리하는 기법이 1-범주 분류 기법이다.

이 장에서는 1-범주 분류의 대표적인 기법인 지지벡터 데이터 기술 기법에 대하여 알아보자.

6.2 지지벡터 데이터 기술

지지벡터 데이터 기술(SVDD: support vector data description) 기법의 기본적인 개념에 대하여 알아보자. 지지벡터 데이터 기술은 정규(normal) 데이터 기술 기법과 유연(flexible) 데이터 기술 기법으로 구분된다.

6.2.1 정규 데이터 기술

정규 데이터 기술(normal data description)에서는 닫힌 경계선(closed boundary)을 갖는 데이터 모형을 초구(hypersphere)를 이용하여 정의하고 있다. 초구는 중심점(a)과 반경(R)만 알면 정의될 수 있다. 지지벡터 머신과 마찬가지로 목적함수를 R^2로 정의하고 아무런 이상값이 없다고 가정한다면 다음의 조건을 만족하는 중심점과 반경을 구할 수 있다.

$$\begin{aligned}&\text{Min}_{R,a}\ \{F(R,a) = R^2\}\\&\text{s.t.}\ \|x_i - a\|^2 \le R^2, \forall i\end{aligned}$$

이 식의 의미는 현재의 훈련 데이터 전체에 대하여 중심점과 반경을 잘 정의하여 모든 데이터를 하나의 초구 안에 정의하는 것을 의미한다. 그런데 목적은 이상값을 찾는 것이므로 일정 정도의 초구를 벗어나는 데이터를 허용해야 한다. 반경이 무한대라면 모든 데이터는 이상값이 될 수 없다. 즉, 몇몇 데이터는 반경을 벗어나도록 허용해야 한다. 이는 지지벡터 머신에서 모든 관측값에 대한 여유변수(slack variable)인 ξ_i를 도입하는 것을 의미한다. 목적함수와 제약 조건을 여유변수를 이용하여 정의하면 다음과 같다.

$$F(R,a) = R^2 + C\sum_i \xi_i$$
$$\text{s.t.} \|x_i - a\|^2 \le R^2 + \xi_i, \qquad \xi_i \ge 0 \ \forall i$$

주어진 식을 보면 반경을 벗어나는 점, 즉 데이터에 대해서는 $C\xi_i$ 벌점을 주고 있다. 따라서 주어진 식은 데이터를 잘 나누어 목적함수값을 최소화하는 중심점과 반경을 구하는 것이다. 이 문제는 지지벡터 머신의 소프트 마진 분류기를 구하는 것과 마찬가지 방법으로 해를 구한다. 원시(primal) 문제를 라그랑지 함수로 표현하면 다음과 같다.

$$L_P(R,a,\xi_i,\alpha_i,\gamma_i) = R^2 + C\sum_i \xi_i - \sum_i \alpha_i\{ R^2 + \xi_i - (\|x_i\|^2 - 2a^T x_i + \|a\|^2)\} - \sum_i \gamma_i \xi_i$$

여기서 $\alpha_i \ge 0$, $\gamma_i \ge 0$인 라그랑지 승수이다. 이 문제를 쌍대(dual) 문제로 전환하기 위해서는 식을 최소로 하는 R, a, ξ_i를 구하고 대입한 후 목적함수를 최대화하는 a_i, γ_i를 최소화하면 된다. 목적함수를 최대로 하기 위하여 R, a, ξ_i별로 편미분한 후 정리하면 다음과 같다.

$$\sum_i \alpha_i = 1$$
$$a = \frac{\sum_i \alpha_i x_i}{\sum_i \alpha_i} = \sum_i \alpha_i x_i$$
$$C - \alpha_i - \gamma_i = 0$$

마지막 조건은 $\alpha_i \geq 0$, $\gamma_i \geq 0$이므로 $0 \leq \alpha_i \leq C$ 이다. 따라서 주어진 목적함수를 쌍대 문제로 전환한 결과는 다음의 목적함수를 최대로 하는 α_i를 구하면 된다.

$$L_D = \sum_{\mathrm{i}} \alpha_i x_i^T x_i - \sum_{i,j} \alpha_i \alpha_j x_i^T x_i = \sum_{\mathrm{i}} \alpha_i (x_i \cdot x_j) - \sum_{i,j} \alpha_i \alpha_j (x_i \cdot x_j)$$

여기서 $0 \leq \alpha_i \leq C$ 이며 $x_i \cdot x_j$에서 ·는 두 벡터의 내적이다. 만약 $\| x_i - a \|^2 < R^2 + \xi_i$를 만족하는 x_i들은 원시문제의 목적함수를 최대화해야 하므로 관련 $\alpha_i = 0$이어야 하고 $\gamma_i = 0$이어야 한다. $\| x_i - a \|^2 = R^2 + \xi_i$이라면 원시문제의 목적함수에서 값을 최대화하기 위하여(즉, $\alpha_i > 0$이면 $\| x_i - a \|^2 = R^2 + \xi_i$이어야 한다는 뜻임) $\alpha_i > 0$이어야 하며 또한 $\gamma_i = 0$이어야 한다. $\| x_i - a \|^2 > R^2 + \xi_i$이면 $\alpha_i = C$이어야 하고 $\gamma_i > 0$이어야 한다. 요약하면 다음과 같다.

$$\|x_i - a\|^2 < R^2 \rightarrow \alpha_i = 0, \gamma_i = 0$$
$$\|x_i - a\|^2 = R^2 \rightarrow 0 < \alpha_i < C, \gamma_i = 0$$
$$\|x_i - a\|^2 > R^2 \rightarrow \alpha_i = C, \gamma_i > 0$$

따라서 $a = \Sigma_i \alpha_i x_i$이므로 $C > \alpha_i > 0$인 데이터만 중심점을 구하는 데 사용된다. 이때 이러한 데이터를 지지벡터라고 한다. $\alpha_i = C$이라면 $\Sigma_i \alpha_i = 1$에서 $\Sigma_i \alpha_i = \Sigma_i (\alpha_i = C) \times C = (\text{\# of outlier}) \times C = 1$이므로 $C = \dfrac{1}{n \times (\text{이상값의 비율})}$로 정의할 수 있다.

중심점 벡터의 추정치를 $\hat{a} = \sum_i \hat{\alpha}_i x_i$이라고 하면 새로운 데이터 z는 다음과 같이 이상값 여부를 판단한다. 먼저 데이터 기술 거리(d^2)를 구한다.

$$d^2(z) = \|z - \hat{a}\|^2 = (z \cdot z) - 2 \sum_i \hat{\alpha}_i (z \cdot x_i) + \sum_{i,j} \hat{\alpha}_i \hat{\alpha}_j (x_i \cdot x_j)$$

이 값이 $\hat{R}^2$보다 크면 이상값으로 판단한다.

$$\hat{R}^2 = (x_k \cdot x_k) - 2 \sum_i \hat{\alpha}_i (x_k \cdot x_i) + \sum_{i,j} \hat{\alpha}_i \hat{\alpha}_j (x_i \cdot x_j)$$

여기서 x_k는 $0 < \alpha_k < C$인 임의의 지지벡터이다.

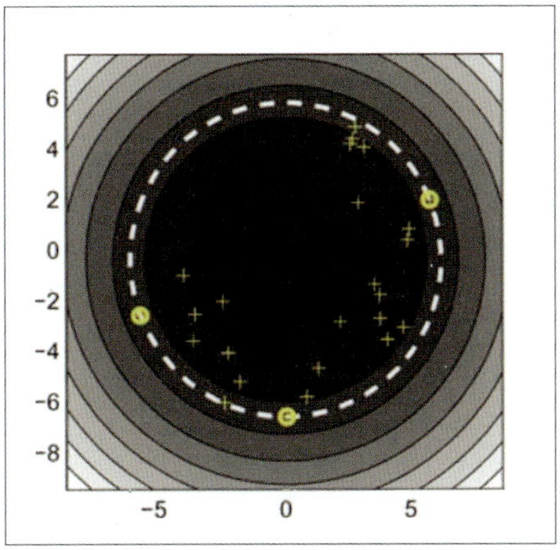

[그림 6.1] 바나나 모양의 데이터와 정규 데이터 기술(SVDD)

[그림 6.1]은 바나나 모양의 데이터에 대한 정규 데이터 기술이다. 노란 원은 지지 벡터이며 하얀 점선은 기술 경계선(description boundary)이다. 이 그림은 주어진 데이터에 대한 최적의 경계선이며 만약 새로운 데이터가 이 반경 안에 들어오면 정상 데이터가 되고 경계 밖이면 이상값이 된다. 정규 데이터 기술의 단점은 차원이 많아지면 결정 경계선을 만들어 내는 지지벡터의 수가 너무 작아지거나 없을 수도 있다. 이를 보완하기 위한 간결(compact)한 경계선을 갖는 데이터 기술 방법이 필요하다.

6.2.2. 유연 데이터 기술

유연 데이터 기술(flexible data description)은 지지벡터의 커널 속임수와 같은 기법으로 데이터를 기술하는 방법이다. 즉, 쌍대 문제의 목적함수와 중심점의 추정값이 전부 데이터 간의 내적으로 정의되어 있으므로 이를 사용하는 것이다.

$$K(x_i, x_j) = \left(\phi(x_i) \cdot \phi(x_j)\right)$$

대표적인 가우시안 커널 또는 방사기저(radial basis) 커널 함수는 다음과 같이 정의된다.

$$K(x_i, x_j) = \exp - \frac{\|x_i - x_j\|^2}{2\sigma^2}$$

여기서 σ는 띠너비(bandwidth) 모수이다. 이런 경우에 마찬가지로 임계값(threshold)은 다음과 같이 정의된다.

$$\hat{R}^2 = K(x_k, x_k) - 2\sum_{i} \hat{\alpha}_i K(x_k, x_i) + \sum_{i,j} \hat{\alpha}_i \hat{\alpha}_j K(x_i, x_j)$$

여기서 x_k는 $0 < x_k < C$인 임의의 지지벡터이다.

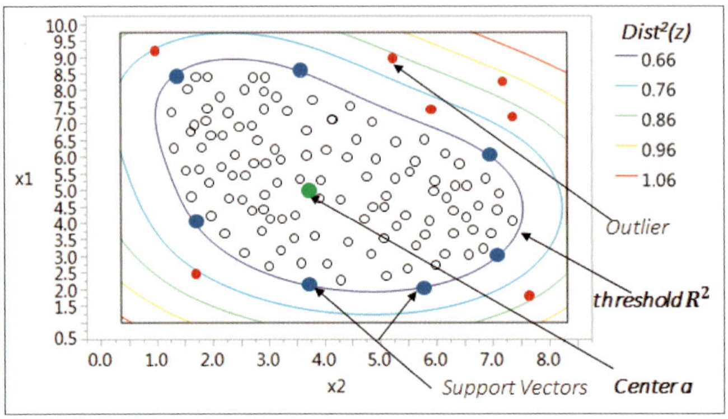

[그림 6.2] 유연 데이터 기술의 시각적 설명 예시(VDMMLR)

[그림 6.2]은 유연 데이터 기술을 시각적으로 표현한 것이다. 파란 실선은 파란 점들인 지지벡터에 의하여 만들어진 R^2 임계값, 즉 0.66이며 빨간 점들은 임계값을 벗어난 이상값이다. 초록색은 중심이다.

6.3 SAS VDMML 옵션

데이터 마이닝 사전 처리의 이상값 탐지 노드를 선택하면 다음과 같은 초기 옵션을 볼 수 있다.

옵션을 살펴보면 연속 변수의 표준화 여부를 정의할 수 있고 가우스 띠너비(대역폭) 값, 최적화 해를 구하는 방법(확률 부분집합(stochastic subset), 활성집합(active set)), 벌점상수(C) 값을 구하기 위한 이상값 비율 등을 지정할 수 있다.

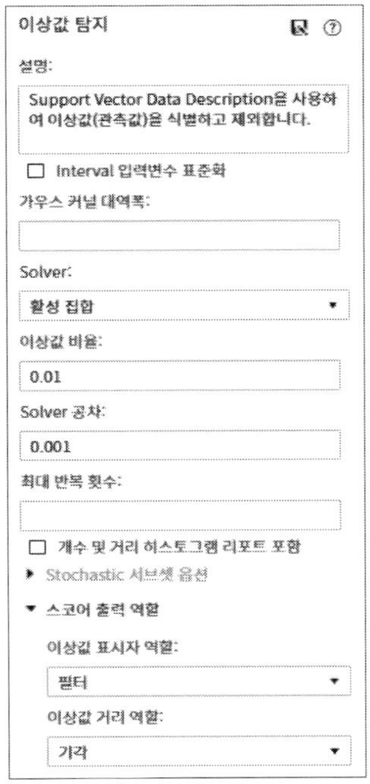

[그림 6.3] 이상값 탐지 초기 옵션

이상값을 판정한 경우 개수 및 중심점과의 거리에 대한 정보를 보여줄 것인지 여부를 지정할 수 있다. 추가로 이상값인 경우에 이상값 표시자(indicator)를 입력변수를 사용할 것인지 아니면 이상값을 제거(filter)할 것인지를 결정한다. 이상값 거리가 계산된 경우에는 이를 입력변수로 사용할 것인지 여부를 결정한다. 여기서 거리는 데이터 기술 거리인 $d^2(z)$를 의미한다. 참고로 이상값 탐지 노드는 SAS VDMML 제품의 SVDD 프로시저를 사용한다. SVDD 프로시저는 입력변수가 연속변수, 범주변수를 둘 다 지원한다. 관련 거리 계산 방식은 군집분석 장을 참조한다.

6.4 SAS VDMML 예제

[CLAIM] 데이터에 대하여 다음과 같은 파이프라인을 만들고 이상값 탐지의 각 옵션을 실행하여 결과를 확인한다.

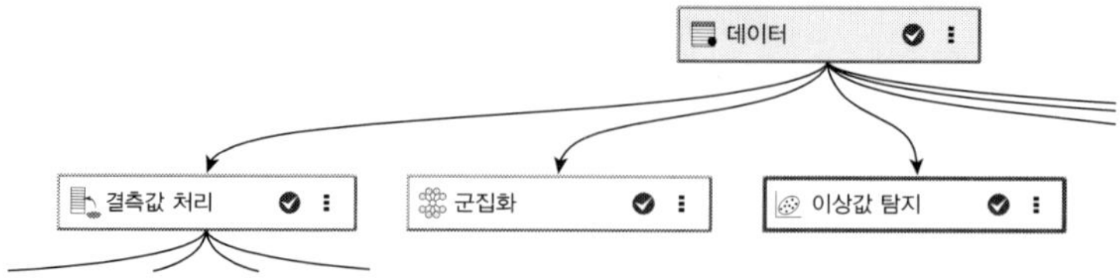

[그림 6.4] 이상값 탐지 파이프라인

[그림 6.5] 이상값 탐지 옵션 예시

옵션을 정의 후 실행하고 나면 많은 산출물이 나오는데 그중 몇 가지만 살펴보기로 하자.

이상값 개수

설명	값
이상값 수	36
이상값 비율	0.6735
분석에 사용되는 관측값	5,345
결측 입력이 있는 관측값	1,865
총 관측값	7,210

[그림 6.6] 이상값 탐지 산출물(이상값 개수)

이상값 개수에 대한 산출물이다. 약 34개의 이상값이 있음을 알 수 있다. 여기서 이상값 비율의 단위는 퍼센트이다. 즉, $0.6358\% = 100 \times \frac{34}{5348}$이다.

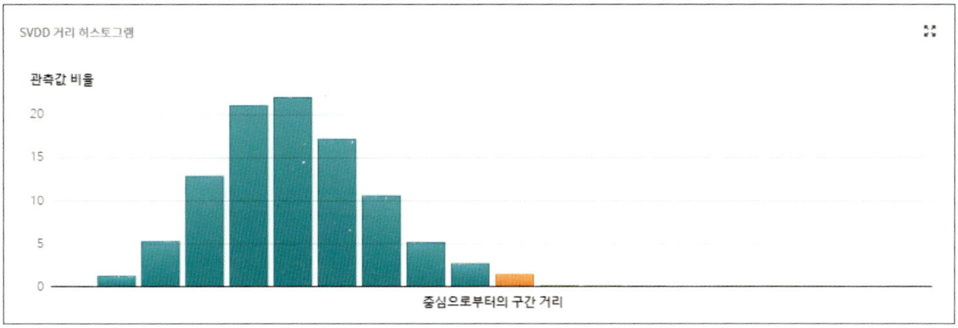

[그림 6.7] 이상값 탐지 산출물(중심점과의 거리)

[그림 6.7]에서 노란색 막대가 임계값 구간이다. 그 값보다 큰 경우는 이상값이라고 할 수 있다. 여기서 중심점으로부터의 구간 거리는 [그림 6.8]을 보면 알 수 있는데,

분석용 결과

설명	값
Number of Support Vectors	71
Number of Support Vectors on Boundary	35
Number of Outliers	34
Number of Dropped Observations	0
Threshold R Square Value	0.7993
Constant (C_r) Value	0.1776
Run Time (Seconds)	0.2595

[그림 6.8] 이상값 탐지 산출물(출력창)

출력창의 산출물을 보면, 즉 거리제곱 임계값은 약 0.8임을 알 수 있다.

7장

특징 선택

7.1 개요

특징 선택(feature selection)은 변수 선택(variable selection), 변수 부분집합 선택(variable subset selection) 등으로 다양하게 불리며, 머신러닝 모형에 입력으로 사용되는 모든 특징 중에 일부분만을 선택하는 것이다. 모든 변수를 사용하지 않고 일부만 사용하면 어떤 이점이 있을까? 일반적으로 변수가 적으면 해석하기가 쉽고 훈련 시간이 줄고 차원의 저주를 피할 수 있으며 과적합(overfitting)을 줄일 수 있다.

무조건 입력변수를 일정 개수 이하로 줄일 수는 없고 어떠한 원칙하에 변수를 줄일 수 있으면 줄여야 한다. 그 기준은 일반적으로 중복되어 불필요하거나(redundant) 관련 없는(irrelvant) 변수를 제거하는 것이다. 중복되어 불필요하다는 것은 해당 변수보다 목표변수를 더 잘 설명하는 변수가 있고 그 변수와 해당 변수 간의 상관관계가 높은 경우를 의미한다. 이때 해당 변수와 목표변수 간에는 높은 관련성이 있을 수 있다.

[VFS] 문헌에 의하면 특징을 선택하는 알고리즘 또는 방법들은 3가지 범주로 구분된다고 한다. 먼저 포장(wrappere) 방법은 머신러닝 모형이 블랙박스 모형이므로, 그 모형의 정체는 모르지만 변수들의 부분집합에 대하여 목표변수에 대한 예측력을 평가할 수 있다. 물론 예측력 또는 모형 적합도(goodness of fit)를 평가하는 기준은 있어야 한다. 다음으로, 여과(filter) 방법은 하나의 대리 측도(proxy measure)를 통해서 변수들의 부분집합을 선택한다. 이는 예측모형에 대한 어떠한 가정 없이 변수들을 선택하는 것이며 포장 방법보다 훨씬 일반적이며 전산 자원을 덜 사용한다. 대표적인 대리 측도로는 상호 정보(mutual information), 피어슨 상관계수, 공분산 행렬에 근거를 둔 변수 군집화(variable clustering) 등이 있다. 마지막으로 내장 방법은 모형을 만드는 과정 안에 변수를 선택하는 부분이 포함되어 있는 방법을 말한다. 대표적으로 LASSO(least absolute shrinkage and selection operator) 방법이 있다. 이러한 방법을 적용하기 위해서는 하나의 모형에 대한 변수의 조합을 선택하거나, 임의의 서로 다른 모형 중 하나를 선택하는 기준이 무엇인지를 이해해야 한다.

7.2 모형 평가와 선택

7.2.1 개요

머신러닝의 많은 알고리즘 또는 기법이 특정한 데이터에 적용되는 경우, 특히 예측모형인 경우에 어떤 모형이 또는 어떤 학습 방법이 우수한가를 평가하는 방법을 알아보자.

머신러닝에서 모형의 성능이 좋다는 것, 특히 예측모형인 경우에는 미래의 상황에서, 즉 미래의 예측을 위한 입력 데이터가 있는 경우에 예측 성능이 좋다는 것을 의미한다. 그런데 모형을 구성할 때에는 미래의 데이터가 없으므로 현재의 데이터를 통하여 모형을 적합하게 된다. 따라서 모형을 구성할 때에 미래의 데이터라고 생각하는 현재의 데이터와 구분되는 독립적인 데이터를 구성한 후 모형을 평가해야만 미래의 데이터에 잘 적응하는 모형을 선정할 수 있을 것이다. 이런 의미에서 하나의 모형의 성능은 모형을 적합하고 선정할 때 관여한 데이터가 아닌 독립적인 데이터를 적용했을 때의 성능 결과이다. 이러한 모형 성능을 일반화(generalization) 모형 성능이라고 한다. 이를 구현하기 위해서는 주어진 데이터, 즉 모형을 구성하기 위하여 가용한 데이터를 3가지로 구분하여 사용한다. 이러한 3가지 데이터를 일반적으로 훈련 데이터(traing data), 검증 데이터(validation data), 평가 데이터(test data)라고 한다.

훈련 데이터는 하나의 모형을 구성하고자 할 때 적합해야 할 모수(parameter, weight)를 추정하는 데 사용되는 데이터이다. 머신러닝에서는 주 알고리즘이 기울기 하강법에 의한 모수추정이므로 훈련 데이터를 통하여 모수들이 추정된다. 이때 모수들을 추정하기 위한 적절한 기준, 즉 비용함수를 최소화하는 기준 등의 설정이 필요하다.

검증 데이터는 추정된 모형에 대한 평가에 사용된다. 훈련 데이터에 의하여 추정된 모형이 보다 일반적인 상황, 즉 모형 추정에 관여하지 않은 데이터에도 잘 적응하는지를 평가하게 된다. 이때 모형 간의 평가 기준이 필요하게 된다. 또한 검증 데이터는 초모수(hyper parameter)를 조율(tuning)하고자 할 때에도 사용된다. 초모수는 모형 적합 시 사전에 정의되어야 할 모수이며 신경망인 경우에는 은닉층의 개수와 각 층의 은닉노드의 개수 등을 의미한다.

평가 데이터는 모형 구성 시에 단 한번도 사용하지 않은 데이터이며 미제출 또는 미접근(holdout) 데이터를 의미한다. 이 데이터는 최종 모형의 평가에 사용되는 데이터이다.

7.2.2 데이터 분할과 모형 적합

훈련 데이터는 모형을 추정하기 위하여 사용되는 데이터를 말한다. 가령 회귀분석인 경우에

$$h(X) = \theta_0 + \theta_1 X$$

이라고 모형을 정의하면 모수인 θ_0, θ_1을 추정하는 것을 말한다. 여기에서 모형을 머신러닝에서는 가설함수(hypothesis function)라고 한다. 예를 들어 다음과 같은 데이터가 주어져 있다고 하자.

Education	Income	Education	Income	Education	Income
10	26.65884	14.13378	34.39628	18.26756	64.31093
10.40134	27.30644	14.53512	41.49799	18.70903	68.95901
10.84281	22.13241	14.97659	44.98157	19.11037	74.61464
11.24415	21.16984	15.37793	47.0396	19.51171	71.8672
11.64548	15.19263	15.77926	48.25258	19.91304	76.09814
12.08696	26.39895	16.22074	57.03425	20.35452	75.77522
12.48829	17.43531	16.62207	51.49092	20.75585	72.48606
12.88963	25.50789	17.02341	61.33662	21.15719	77.35502
13.29097	36.88459	17.46488	57.58199	21.59866	72.11879
13.73244	39.66611	17.86622	68.55371	22	80.26057

데이터는 [ISL] 문헌에서 사용된 데이터이며 교육기간(년)에 따라 소득수준(금액)이 어느 정도인지를 보여 준다. 데이터의 출처는 http://www-bcf.usc.edu/~gareth/ISL/Income1.csv이다. 데이터에 대한 산점도(scatterplot)를 그려보면 **[그림 7.1]**과 같다.

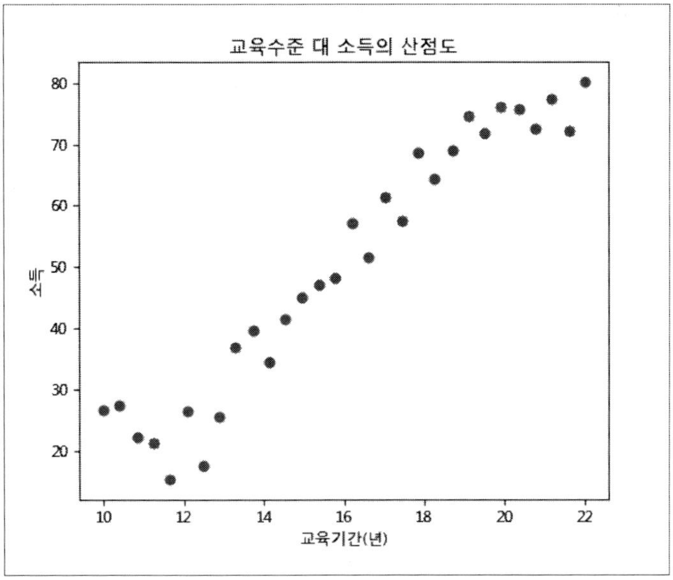

[그림 7.1] 교육수준 대 소득의 산점도

데이터에 대하여 훈련 대 검증 비율을 60%, 40%로 분할하고 훈련 데이터로 모형을 적합한 후 그 결과를 비교해 보자.

데이터 역할	평균제곱오차
훈련데이터	26.69
검증데이터	44.69

[그림 7.2] 모형 평가 결과

[그림 7.2]의 표를 보면 평균제곱오차(SSE: sum of squared errors)가 훈련 데이터에서 가장 작다. 물론 모형을 적합시킬 때 훈련 데이터를 사용하였고 SSE를 가장 작게 만들도록 모수를 추정하였기 때문에 그런 결과를 얻을 수 있다. 그러나 모형을 구성한 후에 검증 데이터에 적합하면 거의 2배 가까이 오차가 나왔다. 이러한 결과는 너무나 당연한 결과이며 늘 보이는 현상이다. 그런데 현재는 하나의 모형인 선형모형만 적합시켰는데 만약 여러 개의 모형을 적합한 경우에는 어떤 방식으로 좋은 모형을 선택할 수 있을까?

7.2.3 모형 적합도

다양한 모형들이 적합이 될 때 이를 평가할 수 있는 기준은 무엇일까? 예를 들어 목표변수가 연속인 경우에 잘 알려진 모형 적합도(goodness of fit)는 다음과 같은 평균제곱오차(MSE: mean of squared errors)를 측정하여 가장 낮은 값을 주는 모형을 선택한다.

$$\text{MSE} = \frac{1}{n}\sum_{i=1}^{n}\left(y_i - \hat{h}(x_i)\right)^2$$

여기서 n은 적합을 위하여 사용되는 데이터 건수, y_i는 i번째 목표변수의 값, x_i는 i번째 입력변수의 값, $x_i =(x_{i1}, x_{i2},\cdots, x_{ip})^T$, p는 입력변수의 개수, $\hat{h}(x_i)$는 적합된 값, 즉 예측된 값을 의미한다.

위의 MSE는 훈련 데이터로부터 계산되므로 정확히 표현하면 훈련(training) MSE라고 할 수 있다. 그런데 훈련 데이터로부터 계산된 MSE가 낮을수록 성능이 좋은 모형이라고 할 수 있는가? 사실 훈련 데이터를 잘 예측한다는 것은 현재 데이터를 잘 예측하는 것이지, 독립적이고 미래에 발생할 목표 값을 잘 예측한다는 것은 아니다. 예측의 목적은 현재가 아니라 미래를 잘 예측하는 것이다. 즉, 훈련과 검증에 한 번도 사용되지 않은 평가용 데이터인 (x_0, y_0)를 이용하여 $\hat{h}(x_0) \approx y_0$이길 원하는 것이다. 이러한 평가용 데이터가 많은 경우에는 아래와 같이 그 값의 평균으로 그 적합의 품질, 즉 적합도를 판단한다.

$$\text{평균}\left(\mathrm{y}_0 - \hat{h}(x_0)\right)^2$$

시뮬레이션으로 생성된 데이터를 통해 이를 구체적으로 알아보자.

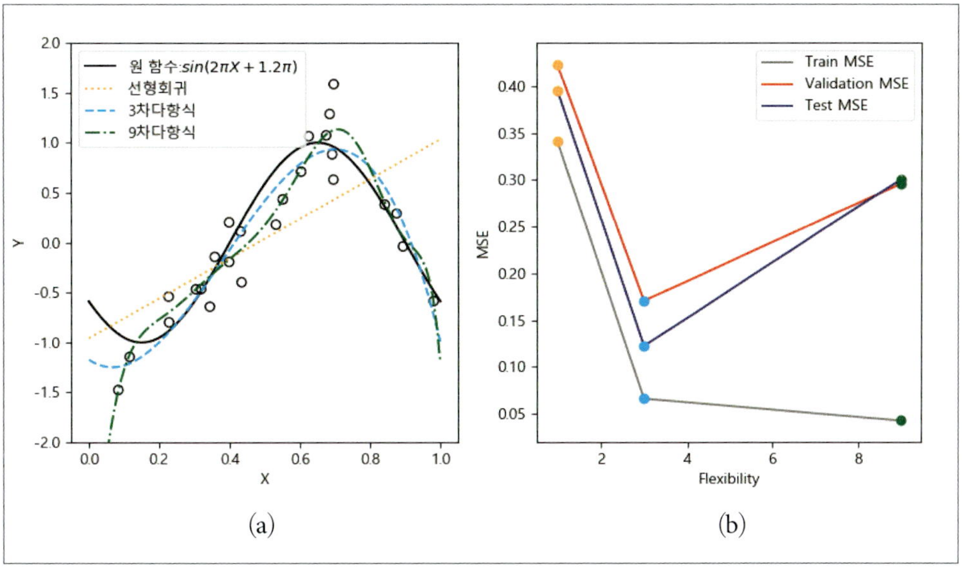

[그림 7.3] 시뮬레이션 데이터와 곡선 적합 및 모형 평가 그래프

[그림 7.3(a)]를 보자. 검은색 함수가 원 함수이며 여기서부터 훈련 데이터를 추출하였으며 선형회귀, 3차 다항식, 9차 다항식에 의한 적합을 하였다. **[그림 7.3(b)]**는 평균제곱오차를 적합된 곡선들의 유연성에 따른 그래프이며, 회색은 훈련 데이터, 빨간색은 검증 데이터, 파란색은 평가용 데이터의 평균제곱오차이다. 그림을 통해 유연성의 정도가 클수록 훈련 데이터의 적합도가 매우 높음을 알 수가 있다. 여기서 유연성은 하나의 적합할 모형을 정의할 때 얼마나 많은 모수를 사용했는지를 나타낸다. 즉, 선형회귀 적합은 절편과 기울기인 2개의 모수만을 사용하여 적합하지만, 다항식 적합은 2개보다 많은 모수를 이용하여 적합한 것을 의미한다. **[그림 7.3(b)]**를 보면 모형이 유연할수록, 즉 추정해야 할 모수가 많을수록 훈련 데이터에 대해서는 평균제곱오차 값이 제일 작게 나타난다. 그러나 평가 데이터에서는 적절한 유연성을 갖는, 즉 적절한 모수를 갖는 모형, 즉 유연성이 3인 모형에서 가장 작게 나타난다. 이런 의미에서 모수가 많을수록 평가 데이터에 대하여 잘 예측되는 것이 아니라, 적절한 유연성을 갖는 모형이 오히려 더 잘 예측됨을 확인할 수 있다.

7.2.4 편향-분산 균형

평가 데이터에서 유연성에 따른 곡선이 왜 U자형을 나타내는지 그 원인을 규명해 보자.

모형의 우수성이란 미래의 데이터에 대하여 적합의 품질을 나타내는 척도가 다른 모형에 비하여 우수하다는 것이다. 회귀 문제에서 이러한 우수성은 평균제곱오차가 제일 낮은 것을 의미한다.

평균제곱오차는 일반적으로 아래와 같이 3개의 부분으로 분해된다고 알려져 있다.

$$\mathrm{E}\left(y_0 - \hat{h}(x_0)\right)^2 = \mathrm{Var}\left(\hat{h}(x_0)\right) + \left[\mathrm{Bias}\left(\hat{h}(x_0)\right)\right]^2 + \mathrm{Var}(\epsilon),$$

여기서 $\mathrm{E}\left(y_0 - \hat{h}(x_0)\right)^2$은 평가 MSE의 기댓값을 의미하는 것이다. 즉, 훈련 데이터를 반복적으로 적용하여 적합하며, 그때마다 x_0에서 값을 구한다. 이러한 모든 x_0에 대하여 평균을 구한 값이라고 정의할 수 있다.

[그림 7.4]와 같은 실제 함수와 데이터가 있다고 해보자.

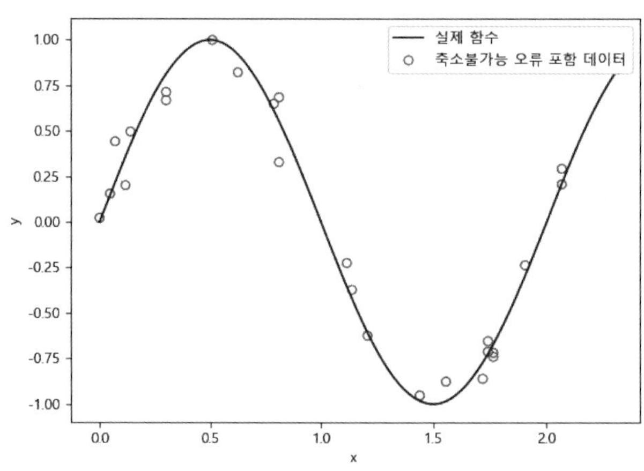

[그림 7.4] 실제 함수와 축소불가능 오류 포함 데이터

이때 원으로 표시된 점과 같이 실제 함수에서 다양한 표본을 구성하고 다양한 차수의 다항 회귀를 적합한 후 편향과 분산 및 MSE를 구해 보자.

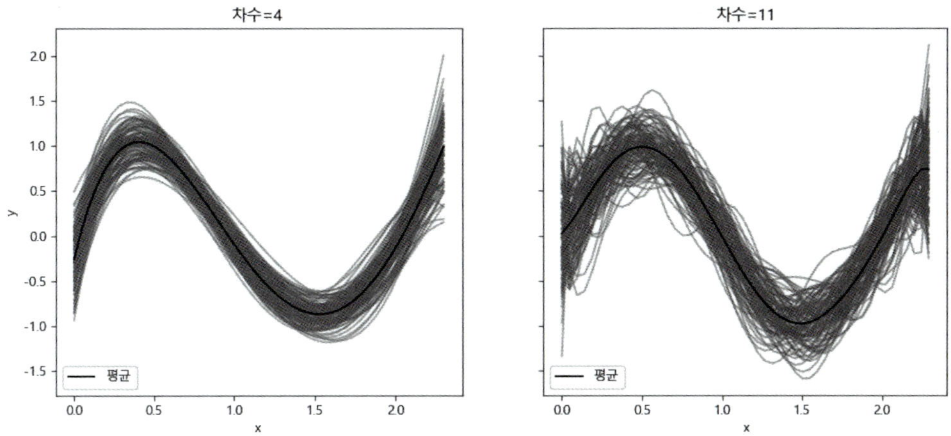

[그림 7.5] 특정 차수의 분산

[그림 7.5]는 특정 차수, 즉 차수가 4, 11인 경우 각각에 대하여 표본의 변화에 따른 모형을 적합한 경우이다. 각 차수에 대해서 가령 평가 데이터 값이 1.5인 경우를 보면 차수가 4일 때의 평균 그래프와 적합된 모형 간의 차이가 차수가 11인 경우보다 작음을 알 수가 있다.

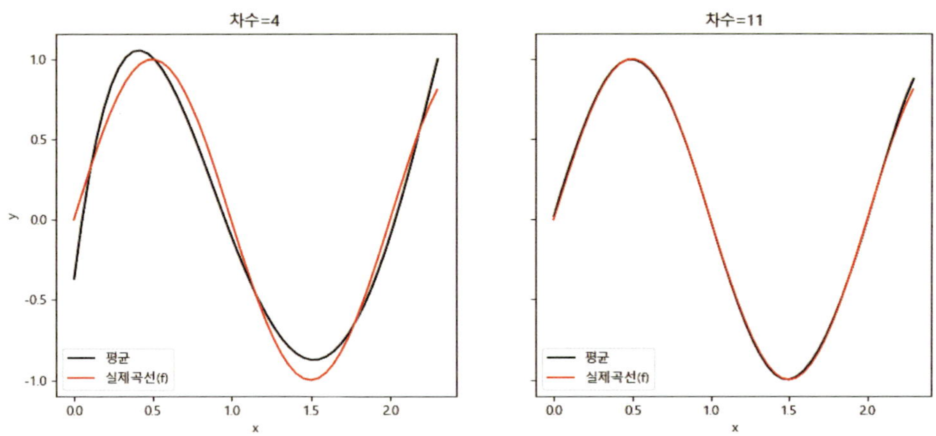

[그림 7.6] 특정 차수의 편향제곱값

[그림 7.6]은 차수가 4, 11인 경우의 적합된 모형의 평균선과 실제 곡선을 그린 것이다. 그림에서 보듯이 만약 평가 데이터가 1.5인 경우에 실제 곡선과의 차이가 차수

가 4일 때가 큼을 알 수 있다. 따라서 모형이 유연하게 되면, 즉 모수를 많이 사용하여 적합할수록 분산은 커지고 편향은 작아진다. 그 반대로 모형이 단순하면, 분산이 작아지고, 편향은 커진다. 그러므로 분산과 편향을 둘 다 고려한 균형점에서 모형의 유연성이 결정되기 때문에 **[그림 7.7]**과 같이 U자형의 모습을 띠게 된다.

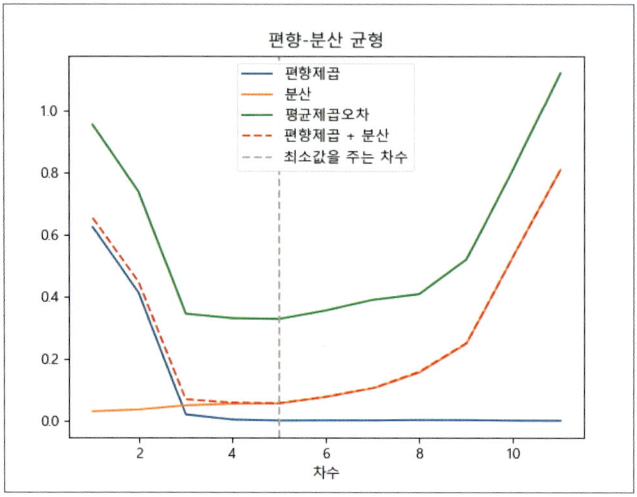

[그림 7.7] 편향-분산 균형

[그림 7.7]은 훈련 데이터로부터 모형을 적합한 후 평가 데이터에 대한 편향제곱, 분산 및 평균제곱오차를 구한 것이다. 요약하면, 모형을 선택한다는 것은 모형의 적합도를 나타내는 통계량 값이 검증 데이터 또는 평가 데이터에서 가장 작거나 큰 값을 선택하는 것이라고 할 수 있다.

7.3 포장 방법에 의한 변수 선택

포장 방법에서는 주어진 입력 데이터로부터 어떠한 모형을 적합시킬 것인지가 사전에 정의되어 있다고 가정한다. 즉, 하나의 블랙박스 모형이 있다는 가정이다. 이러한 블랙박스 모형에 의하여 변수를 선험적(heuristic) 방법으로 선택하는 것이다.

주어진 모형에 모든 변수의 조합(combination)을 적합시키고 적합된 결과를 판단하여 가장 좋은 적합도를 나타내는 변수의 조합을 선택하는 것은 매우 많은 전산 자원이 필요하다. 이를테면 변수가 10개인 경우에 적합할 수 있는 조합의 수는 2^{10} = 1024가 된다. 변수가 100개이면 2^{100} = 1267650600228229401496703205376가 된다. 따라서 이러한 완전 탐색(exhastive search) 방법은 사용하지 않는다.

적절한 변수의 조합, 예를 들어 10개의 입력변수가 있을 때 입력변수가 1개만 있는 경우는 10가지가 있는데 이 중 어떤 변수가 들어 있는 모형이 좋은 것인지에 대한 선택 기준이 있어야 한다. 이는 하나의 모형에 대한 변수의 조합을 선택하거나, 임의의 서로 다른 모형 중 하나를 선택하는 기준이어서 일반적으로 모형의 평가와 선택의 문제이다. 이는 모형 평가와 선택 장을 참조한다.

이 절에서는 선험적 방법에 의한 입력변수의 조합 중 하나를 선택하는 방법을 살펴본다. 선험적 방법에 의한 모형 선택 방법의 기저에는 데이터 분할과 관계된 교차 검증 기법을 사용하므로 이를 먼저 살펴보기로 하자.

7.3.1 교차 검증

하나의 모형은 유연성이 높으면 높을수록, 즉 선형회귀보다는 다항회귀가 훈련 데이터에 대해서 편향-분산의 값이 작음을 보았다. 이런 이유에서 모형을 구성하는 데 사용되지 않은 데이터 일종의 검증 데이터가 필요하다. 검증 데이터를 이용하여 모형을 선택하는 방법을 교차 검증(cross validation)에 의한 모형 선택 방법이라고 한다.

단순 교차 검증(simple cross validation) 방법을 알아보자.

순서	내용	비고
1	데이터를 무작위로 분할한다. 분할한 데이터를 각각 S_{train}, S_{CV}로 한다.	일반적으로 훈련 데이터를 70%, 검증 데이터를 30%로 함
2	모든 후보 모형에 대하여 훈련 데이터인 S_{train}로 학습시킨 후 가설함수인 $\hat{h}_i$을 얻는다.	각 모형, 즉 가설함수에서 추정되어야 할 모수들을 추정
3	모든 가설함수를 검증 데이터인 S_{CV}에 적용하여 가장 작은 오차를 주는 가설함수를 선택한다.	

이 방법은 주어진 데이터가 많은 경우에 일반적으로 사용하는 방법이다.

데이터의 개수가 작은 경우에는 다음과 같은 k-겹 교차 검증(k-fold cross validation)

방법을 사용한다.

순서	내용	비고
1	데이터를 무작위로 균등하게 k개로 분할한다. 단, 서로 데이터가 겹치지 않도록 하여 S_1, ⋯, S_k을 구성한다.	데이터 개수가 100개이고 5등분 한다면, 각 표본의 개수는 20개
2	모든 후보 모형에 대하여 S_j을 제외한 나머지 표본의 합을 이용하여 가설함수인 $\hat{h}_{ij}$을 얻고 일반화 오차를 얻는다. 이 과정을 모든 분할된 표본에 적용하고 난 후 각 일반화 오차의 평균을 구한다.	
3	일반화 오차의 평균 중에 가장 낮은 값을 주는 모형을 선택한다.	

이때 검증을 위하여 남겨둔 데이터가 극단적으로는 1개만 있을 수 있다. 이때 남겨진 데이터를 제외한 모든 표본으로 모형을 적합하고 남겨진 1개의 데이터로 일반화 오류를 구하고 이러한 과정을 데이터 개수만큼 진행하여 모형을 선택하는 방법을 leave-one-out 교차 검증(LOOCV)이라고 한다.

7.3.2 변수 선택 방법

포장 방법에 의한 변수 선택 중 대표적인 방법을 알아보자. 대표적인 방법은 목표변수가 구간(연속)변수이거나 이진변수인 경우에 선형회귀 방식이라고 할 수 있는 전진 선택(forward selection), 후진 제거(backward elimination), 단계 선택(stepwise selection) 방법이 있다.

결정나무 기반의 방법은 결정나무, 랜덤 포레스트, 그래디언트 부스팅 방법이 있는데 이 방법은 적합 후 변수 중요도를 계산하여 최종적으로 변수를 선택하게 된다. 이 방법은 해당 장에서 자세히 다루기로 한다.

7.3.2.1 전진 선택

전진 선택(forward search, forward stepwise selection)은 유의미한 변수를 1개씩 단계별로 선택하는 방법이다. 다음은 구체적인 알고리즘이며 [ISL]을 참조하였다. 변수 선택 집합을 M_0, M_1, ⋯으로 표기하며, 변수의 개수는 절편을 포함하여 p이다.

순서	내용	비고
1	초기화를 한다. 즉, $M_0 = \phi$.	변수를 1개도 사용하지 않은 경우를 일반적으로 널 모형(null model)이라고 한다.
2	모든 $k = 0, \cdots, p-1$에 대하여 아래 과정을 반복한다. 1) 기존 모형인 M_k에 변수를 1개씩 추가하여 $p-k$개의 모형을 구성한다. 2) 모형 중에서 훈련 데이터에서 가장 좋은 적합도를 주는 모형을 M_{k+1}로 정의한다.	
3	M_k 중에 교차 검증 결과 가장 좋은 적합도를 나타내는 모형을 최적 모형으로 선택하며, 그 모형에 포함된 변수를 유의미한 변수로 선정한다.	

이 방법은 한 번 변수가 선택되고 나면 끝까지 유지되기 때문에 탐욕 알고리즘(greedy algorithm) 중 하나이다. 여기서 모형 선택의 기준이 되는, 즉 모형의 적합도를 나타내는 측도(measure)에 대하여 알아보자. n은 훈련 데이터의 개수, p는 추정해야 할 모수의 개수이다.

측도	내용 또는 계산식
$\hat{\sigma}^2$	완전 모형을 적합한 후의 순 오차분산(pure error variance)의 추정값
SST (total sum of squaures)	$\sum_i (y_i - \bar{y})^2$
SSE, RSS (residual sum of squares)	$\sum_i (y_i - \hat{y}_i)^2$, 여기서 $\hat{y}_i$는 모형에 의하여 추정된 값
ASE (average squared errors)	$\frac{\text{SSE}}{n}$
MSE (mean squared errors)	$\frac{\text{SSE}}{n-p}$
R^2	$1 - \frac{\text{SSE}}{\text{SST}}$
ADJRSQ (adjusted R square)	$1 - \frac{(n-1)(1-\text{R}^2)}{n-p}$
AIC (Akaike information criterion)	$n \log\left(\frac{\text{SSE}}{n}\right) + 2p + n + 2$
AICC (corrected Akaike information criterion)	$n \log\left(\frac{\text{SSE}}{n}\right) + \frac{n(n+p)}{n-p-2}$
C_p	$\frac{\text{SSE}}{\hat{\sigma}^2} + 2p - n$
RMSE	$\sqrt{\text{MSE}}$
BIC, SBC (Bayesian information criterion, Schwarz criterion)	$n \log\left(\frac{\text{SSE}}{n}\right) + p \log(n)$

여기서 ADJRSQ, AIC, AICC, C_P, SBC 통계량의 의미에 대하여 알아보자. 대부분은 비슷한 형식이므로 AIC의 의미만을 살펴보자. AIC는 일반적으로 다음과 같이 정의된다.

$$\text{AIC} = -2l + 2p$$

여기서 l은 로그-우도(log-likelihood)를 의미한다. AIC의 구조를 보면, 손실+벌점 형식으로 구성되어 있음을 알 수 있다. 즉, 모수가 주어진 데이터를 잘 설명하는 경우에 로그 우도는 증가하고 따라서 $-2l$은 감소한다. 일반적으로 변수를 많이 쓰면 적합도는 증가한다. 그러나 변수의 개수가 늘어날수록 $2p$값은 증가하게 되므로 적절한 변수의 개수를 갖는 모형이 적합도가 좋을 수밖에 없다. 이는 앞에서 설명한 적절한 유연성(적절한 변수의 개수)을 갖는 모형이 편향-분산 균형 관점에서 우수한 모형이 될 수밖에 없음을 설명한 것과 일맥 상통한다.

7.3.2.2 후진 제거

후진 제거(backward search, backward stepwise elimination)는 모든 변수가 들어간 전체 모형에서 변수를 하나씩 제거하면서 가장 모형 적합도가 좋은 모형을 선택하는 과정이다. 아래는 구체적인 알고리즘이며 [ISL]을 참조하였다.

순서	내용	비고
1	초기화를 한다. 즉, M_p을 모든 변수를 이용한 모형으로 정의한다.	M_p을 완전 모형(full model)이라고 한다.
2	모든 $k = p, p-1, \cdots, 0$에 대하여 아래 과정을 반복한다. 1) 기존 모형인 M_k에 변수를 1개씩 제거하여 k개의 모형을 구성한다. 2) 모형 중에서 훈련 데이터에서 가장 좋은 적합도를 주는 모형을 M_{k-1}로 정의한다.	
3	M_k 중에 교차 검증 결과 가장 좋은 적합도를 나타내는 모형을 최고의 모형으로 선택하며, 그 모형에 포함된 변수를 유의미한 변수로 선정한다.	

단계 선택(stepwise selection)은 일종의 하이브리드 접근 방법이며, 각 단계별 변수 선택은 전진 단계 선택 방법으로 시작하고 선택된 변수에 대한 제거는 후진 단계 선택 방법으로 진행한다.

7.3.3 SAS VDMML 옵션

포장 방법 중 선형회귀 방법에 의한 변수 선택의 옵션에 대하여 알아보자.

모형 스튜디오의 데이터 마이닝 사전 처리의 변수 선택 노드의 디폴트 옵션은 다음과 같다.

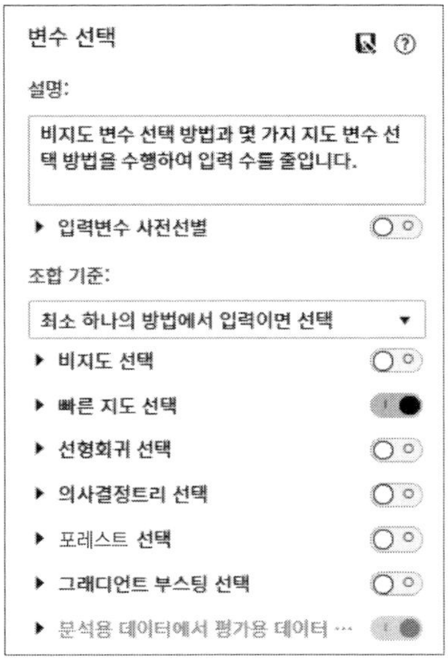

[그림 7.8] 디폴트 변수 선택 노드

디폴트 옵션은 빠른 지도 선택만이 활성화되어 있다. 비지도 선택, 빠른 지도 선택은 SAS Visual Statistics 제품의 VARREDUCE 프로시저가 수행된다. 의사결정트리 선택은 SAS Visual Statistics 제품의 TREESPLIT 프로시저가 수행된다. 포레스트 선택, 그래디언트 부스팅 선택은 SAS VDMML 제품의 FOREST, GRADBOOST 프로시저가 수행된다. 관련 내용은 다른 장에서 자세히 다루기로 한다.

여기서 선형회귀 선택 방법은 SAS Visual Statistics 제품의 REGSELECT 프로시저가 수행된다.

[그림 7.9] 선형회귀 선택 옵션

SAS에서 이 방법을 적용하고자 할 때는 목표변수가 연속형이거나 이진변수인 경우에만 해당되며, 이진변수인 경우에는 0과 1의 숫자로 변환 후 선형회귀의 손실함수를 적용한다.

[그림 7.9]의 옵션을 살펴보면, 선택 방법, 효과 선택 기준, 선택 프로세스 중단 기준, 모델 선택 기준이 있다. 선택 방법은 변수를 선택하는 방법이다.

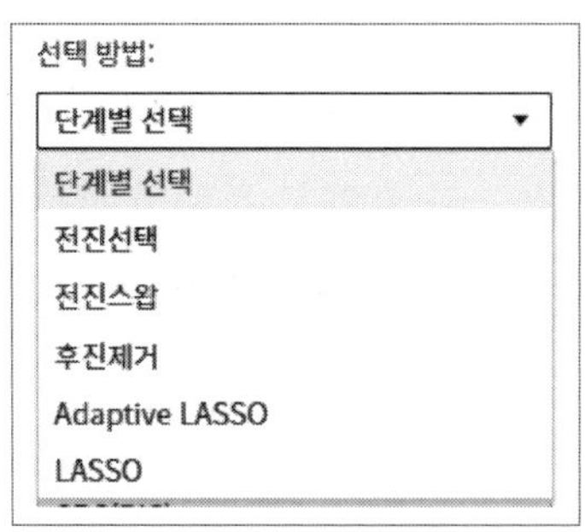

[그림 7.10] 변수 선택 방법

[그림 7.10]은 변수 선택 방법 옵션이며 디폴트는 단계별 선택이다. 이 중 LASSO 관련 부분은 해당 장에서 다루기로 한다. 여기서 전진 선택을 선택한 경우에 변수를 한 개씩 선택하는 기준 옵션은 다음과 같다.

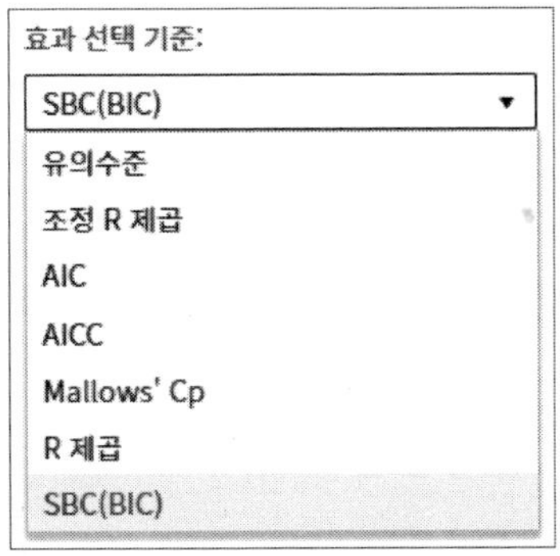

[그림 7.11] 변수 선택 기준

효과(변수)를 선택하는 기준은 변수를 선택할 때 어떤 기준으로 선택할지를 보여 준다. 가령 유의수준으로 선택한 경우에는 전체 변수 각각에 대하여 모형을 만들었을 경우에 어떤 모형이 가장 유의한지 중, F 검정통계량($F = \frac{(RSS_p - RSS_{p+k})/k}{RSS_{p+k}/(n-(p+k)-1)}$, 여기서 RSS_p는 p개의 변수가 있을 때의 RSS, RSS_{p+k}는 k개의 변수를 추가한 경우의 RSS)의 값 중 가장 큰 값을 주는 변수를 선택한다. 그런데 이 옵션을 선택한 경우에는 변수 1개가 들어올 때 최소한의 요건을 충족시켜야 하는 경우가 있는데 가령 유의수준(significance level)의 몇 % 안에 들어야 한다는 것이다. 이는 추가 옵션에서 설정해야 한다.

SBC는 디폴트 옵션이며 이를 선택한 경우에는 값이 가장 작은 경우가 선택된다. 변수 선택 옵션은 라쏘(LASSO)나 적응 라쏘(Adaptive LASSO)인 경우에는 해당되지 않는다. 변수 선택 옵션이 설정되고 나면, 이 과정을 어디까지 반복할 것인가를 결정할 수 있다.

[그림 7.12]는 선택 프로세스 중단 기준이며 디폴트는 SBC이다. 없음을 선택한 경우에는 최대 효과의 수까지 진행한다. 이 과정은 각 변수의 선택 단계(1, 2, 3, ….)의 프로세스의 흐름에서 언제 중단할 것인지를 보여 주는 기준으로써 만약 SBC를

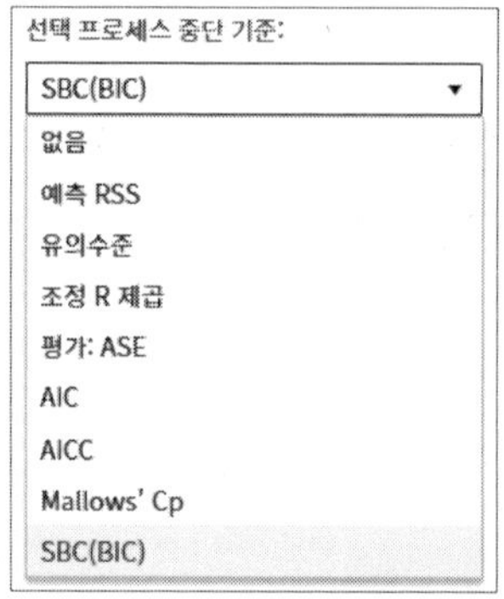

[그림 7.12] 선택 프로세스 중단 기준

선택한 경우에는 변수가 추가될수록 SBC 값은 점점 감소할 것이고 어느 시점에서는 증가하게 된다. 이때 가장 작은 최솟값을 줄 때의 단계까지만 진행하는 것을 의미한다. 실제로는 최소 단계임을 보여 주기 위해서 1개 또는 2개의 단계를 더 진행한다.

The REGSELECT Procedure

Selection Details

Selection Summary					
Step	Effect Entered	Number Effects In	AIC	SBC	p Value
0	Intercept	1	-3161.9952	-8253.4590	.
1	AREA	2	-3462.3071	-8547.2347	<.0001
2	IMP_JOB	3	-3777.7524	-8797.3179	<.0001
3	MVR_PTS	4	-3896.2293	-8909.2585	<.0001
4	STATUS	5	-3987.2440	-8993.7371	<.0001
5	CHILD_DRIV	6	-4070.7619	-9070.7187	<.0001
6	VEHICLE_TYPE	7	-4148.7487	-9102.9521	<.0001
7	REVOKED	8	-4207.0158	-9154.6830	<.0001
8	CAR_USE	9	-4253.6351	-9194.7660	<.0001
9	IMP_INCOME	10	-4293.2474	-9227.8421	<.0001
10	DISTANCE	11	-4326.5248	-9254.5834	<.0001
11	CLM_FREQ	12	-4346.3311	-9267.8534	<.0001
12	EDU_LEVEL	13	-4362.1880	-9257.5654	<.0001
13	CHILDREN	14	-4375.4427	-9264.2839	<.0001
14	VEHICLE_VAL	15	-4388.0017	-9270.3067*	0.0001
15	M_AGE	16	-4393.3990*	-9269.1678	0.0067
* Optimal Value Of Criterion					

입력 후보가 0.05 레벨에서 유의하지 않기 때문에 선택이 중지되었습니다.

The model at step 14 is selected where SBC is -9270.31.

[그림 7.13] 변수 선택 프로세스 중단 예

[그림 7.13]은 모형 선택 방법은 전진 선택, 효과 선택 기준은 AIC, 선택 프로세스 중단 기준은 유의수준, 모형 선택 기준은 평가: ASE를 설정한 경우의 산출물이다. 그림을 보면 변수 하나씩 선택하는 경우는 AIC 기준으로 가장 작은 경우를 선택하였고, 모형은 14번째 단계(step)에서 선택되었다. 즉, 가장 작은 SBC 값을 주기 때문이다. 여기서 선택 프로세스는 이러한 AIC, SBC 계산 작업을 어디까지 진행할 것인가를 결정하는 것이다. 기준을 유의수준으로 설정하였고 디폴트 값은 5%이므로 0.05보다 작을 때까지 진행하는 것이다. 그래서 단계는 15단계까지만 진행하였고, 거기에서 SBC 값이 최솟값을 주는 단계를 선택한 것이다.

모형 선택 기준은 선택 프로세스가 진행되는 동안 어떤 기준 통계량으로 모형을 선택할 것인지를 설정한다.

7.3.4 SAS VDMML 예제

[CLAIM] 데이터에 대하여 다음과 같은 파이프라인을 만들고 변수 선택의 각 옵션을 실행하여 결과를 확인한다.

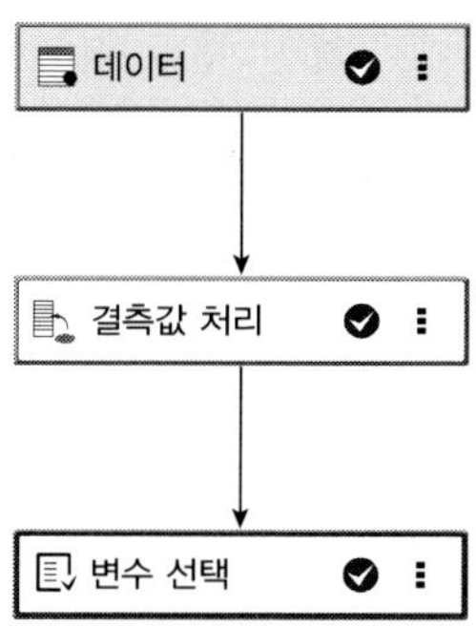

[그림 7.14] 변수 선택 파이프라인

[그림 7.15] 선형회귀 선택 옵션

7.4 내장 방법에 의한 변수 선택

내장 방법(embedded method)은 모형을 구성하는 과정에서 자동으로 변수가 선택되는 것을 말한다. 내장 방법의 대표적인 예로 라쏘(LASSO: least absolute shrinkage and selection operator)가 있다. 라쏘를 이해하기 위하여 선형회귀모형에서 능형회귀에 대하여 먼저 알아보기로 하자. 능형회귀는 다음과 같은 벌점을 갖는 비용함수를 갖고 있다.

$$J(\beta) = \sum_{i=1}^{n}\left(y_i - \beta_0 - \sum_{j=1}^{p}\beta_j x_{ij}\right)^2 + \lambda\sum_{j=1}^{p}\beta_j^2 = \text{RSS} + \lambda\sum_{j=1}^{p}\beta_j^2 = \text{RSS} + \text{shrinkage penalty}$$

여기서 $\lambda \geq 0$는 조율모수(tuning parameter)라고 한다.

축소 벌점(shrinkage penalty)의 의미는 각 β_j들이 0에 가까워진다는 의미이며 이는 0으로 축소되는 효과를 의미한다. 회귀계수가 0에 가깝다는 의미는 해당 모수의 변수가 유의미하지 않다는 의미이다. 비용함수와 람다(λ)의 관계를 살펴보자. 비용함수를 최소화하기 위해서 만약 람다가 0이면 일반적인 선형회귀모형이 되며, 만약 람다가 무한대에 가까운 큰 값이면 $\sum_{j=1}^{p}\beta_j^2$은 0에 가까워야 하고 따라서 모든 회귀계수 값은 0에 가까운 값이어야 한다.

[CLAIM] 데이터에 대하여 위의 람다 값에 따른 비용함수를 최소화하는 모수값을 구하고 해당 모수값에 따른 검증 데이터 값을 적용하여 비용을 최소화하는 모수값을 구했을 때 유의미한 7개의 변수는 실제 람다 값에 따라 어떻게 변하는지를 살펴보았다.

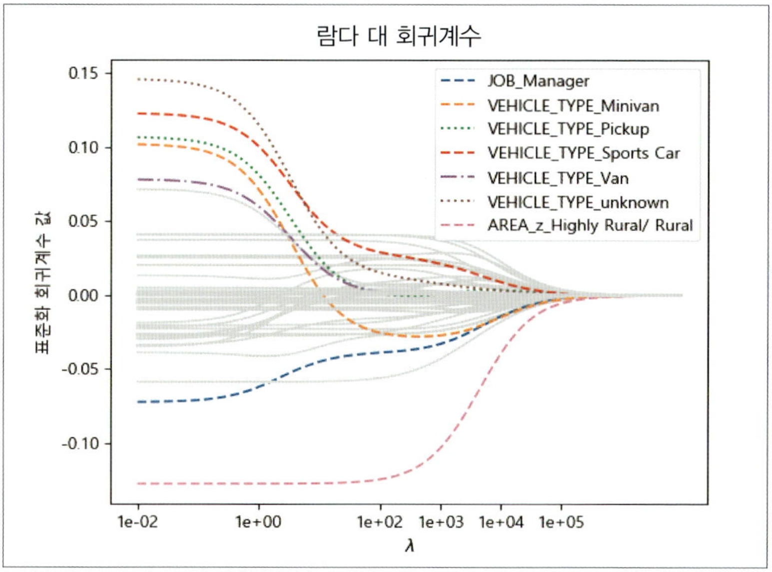

[그림 7.16] 람다 값에 따른 표준화된 회귀계수의 변화

[그림 7.16]에서 보듯이 람다 값이 커질수록 점점 0으로 축소됨을 알 수가 있다. 이러한 과정을 모수에 대한 L_2 정칙화(regularization)라고 한다. 즉, 각 모수에 대한 제곱을 벌점 항으로 넣었기 때문이다. 여기서의 정칙화는 일정한 규제를 가한다는 의미이다. 이러한 능형회귀가 일반적인 최소제곱법에 의해 모수추정한 결과보다 좋은 이유는 앞에서 언급한 편향-분산 균형 관점에서 적절한 람다 값에 대하여, 즉 적절한 유연성(적절한 입력변수의 부분집합)에서 평균제곱오차(MSE)가 가장 작기 때문이다.

능형회귀는 성능은 좋지만, 변수 선택의 관점에서는 단점을 갖고 있다. 즉, 회귀계수값이 정확히 0이 아니므로 사실상 모든 변수가 사용되는 것이나 다름이 없다. 이러한 단점에 대한 대안 중 하나가 라쏘다. 라쏘는 다음과 같은 비용함수를 갖고 있다.

$$J(\beta) = \sum_{i=1}^{n}\left(y_i - \beta_0 - \sum_{j=1}^{p}\beta_j x_{ij}\right)^2 + \lambda\sum_{j=1}^{p}|\beta| = \text{RSS} + \lambda\sum_{j=1}^{p}|\beta| = \text{RSS} + \text{shrinkage penalty}$$

능형회귀와의 차이점은 회귀계수에 대하여 L_2-벌점을 주는 것이 아니라 L_1-벌점을 주고 있다는 것이다. L_1-벌점을 주게 되면 람다 값이 충분히 큰 값에 대해서 회귀계수값이 정확히 0 값으로 축소된다.

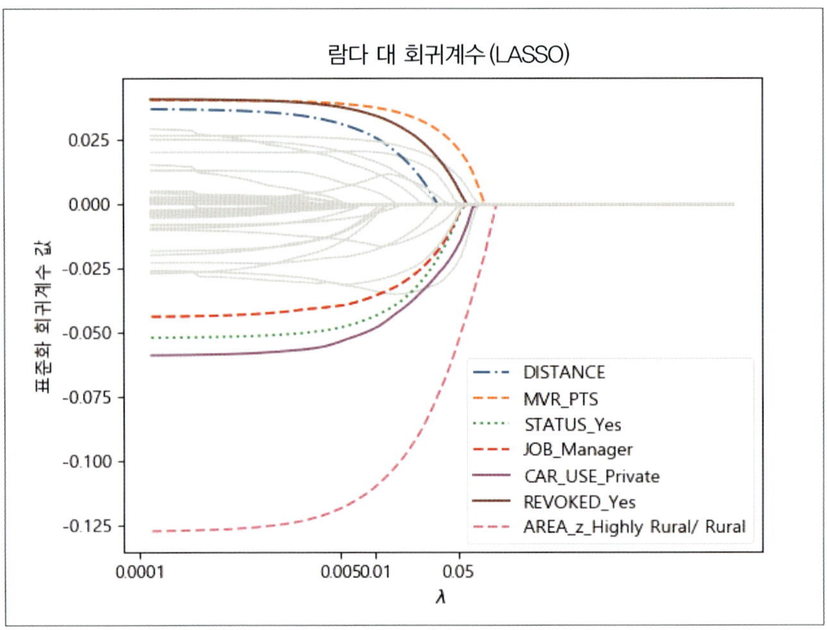

[그림 7.17] 람다 값의 변화에 따른 라쏘 회귀계수값의 변화

검증 데이터에서 비용함수값을 최저로 주는 회귀계수값을 보면 실제 0이 되는 값이 존재한다. **[그림 7.17]**에서도 이를 확인할 수가 있다. 이러한 현상은 [ISL] 문헌에서 **[그림 7.18]**과 같이 설명하고 있다.

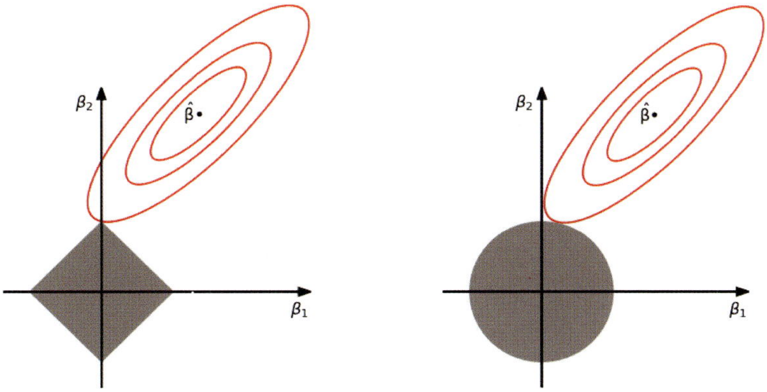

[그림 7.18] 라쏘 대 능형의 벌점함수 영역과 비용함수(ISL)

[그림 7.18]의 왼쪽은 라쏘 회귀, 오른쪽은 능형회귀의 비용함수 그래프(빨간색 곡선)이다. 라쏘 회귀는 회귀계수에 대하여 L_1-벌점이므로, 즉 $|\beta_1|+|\beta_2| \le s$이므로 그림의 회색 영역인 마름모 꼴이며, 능형회귀는 L_2-벌점이므로, 즉 $\beta_1^2+\beta_2^2 \le s$이므로 원이다. 주어진 람다, 즉 s에 대하여 제약 조건에 속하는 회귀계수에 대하여 최솟값을 구해야 하므로 빨간색 곡선이 제약 조건 영역 안으로 들어오는 곳이 최솟값이 된다. 이때 라쏘는 특정 회귀계수값이 0이 되는 영역이 존재하지만(왼쪽 그림에서 β_1 = 0), 능형회귀에서는 0에 가까우나 정확히 0이 되는 회귀계수값이 존재하지 않는다. 이런 의미에서 라쏘는 변수 선택을 위한 연산자(selection operator)가 되는 것이다. 이러한 방법으로 변수를 선택하는 것을 내장 방법(embedded method)이라고 한다. 내장이라고 하는 이유는 예측모형 안에서 변수를 선택하는 기능이 내장되어 있기 때문이다.

라쏘는 선형회귀인 경우에만 적용되지는 않는다. 라쏘의 비용함수는 일반적으로 손실함수와 벌점함수의 합으로 구성되어 있기 때문에 선형회귀인 경우는 잔차제곱합인 RSS를 사용한 것이며 일반적으로 로그 우도의 음수로 사용한다. 즉, 다음과 같이 일반적으로 정의한다.

$$\min\{-l(\beta;y)\}\ subject\ to\ \sum_{j=1}^{p}|\beta_j| \le t$$

여기서 $l(\beta;y)$은 로그 우도, $\beta = (\beta_1, \cdots, \beta_p)$이고 t는 라쏘 모수이다. 이때 일반화된 선형모형(generalized linear model)인 경우에 산포(dispersion) 모수가 존재할 수 있는데 이는 일종의 초모수로써 사전에 정의해주어야 한다.

7.4.1 SAS VDMML 옵션

포장 방법과 마찬가지로 변수 선택 노드의 선형회귀 선택 방법에 있다.

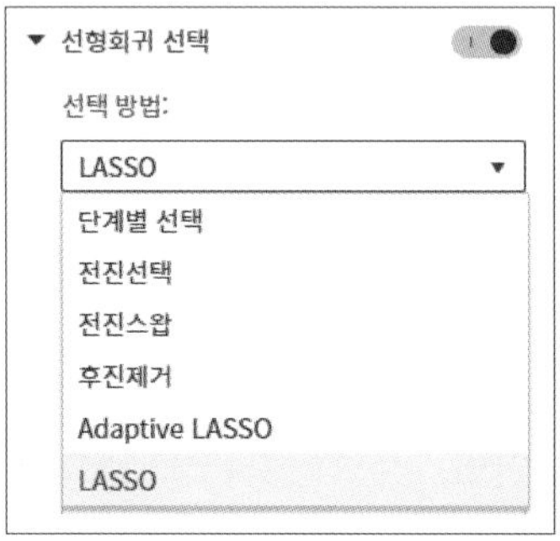

[그림 7.19] 선형회귀 변수 선택 방법

[그림 7.19]와 같이 라쏘를 선택하게 되면 효과를 선택하는 기준은 필요 없게 된다. 즉, 람다 값이 변화함에 따라 회귀계수가 추정되기 때문이다. 이후의 과정은 포장 방법과 동일하게 선택 프로세스 중단 기준, 모형 선택 기준을 선택하여 실행한다.

7.4.2 SAS VDMML 예제

[CLAIM] 데이터에 대하여 다음과 같은 파이프라인을 만들고 변수 선택의 각 옵션을 실행하여 결과를 확인한다.

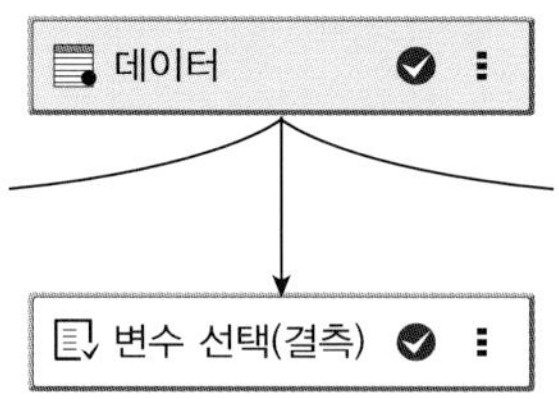

[그림 7.20] 결측치를 제거한 후 변수 선택

이때 선형회귀 선택으로 사용한 옵션은 다음과 같다.

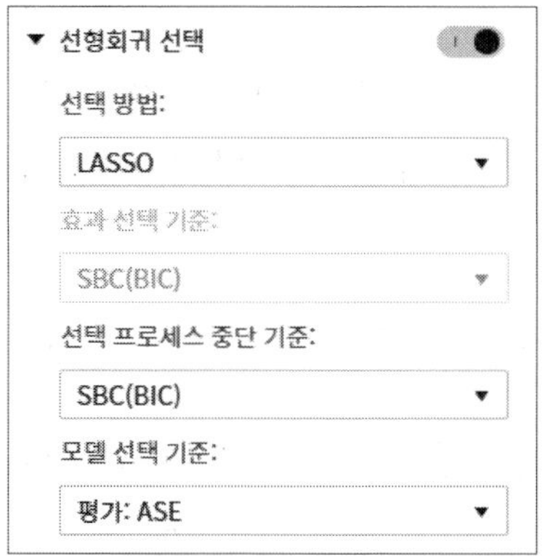

[그림 7.21] 선형회귀 옵션

7.5 여과 방법에 의한 변수 선택

7.5.1 피어슨 상관계수와 상호정보

여과(filter) 방법은 하나의 대리 측도에 의하여 변수를 선택하는 과정이라고 정의하였다. 이러한 대리 측도 중에 대표적인 것이 피어슨 상관계수이다.

$$r_{xy} = \frac{\sum_i (x_i - \bar{x})(y_i - \bar{y})}{\sqrt{\sum_i (x_i - \bar{x})^2}\sqrt{\sum_i (y_i - \bar{y})^2}}$$

식은 피어슨 표본상관계수이다. 이 식은 연속변수에만 적용되며 절댓값이 1에 가까울수록 두 변수 간의 직선적인 관계가 높다고 할 수 있다.

이에 반하여 상호정보(mutual information)는 다음과 같이 정의된다. 식은 범주변수 간의 상호정보이다. 연속변수 간에는 합을 적분으로 대체한다.

$$I(X;Y) = \sum_{y}\sum_{x} p(x,y)\log_2\left(\frac{p(x,y)}{p(x)p(y)}\right)$$

식을 보면 2개의 확률변수, X,Y의 결합 확률밀도함수와 독립인 경우를 가정한 경우의 결합 확률밀도함수의 비(ratio)를 근간으로 두고 있다. 즉, 2개의 변수가 상관관계가 있다면 그것이 선형이든 비선형이든 관계없이 해당 값은 0보다 크게 된다. 극단적으로 서로 독립이면 값이 0이 된다. 따라서 0에서 멀어질수록 상관관계가 높다고 할 수가 있다. 상호정보는 쿨백-라이블러 발산(Kullback-Leibler divergence)과 동일하다.

$$I(X;Y) = D_{KL}\big(p(x,y) \| p(x)p(y)\big) \quad H(X) = -\textstyle\sum_x p(x)\log_2\big(p(x)\big)$$

쿨백-라이블러 발산은 예를 들어 하나의 확률분포인 $p(x,y)$가 또 하나의 확률분포인 $p(x)p(y)$와 얼마나 다른지를 나타내는 측도이다.

상호정보와 엔트로피(entropy)는 다음의 관계가 있다.

$$\begin{aligned} I(X;Y) &\equiv H(X) - H(X|Y) \equiv H(Y) - H(Y|X) \\ &\equiv H(X) + H(Y) - H(X,Y) \\ &\equiv H(X,\ Y) - H(X|Y) - H(Y|X) \end{aligned}$$

여기서 엔트로피 $H(X) = -\sum_x p(x)\log_2\big(p(x)\big)$이다. 내용을 보면 전체의 불확실성, 즉 엔트로피는 y에 의하여 설명되지 않은 불확실성, x에 의하여 설명되지 않은 불확실성을 뺀 것이다. 즉 각각 많이 설명되면 그 값이 작아지므로 상호정보는 값이 커지게 된다.

연속변수와 이산(범주)변수 간의 계산식은 [MIR] 문헌에 수록되어 있다. 이 문헌에 의하면 연속변수를 구간화(binning)화여 계산하는 것보다 연속변수를 등빈도로 구간화한 후 각각의 영역에서 이산변수의 최근접이웃(nearest neighbor) 방식으로 추정하는 것이 훨씬 성능이 좋은 것으로 밝혀져 있다. 자세한 계산식은 해당 문헌을 참조한다.

대부분의 문헌에서의 계산 알고리즘은 기저가 2인 로그를 사용하지 않고 자연로그를 사용하여 계산한다.

[CLAIM] 데이터에서 GENDER, CLAIM_IND 변수 간의 상호정보를 계산해 보자. 다음은 두 변수 간의 분할표(contingency table)이다. 전체 건수는 7,655건이다.

		CLAIM_IND 0	1	행 건수 합
GENDER	FEM	3,086	1,191	4,277
	MAL	2,510	868	3,378
	열 건수 합	5,596	2,059	7,655

이 분할표로부터 확률분포를 구하면 다음과 같다.

		CLAIM_IND 0	1	
GENDER	FEM	0.403	0.156	0.559
	MAL	0.328	0.113	0.441
		0.731	0.269	

예를 들어 여기서 CLAIN_IND = 0일 분포는 $\frac{5,596}{7,655} = 0.731$이다. 각 셀마다의 엔트로피(−셀분포 × log(셀분포))를 구하면 다음과 같다.

		CLAIM_IND 0	1	
GENDER	FEM	0.3662	0.2895	0.3252
	MAL	0.3656	0.2468	0.3610
		0.2290	0.3532	

따라서 엔트로피를 이용한 상호정보는 I(GENDER CLAIM_IND)=(0.3252 + 0.3610) + (0.2290 + 0.3532) − (0.3662 + 0.2895 + 0.3656 + 0.2468) = 0.000291이다.

7.5.2 상관/공분산 행렬

비모수적 방법으로 상관 또는 공분산 행렬이 주어진 경우에 원 데이터 행렬(X)의 분산을 최대로 해주는 변수의 집합을 구하는 방법이다. 이 방법은 일종의 전진 선택 방법이다. 즉, 변수 1개씩 선택하는 방법이다. 이 방법은 목표변수가 있는 경우에는 목표변수의 분산을 최소화해주는 변수를 선택하는 것이므로 지도/비지도에 동일하게 적용된다. 아래는 비지도 학습인 경우에 적용되는 방법이다.

이 방법은 특별한 예측모형을 만드는 것이 아니라 일종의 대리 측도를 이용한 변수 선택 방법이므로 여과 방법으로 분류하였다. $X: n \times p$, $X_1: n \times k$, $X_2 = n \times (p-k)$, $X = (X_1, X_2)$라고 정의하자. 즉, X는 p개의 특징을 갖는 데이터 행렬, X_1은 k개의 특징을 갖는 데이터 행렬, X_2는 나머지 특징을 갖는 데이터 행렬이다. 이때 $H = X_1(X_1^T X_1)^{-1} X_1^T$ 행렬은 제곱이 같은 멱등행렬(idempotent matrix)이다. 이 행렬은 임의의 벡터가 X_1의 컬럼으로 이루어진 공간에 정사영할 수 있도록 해주는 정사영 행렬(projection matrix)이다.

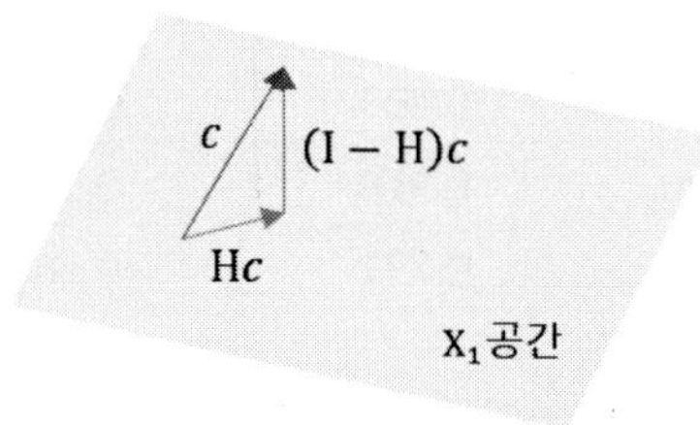

[그림 7.22] 정사영 행렬의 의미

따라서 Hc 벡터는 임의의 벡터 c에 대하여 X_1 컬럼으로 구성된 공간에서 어느 만큼 설명해주고 있는지를 나타내주는 벡터이며, 이 벡터의 분산은 $(Hc)^T Hc = c^T H^T Hc = c^T Hc$이다. 그런데 여기서 설명이 안 되는 부분은 $(I-H)c$ 벡터이며 이 벡터의 분산은 $((I-H)c)^T (I-H)c = c^T(I-H)c$이다. 따라서 X_2의 모든 컬럼에 대하여 X_1으로 설명이 안 되는 전체 분산은 다음과 같이 정의할 수 있다.

$$\text{Trace}(X_2^T(I - X_1(X_1^T X_1)^{-1} X_1^T)X_2)$$

여기서 Trace는 대각합이라고 하며 해당 행렬의 대각 원소들을 합한 값이다. 이를 이용하면, 만약 X_1 행렬이 이미 선택된 변수들과 후보 변수 1개로 구성된 행렬이라면 대각합 값을 최소로 하는 후보 변수를 선택하면 된다. 이러한 과정은 일종의 전진 선택과 동일하다.

이러한 방법으로 변수를 선택하는 방법에서 전체 상관/공분산 행렬을 이용하는 이유를 살펴보자.

$$X^TX = \begin{pmatrix} X_1^TX_1 & X_1^TX_2 \\ X_2^TX_1 & X_2^TX_2 \end{pmatrix}$$

이므로 대각합 최소화 행렬은 다음과 같이 계산할 수 있다.

$$X_2^T(I - X_1(X_1^TX_1)^{-1}X_1^T)X_2 = X_2^TX_2 - X_2^TX_1(X_1^TX_1)^{-1}X_1^TX_2$$

즉, 모든 변수의 공분산 행렬만 있으면 이 방법은 손쉽게 적용할 수 있다. 변수들이 연속변수가 아닌 이산 또는 범주변수인 경우에는 가변수화하여 이 방법을 적용한다. 이 방법은 변수 1개씩부터 시작하여 진행하는데 최종적으로는 설명되는 분산의 증분값이 일정값 이하이면 종료한다. 설명되는 분산은 다음과 같다.

$$\text{Trace}(X_2^T(X_1(X_1^TX_1)^{-1}X_1^T)X_2)$$

7.5.3 SAS VDMML 옵션

데이터 마이닝 사전처리 노드의 변수 선택 노드에서 처리한다.

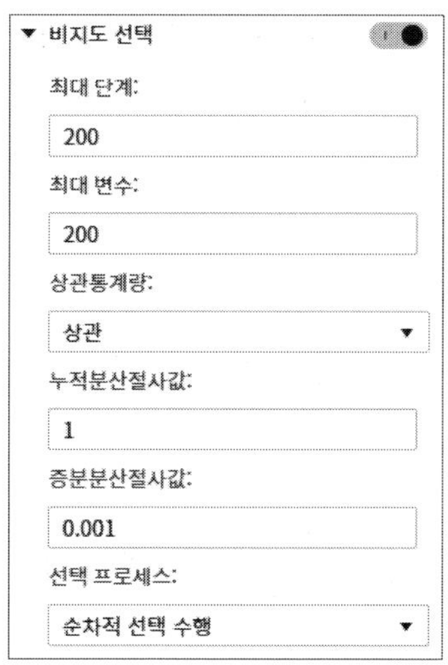

[그림 7.23] 공분산 기반의 비지도 선택

[그림 7.23]은 비지도 학습 방법인 경우에 공분산 기반으로 선택하는 옵션이다. 즉,

목표변수가 포함되지 않은 데이터의 공분산 행렬을 기반으로 한다. 여기서 중단 조건은 증분분산절사값(Incremental variance cutoff)이 0.001보다 작은 경우이다.

[그림 7.24] 공분산 기반의 빠른 지도 선택

[그림 7.24]의 빠른 지도 학습 방법은 비지도 기반과 유사하나 여기서는 중단 기준이 존재한다. 즉, 주어진 입력변수로 목표변수를 설명하는 단계별 프로세스를 언제까지를 진행해야 할지를 결정하는 기준이다. 공분산 기반의 비지도, 지도에 의한 변수 선택은 SAS Visual Statistics 제품의 VARREDUCE 프로시저에서 지원한다.

7.5.4 SAS VDMML 예제

[CLAIM] 데이터에 대하여 다음과 같은 파이프라인을 만들고 변수 선택의 각 옵션을 실행하여 결과를 확인한다.

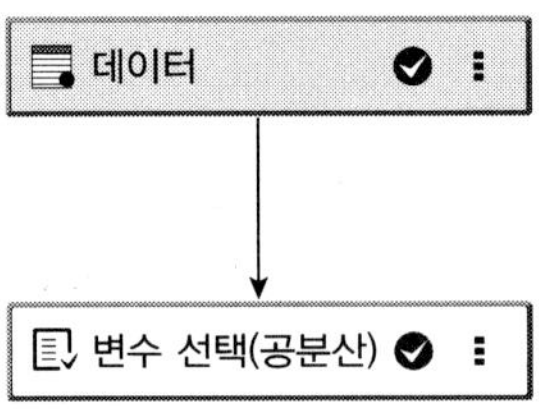

[그림 7.25] 공분산 기반의 변수 선택 파이프라인

사용된 옵션은 다음과 같다.

[그림 7.26] 공분산 기반의 빠른 지도 선택

7.6 정밀도행렬에 의한 변수 선택

정밀도행렬(precision matrix, concentration matrix)은 역분산행렬(inverse covariance matrix)을 의미한다. 1809년에 가우스가 처음으로 $\frac{1}{\sigma^2}$을 정밀도라고 명명하였다. 즉, 분산이 작으면 정밀도는 커진다.

일반적으로 각 예 또는 관측값이 평균이 μ이고, 공분산이 Σ인 다변량 정규분포를 따른다고 가정할 때 정밀도행렬, 즉 Σ^{-1}의 0값에 해당하는 변수들은 해당 변수를 제외한 다른 변수가 주어지면 서로 조건부독립이라고 알려져 있다. 즉, 만약 정밀도행렬의 (i, j) 값이 0이면 변수 i와 변수 j는 서로 조건부독립(conditional independence)이라고 할 수 있다. 이는 다변량 정규분포만이 갖고 있는 독특한 특성이다. 따라서 정밀도행렬을 구하면 어떤 변수들이 서로 조건부독립인지 아닌지를 파악할 수 있다.

정밀도행렬의 추정은 최대우도에 정밀도행렬의 0을 만드는 과정을 빠르게 하기 위하여, 즉 희귀성(sparsity)을 높이기 위하여 L_1 벌점을 추가한다. 최종적으로 다음의 값을 최대로 하는 정밀도행렬을 구하는 것이다. 자세한 사항은 참고 문헌 [SICOV]를 참조한다.

$$\arg\max_{\Theta}\{\log\det\Theta - \mathrm{Trace}(S\Theta) - \rho\|\Theta\|_1\}$$

여기서 $\Theta = \Sigma^{-1}$, ρ는 라쏘 모수, S는 다음과 같은 표본공분산행렬이다.

$$\mathrm{S} = \frac{1}{n-1}\sum_{i=1}^{n}(x_i - \bar{x})(x_i - \bar{x})^T$$

여기서 $x_i = \left(x_{i1}, \dots, x_{ip}\right)^T$, $\bar{x} = \frac{1}{n}\sum_{i=1}^{n} x_i$이다. 여기서 정밀도행렬을 추정하기 위하여 주어진 원시 문제를 쌍대 문제(dual problem)로 전환한 후 적용하는 알고리즘이 시각화 라쏘(graphical LASSO) 방법이다. 시각화 라쏘 방법에서는 정밀도행렬을 구하지 않고 Σ의 추정값인 $\mathrm{W} = \hat{\Sigma}$을 구한다. 쌍대 문제로 전환된 형식은 다음과 같다.

$$\min_{\beta}\left\{\frac{1}{2}\left\|\mathrm{W}_{11}^{\frac{1}{2}}\beta - b\right\|^2 + \rho\|\beta\|_1\right\}$$

여기서 $b = \mathrm{W}_{11}^{-\frac{1}{2}}s_{12}$, $\mathrm{W} = \begin{pmatrix}\mathrm{W}_{11} & w_{12}\\ w_{12}^T & w_{22}\end{pmatrix}$, $\mathrm{S} = \begin{pmatrix}\mathrm{S}_{11} & s_{12}\\ s_{12}^T & s_{22}\end{pmatrix}$이다. 주어진 식을 만족시키는 β에 대하여 $w_{12} = \mathrm{W}_{11}\beta$가 된다. 그런데 이 식은 W_{11}과 s_{12}가 주어진 경우에 β값을 추정하는 것이다. 이를 이용하여 w_{12}를 구하고 이런 과정을 반복하면서 W 행렬의 원소의 값들을 갱신하는 것이다. 이 식은 마치 선형회귀모형에서 $\mathrm{W}_{11}^{\frac{1}{2}}$은 $\mathrm{X}^\mathrm{T}\mathrm{X}$이고 $b = \mathrm{W}_{11}^{-\frac{1}{2}}s_{12}$를 $\mathrm{X}^\mathrm{T}y$로 정의하면 $\hat{\beta} = (\mathrm{X}^\mathrm{T}\mathrm{X})^{-1}\mathrm{X}^\mathrm{T}\mathrm{y}$와 같이 $\hat{\beta} = \left(\mathrm{W}_{11}^{\frac{1}{2}}\right)^{-1}\mathrm{W}_{11}^{-\frac{1}{2}}s_{12} = \mathrm{W}_{11}^{-1}s_{12}$를 추정하는 것과 유사한 라쏘 회귀문제이다.

다음은 [SICOV] 문헌의 시각화 라쏘(graphical lasso) 알고리즘이다.

순서	내용	비고
1	초깃값을 정의한다. $W = S + \rho I$	ρ값을 사전에 정의한다. 아래 알고리즘 수행 시 대각선 원소의 값은 변경이 없다.
2	하나의 단계에서 모든 변수에 대하여 W_{11}과 s_{12}을 입력으로 하여 앞의 식의 $\hat{\beta}$ 을 구한다. 이 벡터는 $(p-1)$ 차원의 벡터이며, 이를 이용하여 좌표하강법(coordinate descent) 방법에 의하여 W의 값을 갱신한다.	하나의 단계는 모든 변수에 해당하는 공분산행렬의 값이 1번 갱신되는 것을 의미한다.
3	수렴할 때까지 계속 반복한다.	

자세한 사항은 참고 문헌 [SICOV]를 참조한다.

로그 우도 + 벌점에서 ρ값이 커지면 최대화하기 위하여 $\|\Theta\|_1$이 0으로 접근해야 하므로 변수 간의 종속 관계는 사라지게 된다. 이를 이용하여 변수 간의 관계를 그래프로 표시할 수 있다. 시각화 라쏘 방법에 의하여 정밀도행렬이 추정된 경우, 즉 ρ 값에 따라 $\hat{\Theta}^{\rho}$이 계산된 경우에 $\hat{\Theta}_{ij}{}^{\rho} \neq 0$이면 X_i, X_j 변수는 무향 그래프(undirected graph)로 서로 연결하여 시각화할 수 있다.

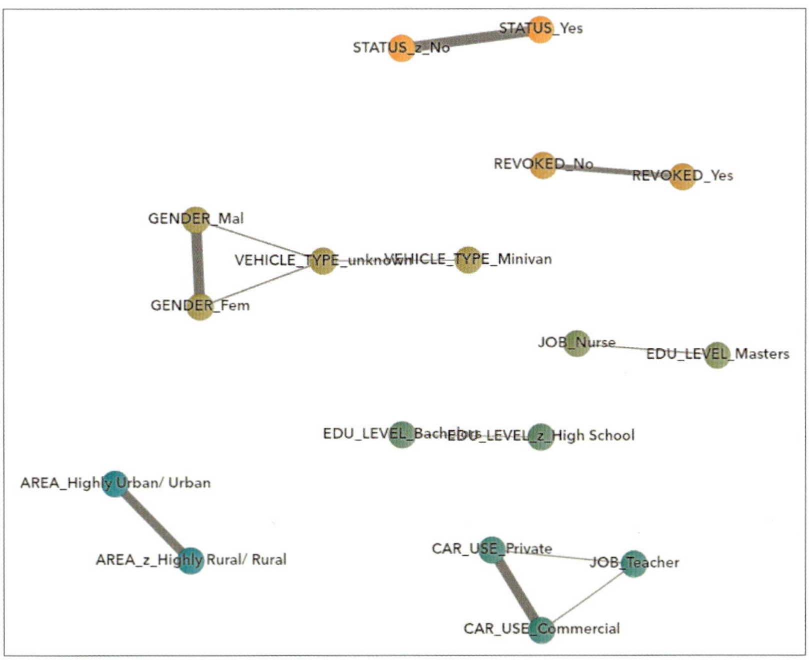

[그림 7.27] 벌점 로그 우도 방법에 의한 변수 네트워크 그래프

[그림 7.27]을 보면 변수 간의 조건부 종속성을 알 수 있다. 연결선(edge)의 두께는 종속의 강도를 표현한다. 이러한 방법으로 변수를 선택한다는 것은 그림을 통해7개의 군집으로 구성되어 있음을 알 수 있고 각 군집별로 주성분 분석을 하여 제1주성분을 구한 후 각 변수의 주성분에 대한 계수값(loading)이 절댓값으로 가장 큰 값을 주는 변수를 대표 변수로 설정한다.

CLUS5	GENDER_Fem	Gender of driver=Fem	0.5880	YES
CLUS5	GENDER_Mal	Gender of driver=Mal	-0.5880	NO
CLUS5	VEHICLE_TYPE_unknown	Type of Car=unknown	0.4751	NO
CLUS5	VEHICLE_TYPE_Minivan	Type of Car=Minivan	-0.2878	NO

[그림 7.28] 군집과 대표 변수 지정

그림의 군집은 5번째이며 제1주성분은 0.5880×GENDER_FEM−0.5880×GENDER_MAL+0.4751×VEHICLE_TYPE_unknown−0.2878×VEHICLE_TYPE_Minivan으로 표시가 되며 이 중 절댓값이 가장 큰 GENDER_FEM 변수가 대표 변수로 선택되었다. 이 방법을 적용하면 이산변수는 가변수로 변환되어 적용되며 모든 변수는 표준화되어 적용된다.

7.6.1 SAS VDMML 옵션

옵션은 데이터 마이닝 사전처리 노드의 변수 군집화 노드에서 처리한다.

[그림 7.29] 변수 군집화 옵션

여기서 사전에 정의해야 하는 초모수는 RHO값이다. 이 값이 클수록 정밀도행렬의 모수값이 0으로 축소되므로 군집의 수가 작아진다.

군집 표현에서 Class 변수 포함을 선택하면 모든 이산(범주)변수는 가변수로 변환되어 입력변수로 사용된다. 여기서 군집 중단 기준은 다음과 같다.

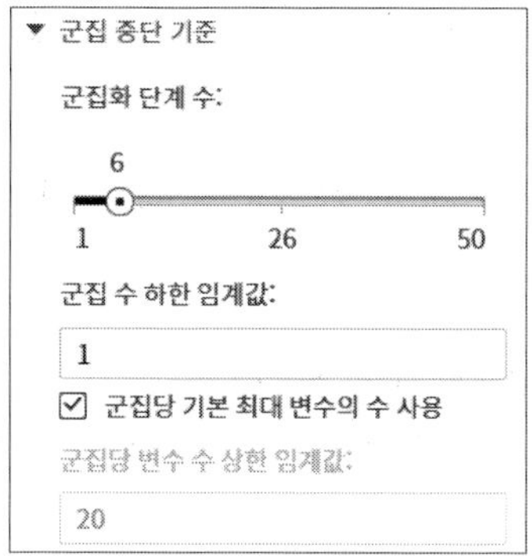

[그림 7.30] 군집 중단 기준

군집 중단 기준은 시각화 라쏘 알고리즘의 어디까지 진행할 것인지를 정의하는 것이다. 여기서 군집화 단계수에서 하나의 단계는 알고리즘에서 모든 변수에 대한 관련 공분산이 1번 갱신되는 것을 의미한다.

Cluster Summary						
Parameter	Step 1	Step 2	Step 3	Step 4	Step 5	Step 6
AGE	1	10	19	24	27	30
CHILDREN	2	11	19	24	27	30
CHILD_DRIV	2	11	19	24	27	30
CLM_FREQ	3	12	20	25	28	31
DISTANCE	4	13	21	26	29	32
HOUSE_VAL	5	14	22	24	27	30
INCOME	6	15	19	24	27	30
MVR_PTS	7	16	20	25	28	31
VEHICLE_AGE	6	15	19	24	27	30
VEHICLE_VAL	8	17	19	24	27	30
YOJ	9	18	23	24	27	30

[그림 7.31] 군집 중단 기준 예시

[그림 7.31]은 단계수가 6인 경우에 군집을 요약한 것이며 각 단계에서의 각 변수

간의 군집 구조를 표현해 준다. 예를 들어 단계 2에서 벌점 로그 우도 값의 음수값이 최소가 되면 (CHIDREN, CHILD_DRIV), (INCOME, VEHICLE_AGE)가 각각 11, 15번 군집으로 묶인다. 다른 변수는 독립적으로 구성된다. 여기서 음수 벌점 로그 우도 값(penalized −2logL)은 단계마다 다음과 같이 정의한다.

$$-\log\det\hat{\Theta} + \mathrm{Trace}\left(S\hat{\Theta}\right) + \sum_{1\le i\le j\le p} 1\left(\hat{\theta}_{ij} \ne 0\right)$$

음수 벌점 로그 우도 값의 단계별 요약표는 **[그림 7.32]**와 같다. 최적의 값은 단계 2에서 선택되었다.

Selection Summary		
Step	Penalized-2LogL	Optimal
1	67.118122	0
2	66.769173	1
3	70.466671	0
4	72.163629	0
5	71.895778	0
6	74.686231	0

[그림 7.32] 단계별 음수 벌점 로그 우도 값

7.6.2 SAS VDMML 예제

[CLAIM] 데이터에 대하여 다음과 같은 파이프라인을 만들고 변수 군집화의 각 옵션을 실행하여 결과를 확인한다.

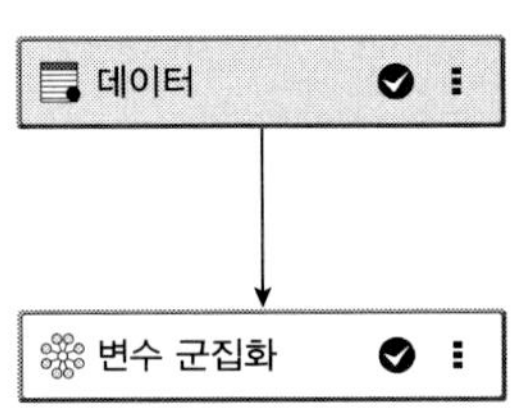

[그림 7.33] 변수 군집화 파이프라인

사용되는 옵션은 다음과 같다.

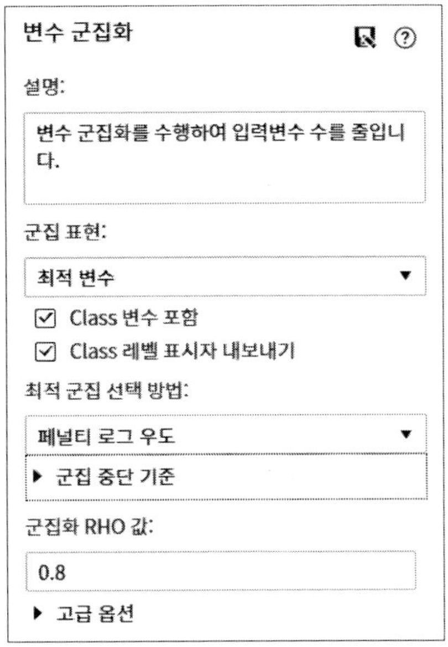

[그림 7.34] 변수 군집화 옵션

8장

표기법

이 책에서는 머신러닝 알고리즘마다 독특한 표기법을 사용하지만, 기존의 통계적인 접근 방법이 선호되는 경우에는 다음과 같은 표기법도 혼동이 없는 한 사용한다.

x_{ij}, $x_{i,j}$: i번째 관측값의 j번째 변수값, 여기서 $i = 1, 2, \ldots, n$, $j = 1, 2, \ldots, p$.

여기서 n은 일반적으로 모형을 적합하기 위하여 필요한 예 또는 데이터 건수이며, p는 입력변수의 개수로 정의한다.

$$\mathbf{X} = \begin{pmatrix} x_{11} & x_{12} & \cdots & x_{1p} \\ x_{21} & x_{22} & \cdots & x_{2p} \\ x_{n1} & x_{n2} & \cdots & x_{np} \end{pmatrix}$$: 입력변수값 행렬

$$\mathrm{x_i}, x_i = \begin{pmatrix} x_{i1} \\ x_{i2} \\ \cdot \\ \cdot \\ \cdot \\ x_{ip} \end{pmatrix}$$: i번째 관측값 벡터

관측값 벡터 표기를 이용하여 입력변수값 행렬을 표현하면 다음과 같이 표현할 수 있다.

$$\mathbf{X} = \begin{pmatrix} x_1^T \\ x_2^T \\ \cdot \\ \cdot \\ \cdot \\ x_n^T \end{pmatrix}$$

여기서 T는 행렬의 전치(transpose)를 의미한다.

$$\mathrm{y}, \boldsymbol{y} = \begin{pmatrix} y_1 \\ y_2 \\ \cdot \\ \cdot \\ \cdot \\ y_n \end{pmatrix}$$: 반응변수 또는 목표변수의 값 벡터

$$X = \begin{pmatrix} X_1 \\ X_2 \\ \cdot \\ \cdot \\ \cdot \\ X_p \end{pmatrix}$$: p개의 원소를 갖는 입력 또는 독립변수 벡터

Y: 목표 확률변수

x: 하나의 관측값(예, 인스턴스)의 대푯값

9장

선형회귀와 머신러닝 알고리즘 구조

9.1 개요

회귀 문제라 하면 일반적으로 목표변수 또는 반응변수의 값이 연속인 경우를 의미한다. 목표변수의 값이 범주 또는 이산인 경우에는 분류 문제라고 명명한다. 회귀 또는 분류 문제는 지도 학습(supervised learning)의 대표적인 유형이라고 할 수 있다.

이 장에서는 회귀 문제를 통하여 머신러닝의 기본적인 구조라고 할 수 있는 모형, 즉 가설함수를 정의하고, 적합을 위한 목적함수인 비용함수와 적합 방법인 기울기 하강법(gradient descent)에 대하여 살펴보기로 하자.

예로 사용할 데이터는 [HOUSING]이다.

9.2 가설함수와 비용함수

방의 개수(RM)와 주택 가격(MEDV)에 대하여 산점도를 그려보자.

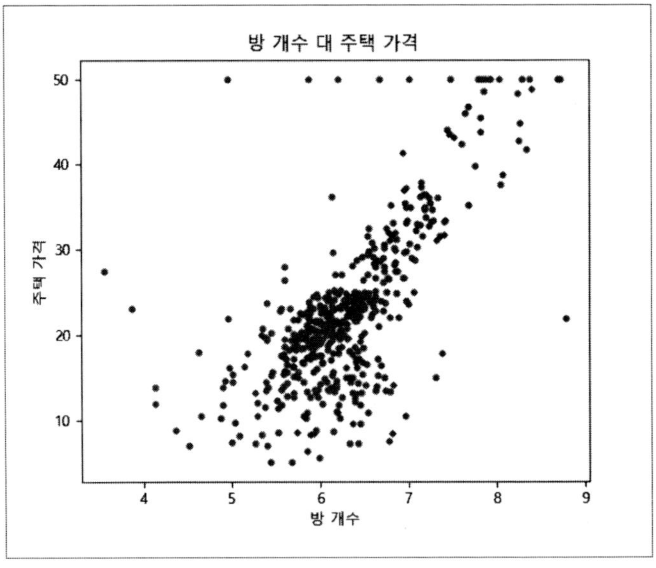

[그림 9.1] 크기 대 가격 산점도

산점도를 보면, 개수와 가격은 양의 상관관계가 있음을 알 수가 있다. 목적은 이러한 학습 데이터를 이용하여 일반적으로 개수가 주어지며 자동적으로 가격을 예측할 수 있는 모형을 생성하는 것이다. 머신러닝에서는 이러한 모형을 가설이라고 명명한다.

즉 가설함수(hypothesis function)는 주어진 훈련 데이터인 크기와 가격 데이터를 이용하여 하나의 함수인 $h(h: X \rightarrow Y)$, X: 입력 공간, Y: 출력 공간)를 만드는 것이다. 이러한 h를 어떻게 정의하는지 구체적으로 살펴보자.

주어진 데이터는 입력변수가 개수이므로 가격은 다음과 같이 구성되어 있다고 정한다.

$$h_\theta(X) = \theta_0 + \theta_1 X_1$$

여기서 θ는 입력변수를 모수화하여 목표변수를 설명하고 있기 때문에 모수(parmameter) 또는 가중(weight)이라고 한다.

위와 같은 식으로 입력변수와 목표변수를 설명하는 모형을 선형회귀모형이라고 한다. 선형회귀는 모수에 대한 선형, 즉 1차식이라는 의미이다. 물론 이와 다른 많은 가설을 정의할 수 있지만, 이 장에서는 선형회귀모형을 이용하기로 한다. 주어진 가설에서 $X_0 = 1$로 정의하면 아래와 같이 더 간단하게 정의할 수 있다.

$$h_\theta(X) = \sum_{j=0}^{p} \theta_j X_j = \theta^T X$$

여기서 $\theta = (\theta_0, \theta_1)^T$, $X = (X_0, X_1)^T$이며, T는 전치(transpose) 연산자이다. 하나의 가설을 정의하였으므로 주어진 훈련 데이터를 이용하여 가설에 사용된 모수를 추정해야 한다. 다만, 추정을 할 때 y_i에 대하여 $h_\theta(x_i)$ 로 추정하므로 $h_\theta(X) \approx Y$ 이도록 모수를 추정해야 한다. 즉, 가깝게 추정해야 하는데, 이를 개념화한 것이 비용함수(cost function)이다.

$$J(\theta) = \frac{1}{2n} \sum_{i=1}^{n} \left(y_i - h_\theta(x_i)\right)^2$$

이 비용함수는 회귀 문제에서 일반적으로 사용되는 함수이며, 모수는 정의된 비용함수를 최소화할 수 있도록 추정되어야 한다.

9.3 알고리즘

가설과 비용함수가 정의되고 나면, 다음으로 해야 할 일은 어떻게 모수를 추정할 것인가를 정의하는 것이다. 물론 선형회귀 문제에서는 모수에 대하여 정확한 값을 구할 수 있는 알고리즘이 존재하지만, 이 장에서는 머신러닝의 일반적인 접근 방법으로 모수를 추정하는 방법을 알아보자.

일반적으로 머신러닝에서는 모수를 추정하기 위하여 기울기 하강법(gradient decent)을 사용하여 추정한다.

순서	내용	비고
1	모수에 대한 초깃값을 준다.	초깃값은 0에 가까운 값을 준다.
2	아래 내용을 반복한다. $\theta_j := \theta_j - \alpha \frac{\partial J(\theta)}{\partial \theta_j}, for\ j = 0, \ldots, p$	반복 탈출 조건은 비용함수의 값이 가장 작을 때까지 또는 정해진 반복 횟수까지. 여기서 α는 학습률(learning rate)이라고 한다.

알고리즘의 내용은 비용함수를 최소화하기 위한 모수를 찾기 위하여 기울기가 가장 급한 방향으로 계속적으로 하강하여 찾는 방법이다. 가장 단순한 경우를 생각하여 훈련 데이터가 딱 1개만 있는 경우를 생각하여 알고리즘의 의미를 생각해 보자.

$$
\begin{aligned}
\frac{\partial J(\theta)}{\partial \theta_j} &= \frac{\partial}{\partial \theta_j} \frac{1}{2} \left(y_i - h_\theta(x_i)\right)^2 \\
&= 2 \cdot \frac{1}{2} \left(y_i - h_\theta(x_i)\right) \cdot \frac{\partial}{\partial \theta_j} \left(y_i - h_\theta(x_i)\right) \\
&= \left(y_i - h_\theta(x_i)\right) \cdot \frac{\partial}{\partial \theta_j} \left(y_i - \sum_{k=0}^{p} \theta_k x_{ik}\right) \\
&= \left(y_i - h_\theta(x_i)\right)\left(-x_{ij}\right) \\
&= -\left(y_i - h_\theta(x_i)\right) x_{ij}
\end{aligned}
$$

이를 이용하여 모수를 갱신하기 위한 알고리즘에 대입해 보자.

$$\theta_j := \theta_j - \alpha \frac{\partial J(\theta)}{\partial \theta_j} = \theta_j + \alpha\big(y_i - h_\theta(x_i)\big)x_{ij}$$

위 식에서 $y_i - h_\theta(x_i)$는 하나의 잔차(residual) 또는 오차라고 생각할 수 있다. 즉, 만약에 오차가 작으면 모수의 갱신은 거의 없을 것이고, 오차가 많으면 갱신의 폭이 커질 것이다. 또한 오차가 커진 경우에 큰 x_{ij}값에 해당하는 모수의 방향으로 그 갱신의 폭이 커짐을 직관적으로 알 수 있다.

훈련 데이터를 1개씩 이용하여 모수를 갱신하는 경우는 온라인 처리(online processing)라고 하며, 훈련 데이터 전부를 이용하여 모수를 처리하는 경우는 배치 처리(batch processing)라고 한다. 일부의 훈련 데이터를 이용하는 경우는 미니 배치 처리(mini-batch processing)라고 한다.

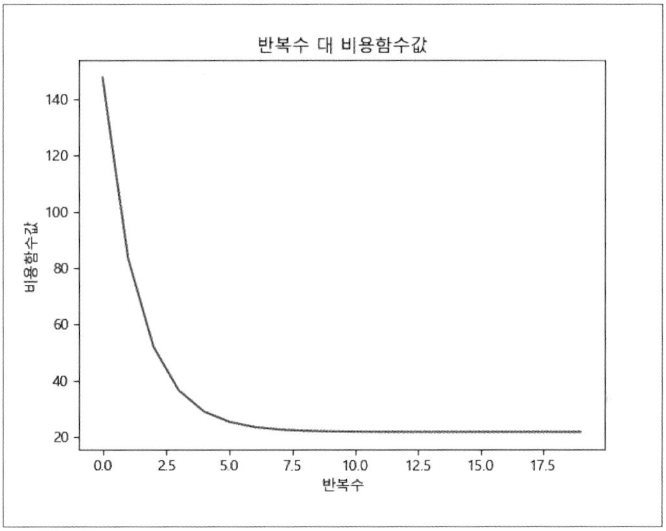

[그림 9.2] 반복수 대 비용함수값 그래프

[그림 9.2]는 배치 처리 방식에 의하여 비용함수값의 변화를 살펴본 그래프이다. 그래프를 보면, 특정 반복수를 지나면 비용함수값의 안정화되어 일정한 값을 가지는 것을 볼 수가 있다. 일정한 값을 가질 때의 모수값이 알고리즘에서 찾는 값이 된다. 이와 같은 방식에 의하여 추정된 모수값에 의하여 생성된 그래프는 **[그림 9.3]**과 같다.

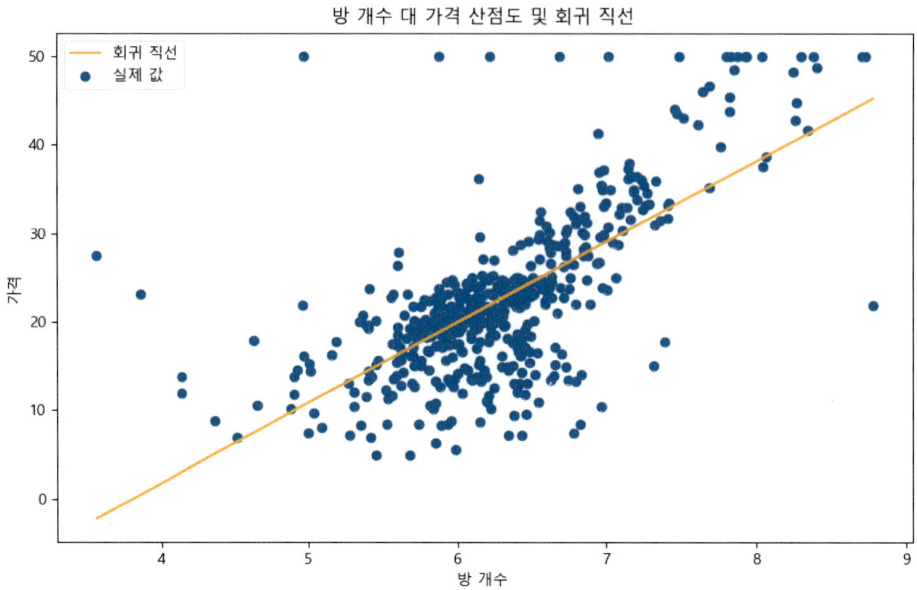

[그림 9.3] 산점도와 적합된 회귀 직선

비용함수를 최저로 만드는 과정, 즉 경로를 등고선 그래프로 표현하면 **[그림 9.4]**와 같다.

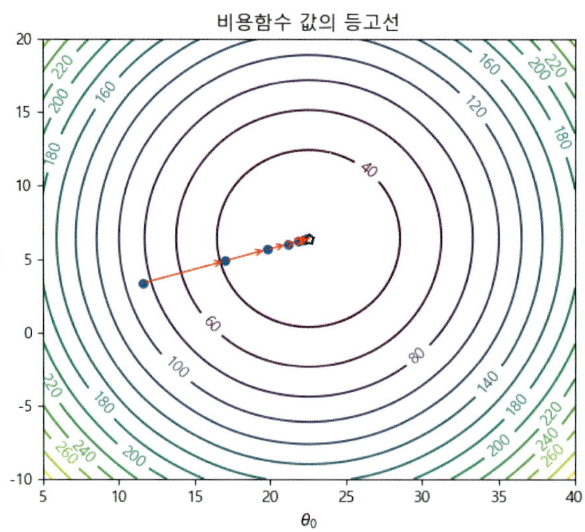

[그림 9.4] 비용함수에 대한 등고선과 반복수에 따른 최저점 이동 경로

9.4 비용함수에 대한 이해

회귀 문제에서 비용함수는 $J(\theta)=\frac{1}{2n}\sum_{i=1}^{n}\left(y_i-h_\theta(x_i)\right)^2$와 같이 정의하였고 해당 함수를 비용함수로 선택하였다. 많은 비용함수 중에 유의미한 선택을 하였는지를 살펴보자.

통계 모형에 의하면, y_i, $i=1, 2, \cdots, n$들은 독립적이고 동일한 아래의 분포를 따르는 확률변수라고 가정한다.

$$y_i=\theta^T x_i+\epsilon_i, \qquad \epsilon_i \sim N(0,\sigma^2)$$

따라서 y_i들의 결합확률분포는

$$L(\theta)= p(y_1,y_2,\ldots,y_n|x_1,x_2,\ldots,x_n,\theta)=\prod_{i=1}^{n}\frac{1}{\sqrt{2\pi}\sigma}exp\left(-\frac{(y_i-\theta^T x_i)^2}{2\sigma^2}\right)$$

이다. 여기서 목적은 모수인 θ를 추정하는 것인데, 가장 자연스럽고 합리적인 방법은 결합확률분포값이 최대가 되도록 추정하는 것이다. 즉, 목표값의 확률적인 평균값은 $\theta^T x_i$들이므로 목표값이 평균 값에 가까울수록 결합확률분포값이 최대가 된다. 이러한 원리에 의하여 모수를 추정하는 것을 최대우도추정법(maximum likelihood method)이라고 한다.

로그 함수가 순증가(strictly increasing) 함수이므로 원래 값의 순서를 유지하기 때문에 주어진 결합확률분포를 로그를 취하여 최댓값을 주는 모수를 찾는 것과 동일한 문제이다.

$$\begin{aligned} l(\theta) &= \log L(\theta) \\ &= n\log\frac{1}{\sqrt{2\pi}\sigma}-\frac{1}{\sigma^2}\cdot\frac{1}{2}\sum_{i=1}^{n}(y_i-\theta^T x_i)^2 \end{aligned}$$

따라서 로그 우도 함수 값을 최대화한다는 것은 앞에서 정의한 비용함수인

$$J(\theta)=\frac{1}{2n}\sum_{i=1}^{n}(y_i-\theta^T x_i)^2$$

을 최소화하는 것과 같은 의미이다. 머신러닝의 대부분의 비용함수는 목표변수가 갖고 있는 확률분포에 대한 가정을 하고 거기에 맞는 음 로그 우도이다.

10장

분류 문제와 로지스틱 회귀분석

10.1 개요

목표변수가 이산(discrete) 값 또는 범주(categorical)를 가질 때 분류 문제라고 한다. 이런 경우에 일반적으로 선형회귀모형을 적합하면, 성능이 좋지 않으며 올바른 접근 방법이라고 볼 수 없다.

지도 학습이 분류 문제인 경우에 선형회귀분석과 유사한 접근 방법인 로지스틱(logistic) 회귀 방법에 대하여 알아보자. 이 장에서는 [BANK] 데이터를 사용한다.

10.2 선형회귀 대 로지스틱 회귀

[BANK] 데이터로부터 분석을 하고자 하는 목적은 특정 고객이 갖고 있는 입력변수의 값을 입력하였을 때 그 고객이 정기예금에 가입할지 여부를 판단하고자 하는 것이다. 즉, 아래와 같은 확률을 예측하는 것이다.

$$p = \Pr(Y = 1|x_1, x_2, x_3, \dots) = \Pr(\text{term\_deposit} = 1(\text{Yes})|\text{age}, \text{job}, \text{marital}, \dots)$$

해당 확률값이 1에 가까우면 정기예금에 가입할 것이라고 판단하고, 0에 가까우면 정기예금에 가입하지 않을 것이라고 판단하는 것이다.

선형회귀직선으로 적합하는 경우, 단 접촉시간(duration)만을 갖고 적합하는 경우를 생각해 보자. 가설함수 또는 모형함수는

$$h_\theta(x) = \theta_0 + \theta_1 x$$

이다.

[그림 10.1]에서 보듯이 선형회귀를 적합하면, 확률값이 음수이거나 1보다 큰 값이 적합될 수 있기 때문에 적합한 모형이라고 볼 수가 없다.

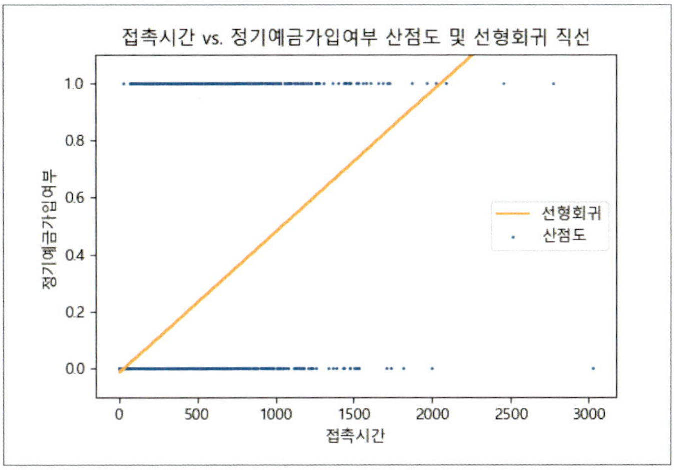

[그림 10.1] 접촉시간 대 정기예금가입여부 산점도 및 선형회귀 적합 곡선

이러한 문제를 극복하기 위하여, 즉 0과 1 사이의 분포함수 형태의 함수를 생각할 수 있는데 그런 함수가 로지스틱(logistic) 함수이다. 로지스틱 함수는 벨기에 수학자인 피에르 프랑수아 페르휠스트(Pierre François Verhulst)에 의하여 1844년에 인구 성장 모형 연구에 처음으로 사용되고 명명되었다.

$$p(z) = \frac{e^z}{1+e^z} = \frac{1}{1+e^{-z}}$$

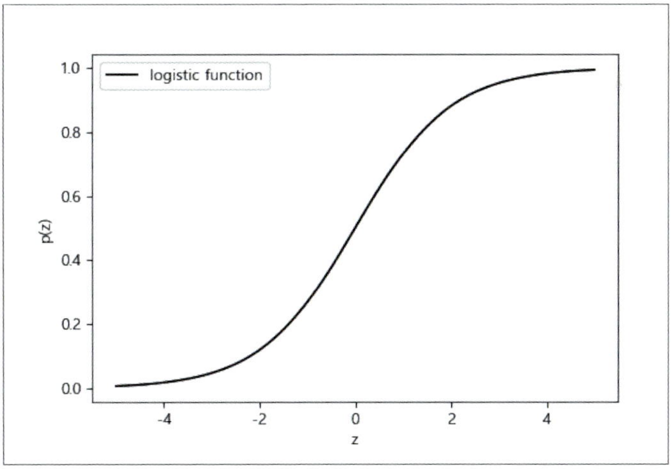

[그림 10.2] 로지스틱 함수의 모양

로지스틱 함수는 z값의 어떠한 값을 갖더라도 0과 1 사이의 값만을 갖는다. 특히 0 주변은 마치 정규분포의 분포함수와 유사한 형태를 갖는다. 또한,

$$\begin{aligned} p'(z) &= \frac{d}{dz}\frac{1}{1+e^{-z}} \\ &= \frac{1}{(1+e^{-z})^2}e^{-z} \\ &= \frac{1}{1+e^{-z}}\left(1-\frac{1}{1+e^{-z}}\right) \\ &= p(z)\big(1-p(z)\big) \end{aligned}$$

인 성질도 갖고 있다.

이러한 로지스틱 함수의 성질을 이용하여 [BANK] 데이터인 경우에 모형함수를 로지스틱 함수로 정의할 수 있다.

$$h(x) = \frac{1}{1+e^{-\theta^T x}} = \frac{1}{1+e^{-(\theta_0+\theta_1 x)}}$$

여기서 가설함수는 $p=P(Y=1|x)$을 추정하기 위한 함수이다. 따라서,

$$\begin{aligned} P(Y=1|x,\theta) &= h_\theta(x) \\ P(Y=0|x,\theta) &= 1-h_\theta(x) \end{aligned}$$

와 같이 가정할 수 있다. 이러한 가정하에 최대우도추정법에 의하여 모수를 추정해보자.

$$\begin{aligned} \text{우도(likelihood)} = L(\theta) &= \prod_{i=1}^{n} p(y_i|x_i,\theta) \\ &= \prod_{i=1}^{n} h_\theta(x_i)^{y_i}\big(1-h_\theta(x_i)\big)^{1-y_i} \end{aligned}$$

이므로

$$\begin{aligned} l(\theta) &= \log L(\theta) \\ &= \sum_{i=1}^{n} y_i \log h_\theta(x_i) + (1-y_i)\log\big(1-h_\theta(x_i)\big) \end{aligned}$$

이다. 따라서 모수를 추정한다는 것은 로그 우도를 최대로 하는 모수값을 선택하는 것이며 비용함수를 로그 우도의 음수로 정의하면 비용함수를 최소화하는 모수값을 선택하는 것이다.

$$J(\theta) = -\frac{1}{n}\sum_{i=1}^{n} y_i \, log \, h_\theta \, (x_i) + (1 - y_i) \, log\big(1 - h_\theta(x_i)\big)$$

이므로, 하나의 훈련 데이터에 대하여 기울기를 구해 보면,

$$\frac{\partial J(\theta)}{\partial \theta_j} = -\big(y_i - h_\theta(x_i)\big)x_{ij}$$

이고, 따라서

$$\theta_j := \theta_j - \alpha \frac{\partial J(\theta)}{\partial \theta_j} = \theta_j + \alpha\big(y_i - h_\theta(x_i)\big)x_{ij}$$

와 같은 방법으로 모수값을 추정할 수 있다. 여기서 흥미로운 사실은 가설함수가 선형 또는 비선형에 관계없이 모수의 기울기는 일치한다는 것이다.

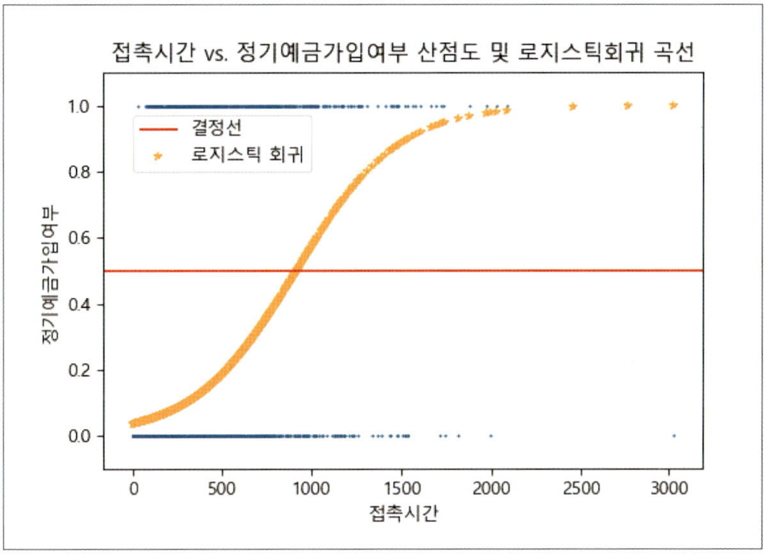

[그림 10.3] 로지스틱 회귀분석 적합

적합된 결과를 보면, 결정선의 확률값을 0.5로 정의하였을 때 그 값보다 큰 노란색 점들은 1그룹(Yes)으로 분류되고, 작은 노란색 점들은 0그룹(No)으로 분류된다. 노란색 점들은 로지스틱 함수 모양의 형태를 띠고 있으며 1그룹일 확률을 나타낸다.

10.3 비용함수에 대한 이해

로지스틱 회귀분석에서 사용한 비용함수의 의미에 대하여 알아보자. 물론 최대우도 추정법에 의하여 정의된 함수이지만, 그 자체의 의미가 무엇인지를 살펴보기로 하자.

$$J(\theta) = -\frac{1}{n}\sum_{i=1}^{n} y_i \log h_\theta\ (x_i) + (1 - y_i)\log\left(1 - h_\theta(x_i)\right)$$

여기서 목표값인 y=1인 경우만을 생각하자. 이때 h에 따라서 $-\log(h)$가 어떻게 변하는지를 살펴보면, [그림 10.4]와 같이 목표값이 1인 경우에 주어진 비용함수는 $-\log(h)$의 손실을 주기 때문에 1로 예측이 되었다면 손실은 0이지만, 0에 가까운 값으로 예측이 되면 될수록 점점 더 많은 손실값을 준다.

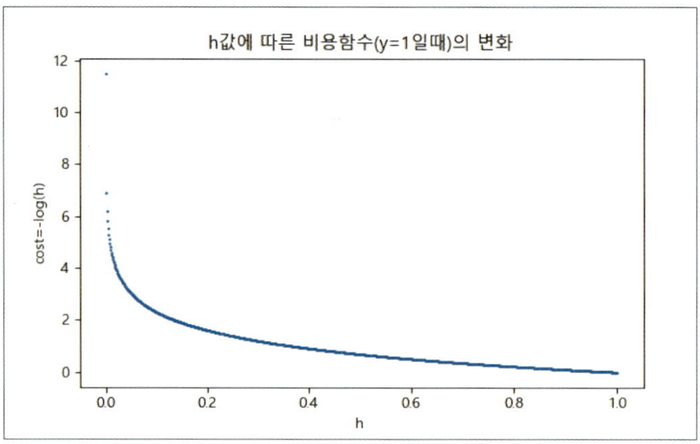

[그림 10.4] 추정값에 따른 비용값의 변화

분류 문제에서 이러한 비용함수를 이진 교차 엔트로피(binary cross entropy)들의 평균이라고 정의한다.

$$\begin{aligned} J(\theta) &= \frac{1}{n}\sum_{i=1}^{n} -\left(y_i \log h_\theta\ (x_i) + (1 - y_i)\log\left(1 - h_\theta(x_i)\right)\right) \\ &= \frac{1}{n}\sum_{i=1}^{n} E(-\log(p_i)) \\ &= \frac{1}{n}\sum_{i=1}^{n} H\left(y_i, h_\theta(x_i)\right) \end{aligned}$$

여기서 $p_i = P(Y = 1|x_i, \theta) = h_\theta\ (x_i)$이다.

10.4 로그-오즈

$$p = \Pr(Y = 1|x) = h_\theta(x) = \frac{1}{1 + e^{-(\theta_0+\theta_1 x)}}$$

에서 $\frac{p}{1-p} = e^{\theta_0+\theta_1 x}$이므로

$$\log\frac{p}{1-p} = \theta_0 + \theta_1 x$$

로 표현할 수 있다. 이 식에서 왼쪽 항을 로그-오즈(log-odds) 또는 로짓(logit)이라고 한다.

만약 x가 1단위 변화하면,

$$\log\frac{p_{new}}{1-p_{new}} = \theta_0 + \theta_1(x+1) = \log\frac{p}{1-p} + \theta_1$$

이므로 θ_1의 의미는 로짓의 변화라고 볼 수 있다. 오즈의 변화만을 생각할 때는 e^{θ_1}이 된다.

10.5 연결함수

연결함수(link function)는 입력변수의 선형결합과 목표 확률변수의 기댓값을 연결해주는 함수이다. 즉 목표 확률변수에 대한 기댓값의 함수, 즉 연결함수는 입력변수의 선형결합으로 표현된다.

선형회귀인 경우 목표변수의 기댓값은 $\mu=E(Y)=\theta^T x$와 같이 표현된다. 이런 경우 연결함수는 $g(\mu)=\mu$가 되어 항등함수(identify function)가 된다.

로지스틱 회귀인 경우 목표변수는 베르누이(Bernoulli) 분포를 따르므로 기댓값은 $\mu=p$가 된다. 따라서

$$g(\mu) = \log\frac{\mu}{1-\mu} = \theta^T x$$

이다. 즉, 연결함수는 로짓 함수가 된다.

다양한 연결함수를 이용하여 선형회귀모형을 확장한 경우를 일반화 선형모형(generalized linear model: GLM)이라고 한다.

10.6 분류 문제에서의 모형 평가

분류 문제에서의 모형의 평가는 회귀 문제에서의 평가 데이터의 평균제곱오차값을 최소화하는 방식보다는 아래에서 정의된 다양한 측도로 평가한다. 이 평가 방법은 하나의 모형이 절대적으로 좋은지 여부를 판단하는 데도 이용된다. 분류의 결과는 다음과 같은 분류 결과표(confusion matrix)로 요약할 수 있다.

예측값(predicted)	실제 값(observed)		
	Positive	Negative	합계
Positive	TP(True Positive)	FP(False Positive)	TP + FP
Negative	FN(False Negative)	TN(True Negative)	FN + TN
합계	TP + FN	FP + TN	TP + FP + FN + TN

하나의 예시된 표는 다음과 같다.

예측값(predicted)	실제 값(observed)		
	Positive	Negative	합계
Positive	29	6	35
Negative	4	38	42
합계	33	44	77

분류 결과표에 의하여 모형 성능을 평가하는 측도(measure)는 다음과 같이 요약할 수 있다.

척도	계산식	계산 예
오분류율 (miss classification rate)	$\frac{FP+FN}{TP+FP+FN+TN}$	$\frac{6+4}{77}=0.13$
정분류율 (accuracy)	$\frac{TP+TN}{TP+FP+FN+TN}$	$\frac{29+38}{77}=0.87$
정밀도 (precision)	$\frac{TP}{TP+FP}$	$\frac{29}{35}=0.83$
민감도, 재현율 (True Positive Rate (TPR, sensitivity, recall))	$\frac{TP}{TP+FN}$	$\frac{29}{33}=0.88$
특이도 (True Negative Rate (TNR, specificity))	$\frac{TN}{FP+TN}$	$\frac{38}{44}=0.86$
1-특이도 (False Positive Rate (FPR))	$\frac{FP}{FP+TN}$	
F1 점수	$\frac{2}{\frac{1}{Recall}+\frac{1}{Precision}} = 2\times\frac{Precision\cdot Recall}{Precision+Recall}$	$2\times\frac{0.83\times 0.88}{0.83+0.88}=0.854$
반응률 (%response)	$100\times\frac{\#\ of\ events}{\#\ of\ cases}=100\times\frac{e_i}{n_i}$	$100\times\frac{33}{77}=42.8$
반응검출률 (%captured)	$100\times\frac{\#\ of\ events}{total\ events}=100\times\frac{e_i}{E}$	$100\times\frac{33}{100}=33$
향상도 (lift)	$\frac{\%response}{\%\ total\ response}=\frac{p_i}{P}$	$\frac{\frac{33}{77}}{\frac{100}{1000}}=4.28$

각 척도를 보면, 오분류율을 제외하고 1에 가까울 수록 높은 성능을 나타내는 모형이라고 할 수 있다. 각 척도들은 특별한 해석의 의미도 담고 있다. 예를 들어 민감도는 질병에 걸린 환자를 검출할 수 있는 능력, 특이도는 정상인 사람을 판별할 수 있는 능력 등으로 산업 및 적용하는 데이터에 따라 다양하게 해석할 수 있다.

이 중 민감도와 특이도에 의하여 모형의 성능을 평가하는 또 하나의 척도인 ROC(Receiver Operating Curve)에 대하여 알아보자.

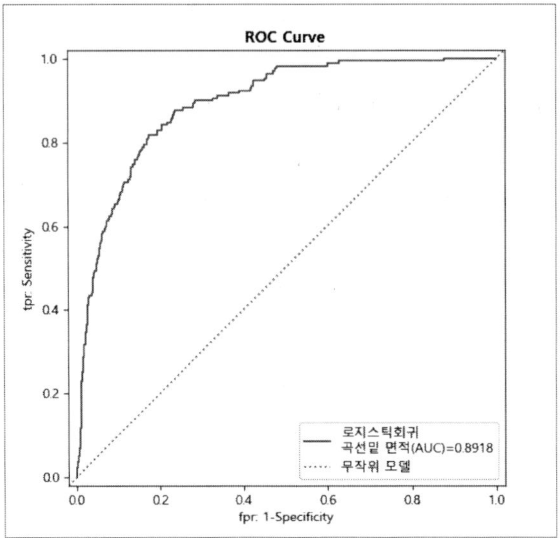

[그림 10.5] ROC 곡선의 예

[그림 10.5]에서 ROC 곡선은 실색으로 표시되어 있다. 그림의 X축은 1−특이도, Y축은 민감도($TPR = \Pr(\hat{Y} = 1|Y = 1)$)로 구성되어 있다. 1−특이도($FPR = \Pr(\hat{Y} = 1|Y = 0)$)는 정상임에도 불구하고 환자라고 하는 경우의 비율, 즉 잘못된 환자예측이며, 민감도는 진짜 환자를 환자라고 하는 경우의 비율이다. 통계학적으로는 전자를 제1종 오류(type-1), 후자를 검증력(power)이라고 한다. 따라서 제1종 오류를 최소화하면서 검증력이 최대한 높은 분류기가 더 낫다고 할 수 있다. 계산하는 방법은 다음과 같다.

순서	내용	비고
1	평가 데이터에 대한 확률값 또는 점수를 계산한다.	그리고자 하는 대상
2	평가 데이터에 대하여 점수 기준 내림차순으로 정렬한다.	
3	1) 이벤트의 전체 개수와 비이벤트의 전체 개수를 구한다. 2) 정렬된 목표값 벡터의 이벤트의 개수와 비이벤트의 개수를 순차적으로 누적한다. 3) 1)에서 구한 값으로 2)를 나눈다. 이때 생성되는 벡터를 TPR, FPR이라고 정의한다.	이벤트를 positive, 비이벤트를 negative로 정의함. (누적 FPR, 누적 TPR)에서 누적 TPR-누적 FPR 값을 계산한 후 이 값 중 최댓값을 K-S(Kolmogorov-Smirnov) 통계량 값이라고 함.
4	X축을 FPR, Y축을 TPR로 그래프를 그린다.	

[그림 10.5]에서 그 의미를 살펴보자. 여기서 똑같은 민감도를 주는 경우에는 1-특이도가 작은 적합 모형이 더 좋은 모형이라고 볼 수 있다. 똑같은 1-특이도를 주는 경우에는 더 큰 민감도를 주는 적합 모형이 더 좋은 모형이라고 볼 수 있다. 즉, 좋은 모형일수록 기준 선이라고 할 수 있는 무작위 모형보다 멀어지게 된다. 이런 의미에서 곡선 밑 면적(AUC: Area Under Curve)이 클수록 좋은 모형이라고 한다.

실제 알고리즘에 따라 값을 구해 보면 다음 표와 같다.

예측 점수	실제 분류값	비이벤트 건수 누적	이벤트 건수 누적	비이벤트 누적 비율	이벤트 누적 비율
0.97	1.0	0.0	1.0	0.0	0.3
0.75	1.0	0.0	2.0	0.0	0.7
0.55	0.0	1.0	2.0	0.5	0.7
0.4	1.0	1.0	3.0	0.5	1.0
0.3	0.0	2.0	3.0	1.0	1.0

위 표에서 예측 점수와 실제 분류값이 주어진 경우에 나머지 항목은 계산되었다. 이를 이용하여 ROC 그래프를 그리면 [그림 10.6]과 같다.

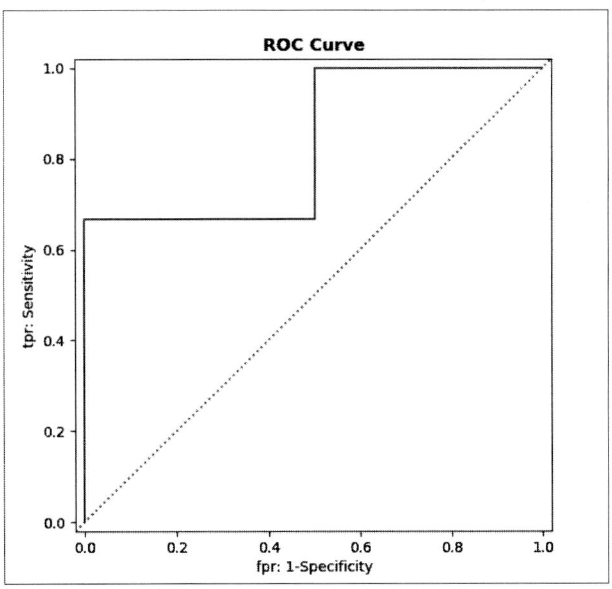

[그림 10.6] ROC 그래프 예

10.7 소프트맥스 회귀

로지스틱 회귀에서는 목표값이 2개의 값, 즉 0과 1인 경우에 적용할 수 있는 방법이다. 만약 목표값이 3개 이상인 이산형인 경우에는 어떠한 방법을 적용할 수 있을까? 가령 고객이 가입할 수 있는 금융 상품 A, B, C가 있고 이 중 하나를 선택하는 경우 등이다. 로지스틱 회귀에서 목표값은 베르누이 분포를 따른다. 목표값이 많은 이산형인 경우에는 일반적으로 다항 분포(multinomial distribution)를 따른다. 로지스틱 회귀인 경우에 목표변수는 {0,1}로 대체되어 하나의 변수만 생성하면 되지만, 목표값이 많은 경우에는 다음과 같은 형태의 가변수(dummy variable)로 변환된다.

$DV_1 = \begin{bmatrix} 1 \\ 0 \\ \cdots \\ 0 \end{bmatrix}$, $DV_2 = \begin{bmatrix} 0 \\ 1 \\ \cdots \\ 0 \end{bmatrix}$ 등으로 정의하면, A를 가입하는 경우는 [1 0 0], B를 가입하는 경우는 [0 1 0], C를 가입하는 경우는 [0 0 1]로 정의할 수 있다. 즉, 원핫(one-hot) 인코딩 또는 수준(level) 인코딩 방식으로 변수 변환을 한다.

소프트맥스 회귀(softmax regression)에서는 목표변수가 범주변수이며 서로 다른 범주가 3개 이상인 경우를 의미한다. 모형함수 또는 가설함수는

$$[h_\theta(x)]_k = \Pr(Y = k|x, \theta) = \frac{e^{\theta_k^T x}}{\sum_{i=1}^K e^{\theta_i^T x}}, \theta_k = \begin{bmatrix} \theta_{k0} \\ \cdots \\ \theta_{kp} \end{bmatrix}, Y \in \{1,2, \dots, K\}$$

로 정의되며 비용함수는

$$J(\theta) = -\frac{1}{nK} \sum_{i=1}^{n} \sum_{k=1}^{K} 1(y_i = k) \log(\Pr(y_i = k))$$

이다.

모형함수와 비용함수에서 각각 K=2인 경우에는 로지스틱 회귀와 동일하다.

10.8 SAS VDMML 옵션

지도 학습의 **[로지스틱 회귀]** 노드를 선택하면 **[그림 10.7]**과 같이 초기 옵션 집합을 볼 수 있다.

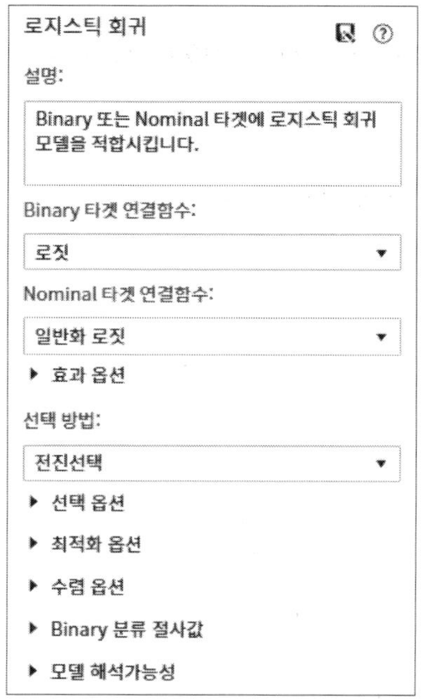

[그림 10.7] 로지스틱 회귀 초기 옵션

[그림 10.7]을 보면 크게 연결함수(link function) 선택과 변수 선택 기능을 갖고 있는 효과 옵션으로 구분할 수 있다.

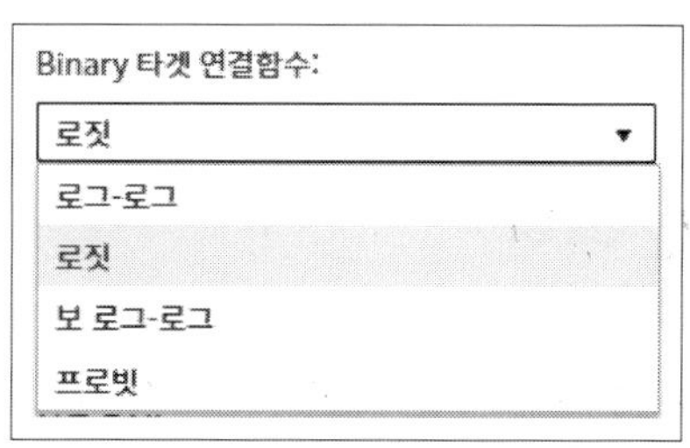

[그림 10.8] 이진 목표변수 연결함수 선택

[그림 10.8]은 이진값을 갖는 목표변수인 경우에 선택할 수 있는 연결함수 목록이다. 목표변수의 기댓값 $\mu = E(Y)$에 대한 연결함수의 계산식은 다음과 같다.

$$LOGLOG = -\log(-\log(\mu))$$

$$LOGIT = \log\left(\frac{\mu}{1-\mu}\right)$$

$$Complimentary\ LOGLOG = \log(-\log(1-\mu))$$

$$PROBIT = \Phi^{-1}(\mu)$$

여기서 Φ는 표준정규분포의 분포함수이다.

[그림 10.9] 로지스틱 회귀 변수 선택 방법

여기서의 변수 선택 방법은 포장 방법, 즉 일종의 블랙박스 모형 방법에 의하여 변수를 선택하는 것이다. 자세한 변수 선택 방법은 '7.3 포장 방법에 의한 변수 선택' 절을 참조한다.

10.9 SAS VDMML 예제

[CLAIM] 데이터에 대하여 다음과 같은 파이프라인을 만들고 로지스틱 회귀의 각 옵션을 실행하여 결과를 확인한다.

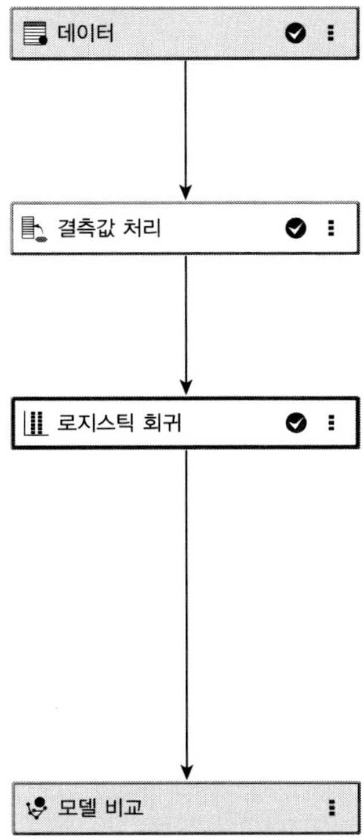

[그림 10.10] 로지스틱 회귀 파이프라인 예

[그림 10.11] 변수 선택 옵션

11장

분류와 회귀나무

11.1 개요

결정나무(decision tree)는 나무 모양의 그래프 또는 모형을 의미하며 입력변수의 공간을 서로 겹치지 않는 영역으로 구분한 후 각 영역에 평균값(mean) 또는 최빈값(mode)으로 목표변수값을 예측하는 모형이다.

여기서 예로 사용하는 데이터는 [HOUSING] 데이터이다.

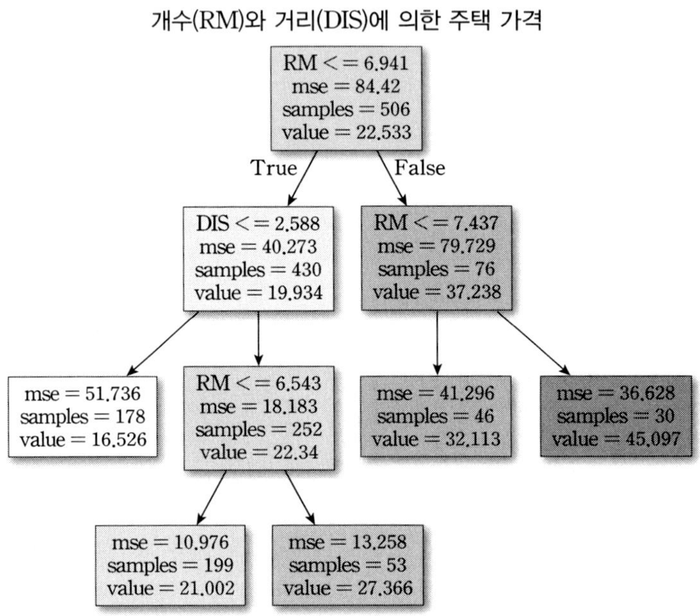

[그림 11.1] 회귀나무의 예

[그림 11.1]과 같이 목표변수가 주택 가격 금액인 경우에 방 개수와 5곳 고용센터와의 가중값 거리에 따른 주택 가격을 예측한 것이다. 여기서 제일 먼저 분할하는(split) 변수는 개수이며 해당 조건이 참인 경우는 왼쪽으로, 참이 아닌 경우는 오른쪽으로 분기한다. 왼쪽으로 분기된 경우에 분할하는 변수는 거리이며 이런 방식으로 계속 분기해 나가며 마지막 노드의 개수가 특정값 이하일 때까지 진행한다.

이 장에서 사용된 CART(classification and regression tree) 알고리즘은 [ISL]을 참조하였다.

11.2 회귀나무의 성장

회귀 문제는 목표변수가 연속인 경우를 의미하며, 주택 가격은 연속변수이므로 이 문제에 속한다고 볼 수 있다.

나무를 구성하고자 할 때 사용되는 몇 가지 용어에 대하여 살펴보도록 하자. 나무의 뿌리에 해당하는, 즉 출발점이 되는 노드(node)를 뿌리 노드(root node)라고 하고 제일 마지막에 있는 노드를 말단 노드(terminal node, leaf) 또는 잎이라고 한다. 사이에 있는 노드를 내부 노드(internal node)라고 한다.

[HOUSING] 데이터에 대한 회귀나무의 예를 입력변수 공간 관점에서 살펴보면, **[그림 11.2]**와 같이 두 개의 입력변수에 대하여 서로 겹치지 않은 공간으로 구분한 후 각 영역별로 적절한 값을 부여하는 것이다.

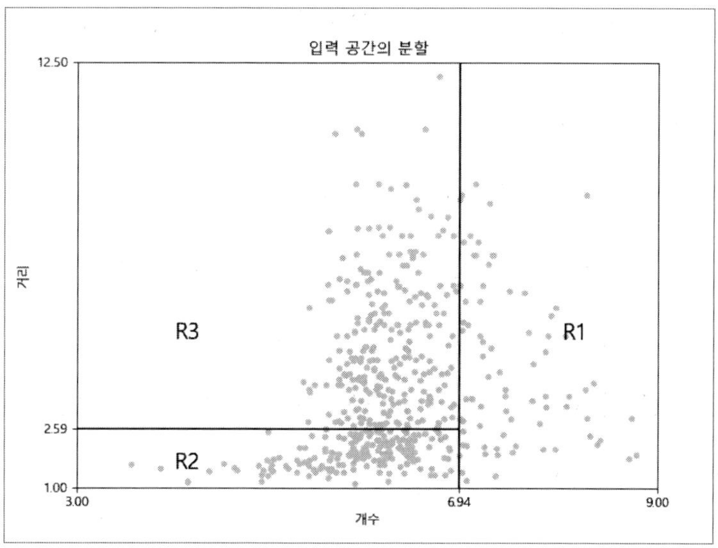

[그림 11.2] 회귀나무에서의 입력 공간의 분할

따라서 회귀나무를 구성한다는 것은 입력변수들의 공간을 구성하기 위하여 각 변수의 가능한 값을 이용하여 서로 겹치지 않은 공간 $R_1, \cdots, R_J$을 구성하고 같은 영역에 속하는 목표변수값에 대해서는 같은 값, 이를테면 다음과 같이 예측하는 것이다.

$$h_{R_j}(x_i) = \frac{1}{n_j}\sum_{x_i \in R_j} y_i \text{, 여기서 } n_j = \sum_{i=1}^{n} 1(x_i \in R_j)$$

즉, 해당 영역에 속하는 목표변수값들의 평균값으로 예측하는 것이다. 그러나 모든 가능한 값에 대하여 $R_1, \cdots, R_J$을 구성하고 다음과 같은 RSS를 최소화하는 영역과 J를 구한다는 것은 계산적으로 볼 때 너무 많은 자원이 필요한 일이다.

$$\text{RSS} = \sum_{j=1}^{J}\sum_{x_i \in R_j}\left(y_i - h_{R_j}(x_i)\right)^2$$

따라서 이러한 문제를 극복하기 위하여 하향식(top-down) 탐욕 접근법을 통해 반복적으로 이진 분할(recursive binary splitting)을 사용하여 결정나무를 구성한다. 이 접근법이 탐욕적인 이유는 전체 나무를 생각하여 매번 분할에 사용하는 변수와 분할값을 구성하는 것이 아니라 각 단계마다 그때 가장 최선의 변수와 그 변수의 분할값을 사용하기 때문이다.

조금 더 상세하게 살펴보자. 먼저 입력변수 각각의 훈련 데이터에 있는 서로 다른 값, 즉 가능한 분할값에 대하여 다음과 같은 영역을 정의한다.

$$\text{R}_\text{L}(j, s) = \{x_i | x_{ij} < s\}, \text{R}_\text{R}(j, s) = \{x_i | x_{ij} \geq s\}$$

위에서 정의된 영역에 대하여 RSS를 최소화하는 가설함수, 모형함수는 각 영역에 속하는 목표변수값들이 평균이다(해당 함수에 대하여 미분 후 값을 구하면 됨).

$$\min_{c_1, c_2}\sum_{x_i \in R_L}(y_i - c_1)^2 + \sum_{x_i \in R_R}(y_i - c_2)^2 = \sum_{x_i \in R_L}\left(y_i - h_{R_L}(x_i)\right)^2 + \sum_{x_i \in R_R}\left(y_i - h_{R_R}(x_i)\right)^2$$

따라서 모든 변수의 모든 가능한 분할값에 대하여 영역을 정의만 하면 어떤 변수의 어떤 분할값이 RSS를 최소화하는지를 쉽게 알 수 있다.

첫 번째 변수와 첫 번째 분할값에 의하여 나무가 분기가 되면 각 분기된 줄기에서 다시 이런 과정을 반복적으로 적용하여 나무를 성장(grow)시킨다. 성장시킬 때마다 언제 멈출 것인지를 결정하는 기준(stopping criterion)을 확인한 후 진행한다. 중단 기준으로는 대표적인 것으로 '말단 노드의 관측값 개수가 5개 이하' 등이 있다.

11.3 최적 회귀나무의 선택

편향-분산 균형에서 보았듯이 변수가 많을수록, 즉 회귀나무에서는 잎의 개수가 많을수록 좋은 모형이 아니다. 즉, 일반화 오차 관점에서 보면 과적합(overfitting)이라고 볼 수 있다. 적절한 잎의 개수를 갖는 나무가 일반화 오차를 가장 최소화하는 나무라고 볼 수 있다. 이러한 최적의 나무를 선택하는 과정을 나무 가지치기(tree pruning)라고 한다. 나무 가지치기를 위한 비용함수는 다음과 같이 정의된다.

$$C_\alpha(T) = \sum_{m=1}^{|T|} n_m Q_m(T) + \alpha|T|$$

여기서 $T \subset T_0$는 가지치기를 하여 얻을 수 있는 하나의 나무이며, T_0는 완전 성장한 나무를 의미하고, $|T|$는 나무의 잎의 개수, 즉 나무의 크기이다. n_m은 m 잎 노드의 크기이고, $Q_m(T) = \frac{1}{n_m}\sum_{x_i \in R_m}\left(y_i - h_{R_m}(x_i)\right)^2$이며 하나의 노드에서의 MSE 역할, 즉 적합도를 나타낸다. α는 RSS와 나무의 크기 간의 균형을 맞추어 주는 일종의 조율모수(tuning parameter) 역할을 하고 있다. 노드가 많을수록, 즉 모형이 복잡해질수록 모형의 편향은 작아지면서 과적합의 우려가 있으므로 적절한 나무의 크기, 즉 적절한 말단 노드의 개수를 갖는 나무가 $C_\alpha(T)$을 최소화할 것이다. 만약 $\alpha=0$이면, 가지 치지 않은 나무(완전 나무)가 되고 α값이 양의 값으로 증가하게 되면 RSS는 커지고 모형의 복잡성은 작아지게 된다. 만약 α값이 아주 크면 모형의 복잡성은 단순해야 하므로 뿌리 노드만을 갖는 나무가 된다.

주어진 $C_\alpha(T)$을 비용-복잡성 기준이라고 하는데, 이 기준을 이용하여 최적의 크기를 갖는 나무를 찾는 과정을 간단히 살펴보자. α값이 주어지면 비용-복잡성 기준을 최소화하는 유일한 나무 하나, 예를 들어 T_α가 대응된다. T_α를 찾기 위하여 일반적으로 사용하는 방법은 가장 약한 연결 가지치기(weakest link pruning) 방법이다. 완전나무(full tree)에서 말단 노드를 제외한 내부 노드 각각에 대하여 노드당 가장 작은 RSS 값을 주는 노드를 순차적으로 제거하면 일련의 하위 나무(subtree)들이 생성된다. 이 하위 나무 중 하나가 바로 T_α가 된다. 즉, α값과는 무관한 나무 크기별로 최적의 나무의 열(sequence)이 존재하게 된다.

개수(RM)와 거리(DIS)에 의한 주택 가격

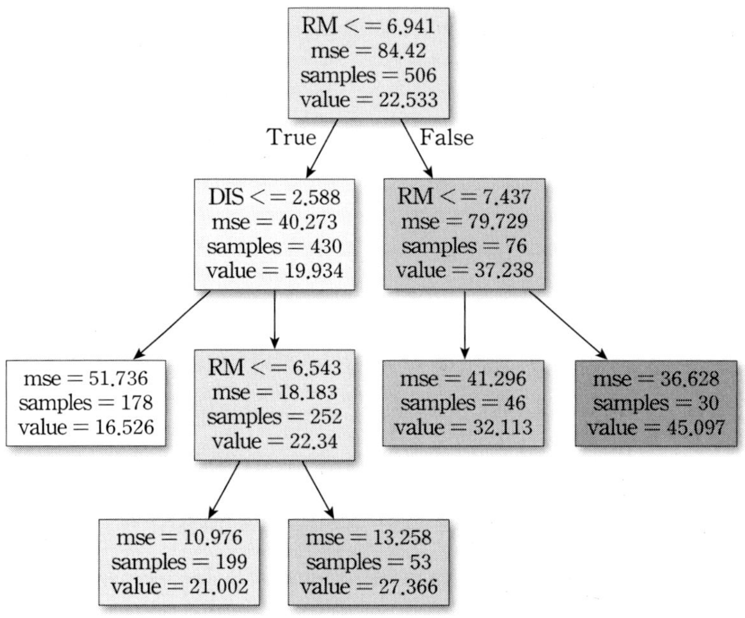

[그림 11.3] 가장 약한 노드 가지 치기 예

실선 노드의 RSS의 증가는 76*79.729 − (46*41.296 + 30*36.628) = 3060.947, 점선 노드의 RSS의 증가는 252*18.183 − (199*10.976 + 53*13.258) = 1695.217이므로 점선 노드가 제일 먼저 없어지고 이후 순차적으로 비교하는 과정을 통하여 노드들을 하나씩 제거해 나간다. 이를 정리한 알고리즘은 다음과 같다.

순서	내용	비고
1	잎의 크기와 같은 종료 조건을 충족시킬 때까지 이진 트리를 성장시킨다.	
2	각 α에 대하여 비용-복잡성 가지치기 방법으로 최적의 하위 나무를 생성한다. 이때 각 α에 대하여 유일한 크기의 나무가 대응된다. 즉, 일련의 나무 크기별로 최적의 나무 열을 생성한다.	하나의 α에 대하여, 완전 나무에 대한 가장 약한 연결 가지치기를 함으로써 발생하는 일련의 하위 나무 중에 하나가 대응됨
3	최적의 α값을 선택하기 위하여 K-겹으로 데이터를 분할한 후 모든 k=1,2,⋯,k에 대하여 1) k번째 겹을 제외한 겹들로 1과 2를 반복한다. 2) 각 α에 대하여 k번째 겹으로 MSE를 평가한다. 각 α에 대하여 MSE의 평균을 구한다. 이 값을 최소화하는 α값을 선택한다.	최적의 α값을 선택한다는 것은 최적의 크기를 갖는 나무를 선택하는 것과 같은 의미임
4	3에서 선택된 최적의 α값, 즉 최적의 크기인 나무를 2에서 선택한다.	

11.4 분류 나무

분류 나무(classification tree)는 목표변수의 값이 이산(discrete, categorical)인 경우에 적용할 수 있는 나무이다. 회귀나무에서는 분할된 입력변수 공간에서의 목표변수의 평균값으로 예측을 하였지만, 분류 나무에서는 각 분할 영역에서의 목표변수가 가질 수 있는 값 중 가장 빈도가 높은 값(최빈값)으로 예측을 한다.

나무의 성장이나 가지치기 과정도 회귀나무와 동일하지만, 회귀나무에서 사용되었던 일종의 손실함수인 RSS를 분류 문제에서 사용할 수 없다. 대신에 분류 문제에서 사용할 수 있는 손실함수를 사용한다.

분류 문제에서 사용할 수 있는 대표적인 손실함수는 오분류율(misclassification rate)이다. 하나의 영역에서의 오분류율은 다음과 같이 정의된다. 단, 목표변수의 값은 k=1,2,…,K 중에 하나라고 정한다. $\hat{p}_{m,k}$을 특정 영역 R_m에서의 목표변수의 값이 k인 비율이라고 표기하면

$$\hat{p}_{m,k} = \frac{1}{n_m} \sum_{x_i \in R_m} 1(y_i = k)$$

이다. 또한 특정 영역 R_m에서 최빈값을 $k(m)=\arg\max_k \hat{p}_{m,k}$이라고 표기한다.

회귀 문제의 특정 영역인 R_m의 MSE와 대응되는 분류 기준, 즉 불순도를 나타내는 측도는 다음과 같이 유사하게 정의할 수 있다.

불순도 측도	계산식
오분류율 (misclassification rate)	$\frac{1}{n_m}\sum_{x_i\in R_m} 1(y_i \neq k(m)) = 1 - \hat{p}_{m,k(m)}$
지니 지수 (Gini index)	$\sum_{k=1}^{K} \hat{p}_{m,k}(1-\hat{p}_{m,k})$
교차 엔트로피 (cross entropy)	$\sum_{k=1}^{K} -\hat{p}_{m,k}\, log\, \hat{p}_{m,k}$

각각의 기준에 대하여 살펴보면 오분류율은 하나의 영역, 즉 노드에서의 잘못 분류된 경우를 의미하는데, 대부분의 나무를 성장시키는 데 있어서 일반적으로 오분류율은 충분히 민감하지 않으므로 잘 사용하지 않는다. 지니 지수는 일종의 각 범주별 분산의 합이라고 생각할 수 있으며, 하나의 값에 대한 빈도가 치우친 경우 지니 지수의 값은 최소가 된다. 교차 엔트로피도 지니 지수와 유사한 성능을 보인다. 기준에 대하여 보다 더 잘 이해하기 위하여 목표변수의 값이 2가지 범주만 있는 경우를 살펴보자. 이때 p를 특정 영역에서의 1값을 갖는 경우의 비율이라고 하면 $1-p$는 0값을 갖는 경우이 비율이라고 할 수 있다.

이런 경우에 오분류율은 $1-\max(p,1-p)$, 지니 지수는 $2p(1-p)$, 교차 엔트로피는 $-p\log p-(1-p)\log(1-p)$가 된다. 교차 엔트로피는 크기가 조정된(scaled) 경우 $\frac{1}{2}(-p\log_2 p-(1-p)\log_2(1-p))$이다. 이를 그래프로 보면 **[그림 11.4]**와 같이 나타난다. 여기서 특정 범주의 비율이 0이거나 1인 경우, 즉 순도(purity)가 높은 경우에는 세 가지 기준이 전부 0이다. 그러나 특정 범주의 비율이 0.2인 경우를 보면 오분류율은 0.2, 지니 지수는 0.32, 교차 엔트로피는 0.36으로써 오분류된 경우에 교차 엔트로피가 훨씬 더 큰 값을 보여 주고 있다.

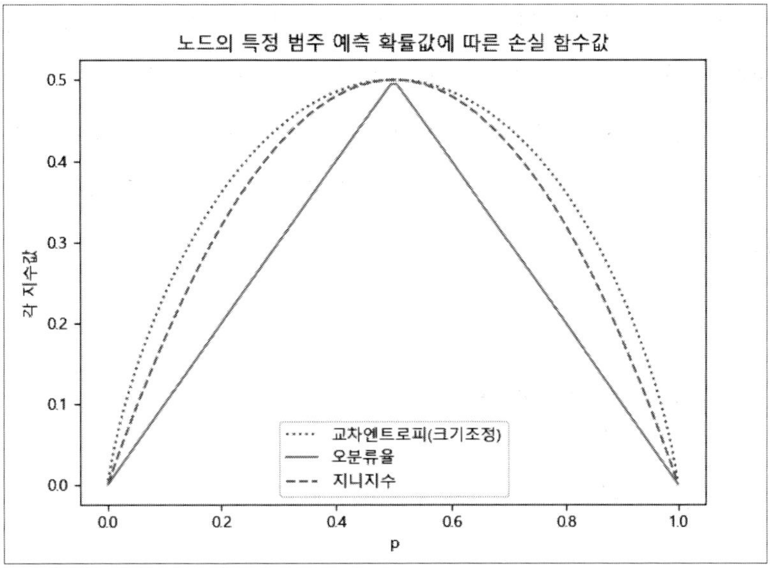

[그림 11.4] 특정 범주의 비율 p에 따른 기준들의 곡선

11.5 나무의 몇 가지 이슈

11.5.1. 이진 나무

입력변수의 값에 따라서 각 분기마다 2개로 분할하는데, 반드시 2개로만 분할해야 하는 것은 아니다. 그러나 만약 2개로 분할하지 않고 여러 개로 분할하는 경우, 하나의 변수값에 따라 그 나무의 깊이에서 각 노드의 크기는 2개의 노드보다는 작을 것이다. 따라서 다음 분할 시에 어떤 변수가 선택되더라도 보다 작은 표본을 갖고 나누게 된다. 즉, 한번에 너무 많은 데이터를 사용하여 그 다음에 사용할 데이터를 작게 만드는 문제가 생긴다. 이런 의미에서 이진 나무(binary tree)가 선호된다.

11.5.2. 나무의 불안정성

훈련 데이터를 2개로 나눈 후 각각 나무를 구성하면 일반적으로 같을 것이라고 예상되지만, 매우 다른 모습을 하고 있다. 즉, 나무는 일반적으로 복잡하므로 분산이 크며, 데이터의 작은 변화에 매우 민감하다. 이는 나무의 계층적인 구조, 즉 처음 변수에 의하여 분할이 되고 난 후 발생하는 오차에 대하여 순차적으로 아래 방향으로 전파되기 때문이다. 이런 불안정성을 극복하기 위하여 나온 대안 중 하나가 여러 나무를 사용하여 평균 또는 다수결 방식에 의한 예측을 하는 배깅(bagging: boostrap aggregating)이다.

11.6 SAS VDMML 옵션

지도 학습의 **[의사결정트리]** 노드를 선택하면 **[그림 11.5]**와 같이 초기 옵션 집합을 볼 수 있다.

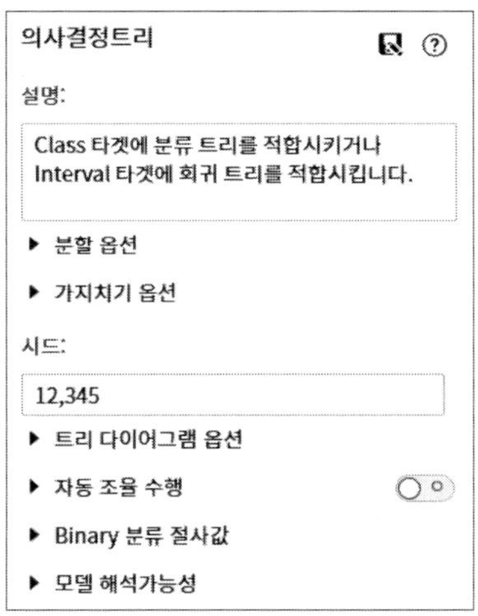

[그림 11.5] 결정나무 옵션

결정나무의 옵션을 보면 결정나무 성장을 위한 분할 옵션과 가지치기 옵션으로 크게 구분되어 있음을 알 수 있다.

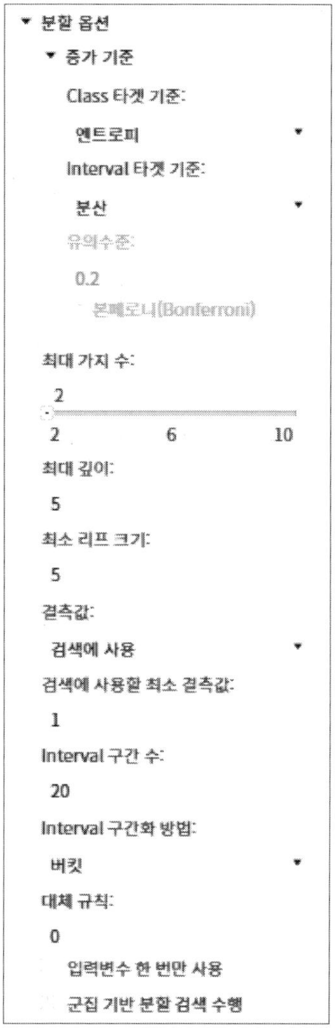

[그림 11.6] 결정나무 분할 옵션

분할 옵션은 목표변수가 연속 또는 이산에 따라 분할을 하기 위한 불순도 척도를 선정하도록 되어 있다. 하나의 노드(m)가 s 분할값으로 분할한 경우의 불순도 증감은 다음과 같이 표현할 수 있다.

$$\Delta i(s, m) = i(m) - \sum_{b=1}^{B} p(m_b|m) i(m_b)$$

여기서 $i(m)$는 $i(m)$ 노드의 불순도, B는 자식 노드의 가지 개수, $p(m_b \mid m)$는 m 부모 노드의 b 자식 노드의 표본 비율, $i(m_b)$는 b 자식 노드의 불순도이다. 이러한 불순도 증감을 최대로 해주는 변수와 분할값을 지속적으로 찾아서 분기해나가는 과정이 분할 옵션으로 정리되어 있다. 일종의 초모수로, 분할 최대가지수, 결정나무의 깊이 등이 있다.

가지치기 옵션으로 비용-복잡성 방법을 일반적으로 사용한다.

11.6.1 자동 조율

자동 조율(auto tuning) 옵션은 결정나무를 학습시키기 전에 사전에 정의해야 할 초모수값을 일정값 범위 내에서 움직이게 하고 그 중 특정한 기준에서 가장 좋은 모형을 만들어내는 선택사항이다.

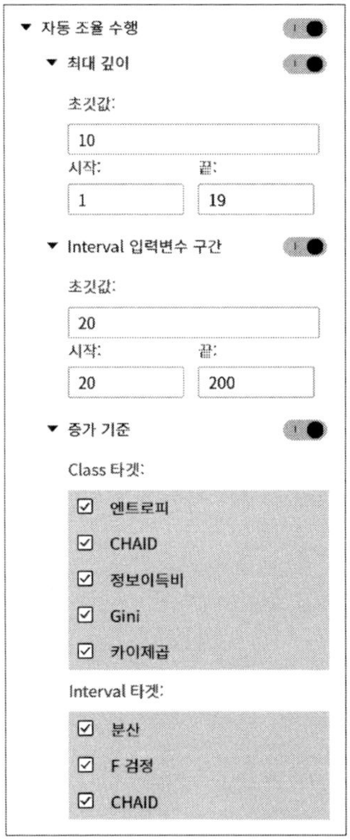

[그림 11.7] 결정나무 자동 조율 옵션1

[그림 11.7]은 결정나무의 깊이와 결정나무 분할 시 사용하는 불순도 기준을 다양하게 정의할 수 있게 구성되어 있다.

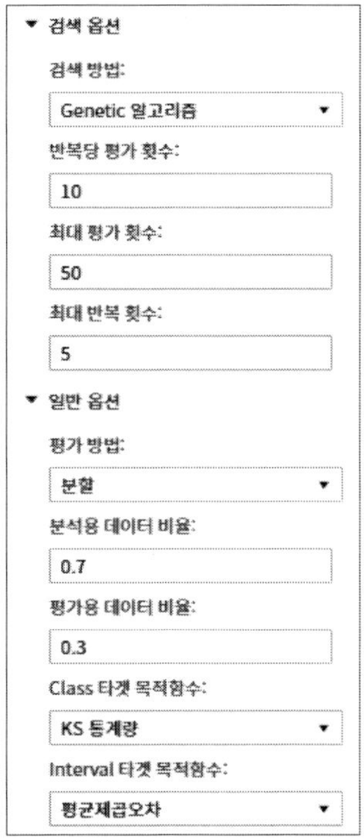

[그림 11.8] 결정나무 자동 조율 옵션2

[그림 11.8]은 초모수들에 대한 탐색 구간을 설정한 경우 이에 대한 검색 방법(search method)을 정의할 수 있으며 각 초모수값에 대한 모형 평가 방법을 단순 분할 방법에 의하여 구성할 것인지 아니면 k-겹(k-fold) 교차 검증 방법을 선택할 것인지를 정의할 수 있다.

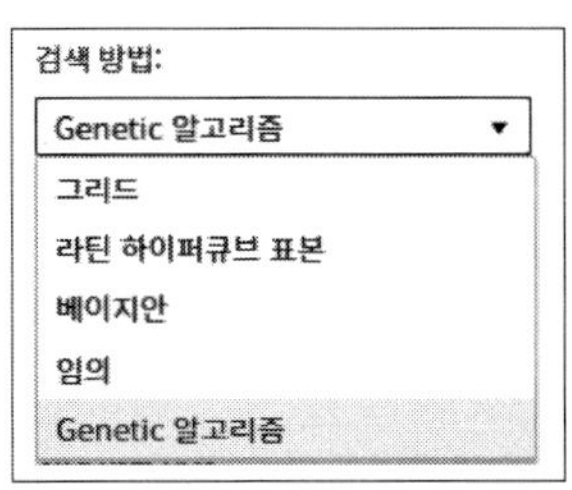

[그림 11.9] 자동 조율 검색 방법

[그림 11.9]는 자동 조율 설정 시 초모수 집합의 영역에 대한 표본 구성 방식, 즉 검색 방법이다. 임의(random), 라틴 하이퍼큐브 표본 또는 라틴 초입방 표본(Latin hypercube sample) 방식인 경우에는 추가로 표본의 크기를 지정해야 한다.

유전적 알고리즘은 임의의 모수들의 조합에서 출발하여 반복 과정을 통해 점점 적합도(fitness)를 증가시켜 가는 것이다. 이때 하나의 반복 과정은 하나의 세대(generation)라고 하며 적합도는 일종의 목적 또는 비용함수라고 정의할 수 있다. 하나의 세대에서의 최적의 조합은 다음 세대 조합의 출발점이 된다. 따라서 이 알고리즘을 적용하기 위해서는 반복수(임의의 모수들의 조합의 개수)를 몇 번으로 할지, 즉 반복당 평가 횟수, 하나의 반복수에서의 조합의 수를 몇 개로 할지가 사전에 정의되어야 한다. 디폴트는 각각 10, 5이다. 유전적 알고리즘의 초깃값은 라틴 초입방 표본을 사용한다.

라틴 초입방 표본은 2차원의 라틴 방격(Latin square)을 일반적인 N차원으로 확장한 것이다. 라틴 초입방 표본은 N개의 변수 각각을 등분위인 M개의 구간으로 구분한 후 M개의 각각의 값에 대하여 어느 값에서 보더라도 단 1개의 표본만 있도록 구성하는 것이다.

변수가 1개인, 즉 초모수값이 1개인 경우는 초모수값의 범위를 예를 들어 5등분한 경우는 각 등분별로 1개의 값을 임의로 선택하여 **[그림 11.10]**과 같이 구성하는 것이다.

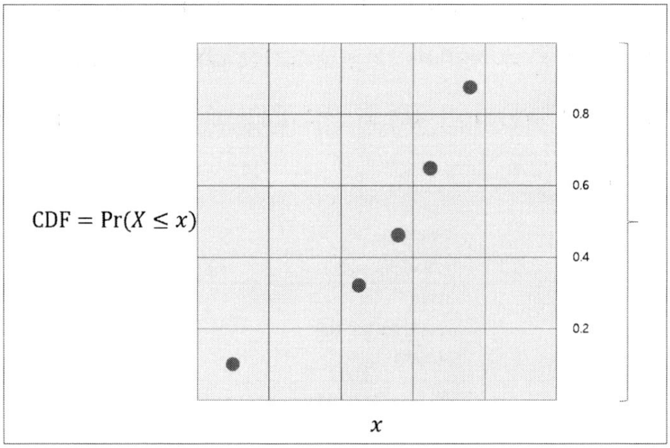

[그림 11.10] 라틴 초입방 표본 예시

[그림 11.10]에서 보면 등분위로 데이터를 나누었을 경우에 각 등분에는 표본이 1개만 있음을 알 수가 있다. 즉, 데이터 값을 등분한 것이 아니다.

이와 마찬가지 방법으로 변수가 2개인 경우에는 **[그림 11.11]**과 같이 각 등분위 영역에서 어느 쪽을 보더라도 1개의 표본만 있는 경우가 라틴 초입방 표본이다.

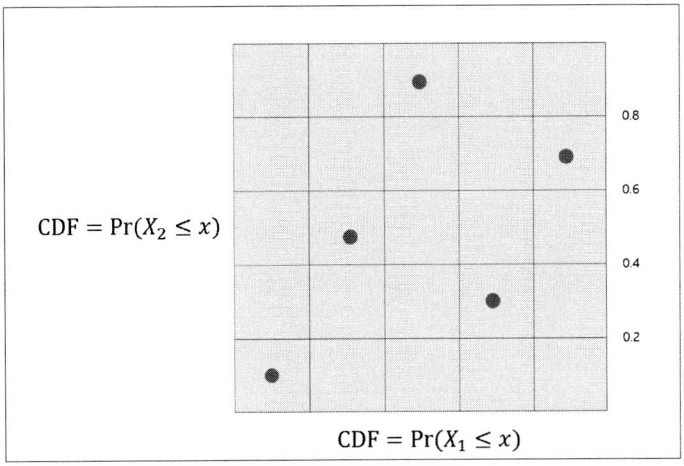

[그림 11.11] 라틴 초입방 표본 예시(변수의 개수가 2개인 경우)

[그림 11.11]과 같이 원래 그리드(grid) 방식이면 25번을 계산해야 하는데 실제로는 5번만 계산해도 충분히 적합도인 비용함수의 최솟값을 구할 수 있다. 만약 변수가 3개이면 실제는 5^3=125번 계산하여 비용함수를 평가해야 하지만 라틴 초입방을 사용하면 5^2=25이면 충분하다.

참고로 결정나무 노드는 SAS Visual Statistics 제품의 TREESPLIT 프로시저를 사용한다.

11.7 SAS VDMML 예제

[CLAIM] 데이터에 대하여 다음과 같은 파이프라인을 만들고 결정나무의 각 옵션을 실행하여 결과를 확인한다.

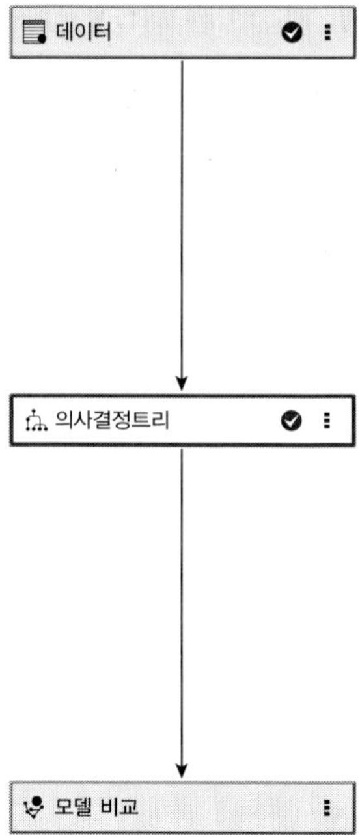

[그림 11.12] 결정나무 파이프라인

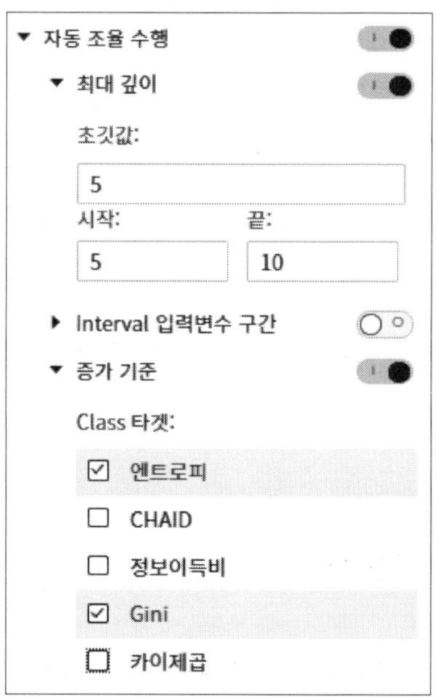

[그림 11.13] 자동 조율 옵션

12장

랜덤 포레스트

12.1 개요

하나의 나무가 갖는 불안정성을 극복하기 위하여, 즉 분산을 낮추기 위해 아주 많은 나무들을 사용하여 예측을 하는 방법 중 하나가 랜덤 포레스트(random forest)이다. 랜덤 포레스트 기법에서는 랜덤(무작위, 임의) 의미를 이해하는 것이 중요하며, 특히 랜덤 포레스트의 출발점이 되는 배깅(bagging) 기법을 이해해야 한다.

12.2 배깅

붓스트랩(bootstrap)은 재표본추출(resampling) 방법 중 하나로, 주어진 표본에 대하여 중복을 허락해 표본의 크기만큼 추출하는 것을 의미한다. 배깅(bagging: bootstrap aggregating)은 통계적인 방법 중 하나로, 분산을 줄이기 위한 일반적인 기법이다.

나무의 분산을 줄이기 위해서 훈련 데이터를 붓스트랩 표본추출을 통하여 B개의 훈련 데이터를 독립적으로 구성한 후 각 훈련 데이터에 대하여 나무를 적합한다. 이때 생성된 나무들을 $\hat{h}_1(x), \dots, \hat{h}_B(x)$라고 하면, 이 나무들의 평균으로 새로운 모형을 구성하여 예측하는 것을 의미한다. 물론 분류 문제에서는 다수결 투표 방식에 의하여 예측한다. 이러한 방식을 배깅이라고 한다.

12.3 가방밖 오차

배깅 방법에 사용된 각 나무는 평균적으로 원래 훈련 데이터의 2/3 정도의 표본을 사용한다고 알려져 있다. 이때 이 나무 모형을 만들 때 사용되지 않는 데이터를 가방밖(OOB:out-of-bag) 관측값이라고 한다. 하나의 관측값 관점에서 보면 자기 자신이 들어가지 않고 만든 모형이 전체의 1/3개가 됨을 알 수 있다. 즉, 각 관측값은 전체의 1/3개의 모형, 즉 나무의 평가 데이터 역할을 할 수 있다.

자기 자신이 들어가지 않은 1/3개의 나무에 대한 예측값을 얻을 수 있고 따라서 평균 또는 다수결 투표 방식에 의하여 예측을 할 수 있다. 이때 발생하는 오차를 가방밖 오차라고 한다. 이 오차가 배깅 방식에서의 평가 데이터에 의한 오차의 추정치 역할을 한다.

12.4 변수 중요도

나무의 좋은 점 중 하나는 해석을 쉽게 할 수 있다는 것이다. 그런데 아주 많은 나무를 사용한 배깅 방법을 사용하면 해석이 쉽지 않다. 나무들의 평균 또는 다수결 방식이기 때문이다. 또한 어떤 입력변수가 중요한지를 직접적으로 알 길이 없다. 즉 예측의 정밀도를 높이기 위해서 사용된 방법이지 해석을 쉽게 하기 위한 방법이 아니다. 하지만 그럼에도 불구하고 어떤 변수가 보다 더 중요한지는 다음과 같은 방법으로 찾아낼 수 있다.

예를 들어 어떤 변수가 중요하다면 하나의 나무에서 그 변수가 분할변수로 사용이 되고 사용되고 난 후 불순도(오차제곱합 또는 지니 지수 등)가 많이 감소되어야 한다. 즉, 하나의 변수가 사용된 모든 나무에서의 잔차제곱합 또는 지니 지수 등의 감소 크기를 구한 후 평균을 구하는 것이다. 이런 방법에 의하여 변수 중요도(variable importance measure)를 구할 수 있다.

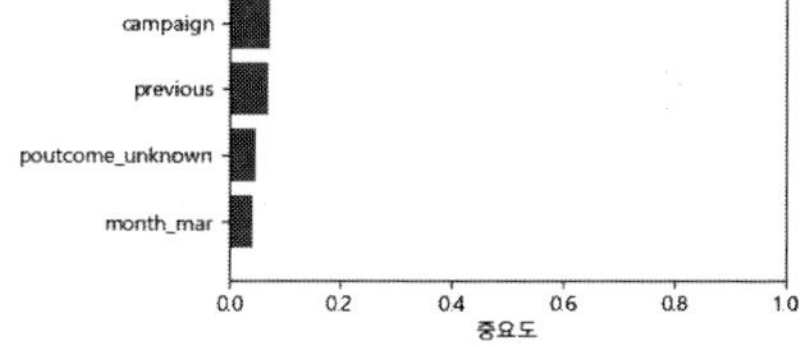

[그림 12.1] [BANK] 데이터를 이용한 변수 중요도 예시

[그림 12.1]은 가장 중요한 입력변수의 변수 중요도를 최댓값으로 하여 모든 변수의 변수 중요도를 최댓값으로 나눈 값이다.

12.5 랜덤 포레스트 알고리즘

배깅 방법이 갖고 있는 일부 비확률적인(random) 부분을 개선한 랜덤 포레스트에 대하여 알아보자.

배깅 방법에서는 붓스트랩 방법에 의하여 임의(random)로 훈련 데이터를 복원추출하였다. 이렇게 추출된 각 훈련 데이터 표본에 대하여 정상적인 나무 모형을 적용하였다. 그런데 문제는 나무 모형에서 중요한 입력변수들은 항상 분할 초기 또는 대부분의 분할에 사용된다는 것이다. 이렇게 됨으로써 나무 모형들 간에 서로 상관관계를 갖게 된다.

랜덤 포레스트는 이러한 상관관계를 제거하기 위하여, 각 나무의 성장 시에 매 분할 시점에 무작위로 입력변수 p개 중에 m개를 선택하여 그중 하나의 변수를 분할에 사용하는 것이다. 이때 $m \approx \sqrt{p}$(회귀 문제에서는 $\frac{p}{3}$)을 사용한다. 보다 상세한 알고리즘은 다음과 같다.

순서	내용	비고
1	각 $b=1, \ldots, B$에 대하여 아래를 반복 1) 훈련 데이터로부터 붓스트랩 표본을 추출한다. 2) 붓스트랩 표본으로부터 하나의 나무 $\hat{h}_b$을 구성한다. 이때 분할변수는 매 분할 시에 전체 입력변수 중에 m개만을 선택하여 최적의 분할변수와 분할값을 구한다.	붓스트랩 표본은 훈련 데이터의 크기와 동일.
2	생성된 모든 나무 $\{\hat{h}_b \| b = 1, \ldots B\}$을 저장한다.	
3	회귀 문제에서는 $\hat{h}(x) = \frac{1}{B}\sum_{b=1}^{B} \hat{h}_b(x)$, 분류 문제에서는 다수결 투표로 예측한다.	

12.6 랜덤 포레스트 변수 중요도

랜덤 포레스트에서는 또 하나의 변수 중요도가 있다. 이에 대하여 조금 더 상세하게 알아보자.

랜덤 포레스트에서 하나의 나무가 구성되고 나면 그 나무에 대한 가방밖 표본이 있다. 즉, 나무 구성에 참여하지 않은 데이터이다. 이 가방밖 표본을 구성된 나무에 통과시키면 RSS나 지니 지수 등과 같은 예측 정확도를 계산할 수 있다. 이때 가방밖 표본의 변수 j가 갖고 있는 값을 임의로 순서를 바꾼 후(이때 다른 변수의 값은 고정된 상태) 나무를 통과시키면 마찬가지로 예측 정확도를 계산할 수 있다. 이 두 개의 값이 차이가 클수록 변수 j가 중요함을 의미한다. 모든 나무에 대하여 이 값을 구한 후 평균을 구하면 하나의 변수에 대한 변수 중요도가 된다.

12.7 SAS VDMML 옵션

지도 학습의 **[포리스트]** 노드를 선택하면 **[그림 12.2]**와 같이 초기 옵션 집합을 볼 수 있다.

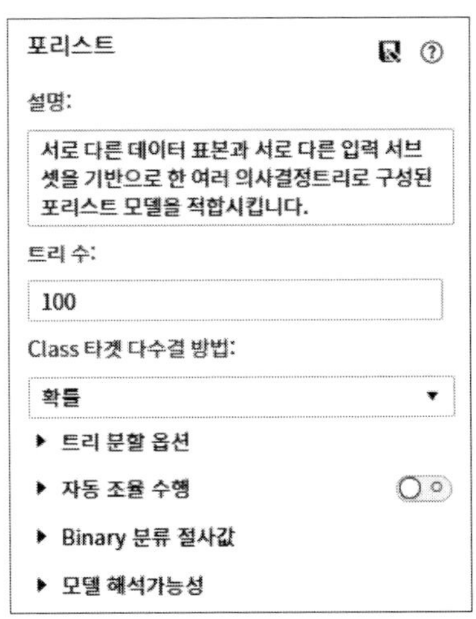

[그림 12.2] 랜덤 포레스트 옵션

여기서 트리 수는 사용할 나무의 개수를 의미한다. Class 타겟 다수결 방법은 목표변수가 범주변수인 경우에 모든 나무에서의 예측 확률에 대한 평균을 할 것인지 다수결 방식으로 할 것인지를 결정한다. 즉, 하나의 나무에는 예측 확률과 분류 결과가 나오는데 이 중 어떠한 척도를 사용할 것인가를 결정하는 것이다.

트리 분할 옵션은 결정나무 옵션과 동일하므로 이를 참조한다.

Binary 분류 절사값은 이진값을 갖는 목표변수인 경우에 각 노드에 이진 분류 절사값(cutoff)을 지정할 수 있다. 디폴트는 0.5, 즉 이벤트일 확률이 0.5보다 크거나 같으면 이벤트로 분류한다. 그러나 문제에 따라 이 값을 조절함으로써 모형의 정확성을 보다 높일 수 있다.

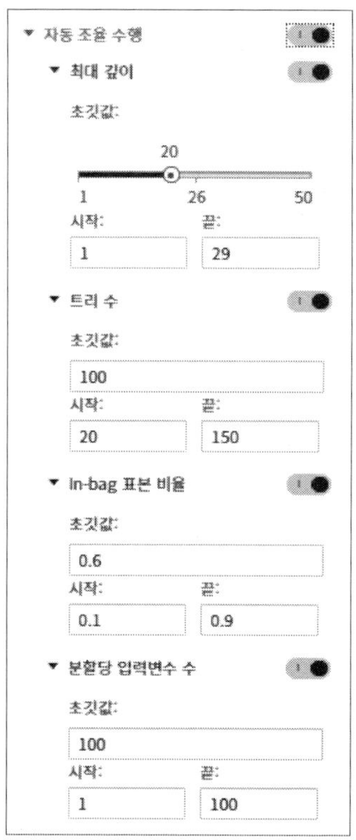

[그림 12.3] 랜덤 포레스트 자동 조율 옵션

[그림 12.3]은 랜덤 포레스트의 자동 조율 옵션이다. 자동 조율 대상이 되는 초모

수는 나무의 최대 깊이(maximum depth), 트리 수, 가방안(in-bag) 표본 비율, 분할 당 입력변수 수이다. 여기서 가방안 표본 비율은 하나의 결정나무를 적합시킬 때 사용하는, 즉 모형 적합에 사용하는 표본의 비율을 의미한다. 가방밖(out-of-bag) 데이터는 이를 제외한 데이터를 의미한다. 참고로 랜덤 포레스트 노드는 SAS VD-MML 제품의 FOREST 프로시저에서 지원된다.

12.8 SAS VDMML 예제

[CLAIM] 데이터에 대하여 다음과 같은 파이프라인을 만들고 랜덤 포레스트의 각 옵션을 실행하여 결과를 확인한다.

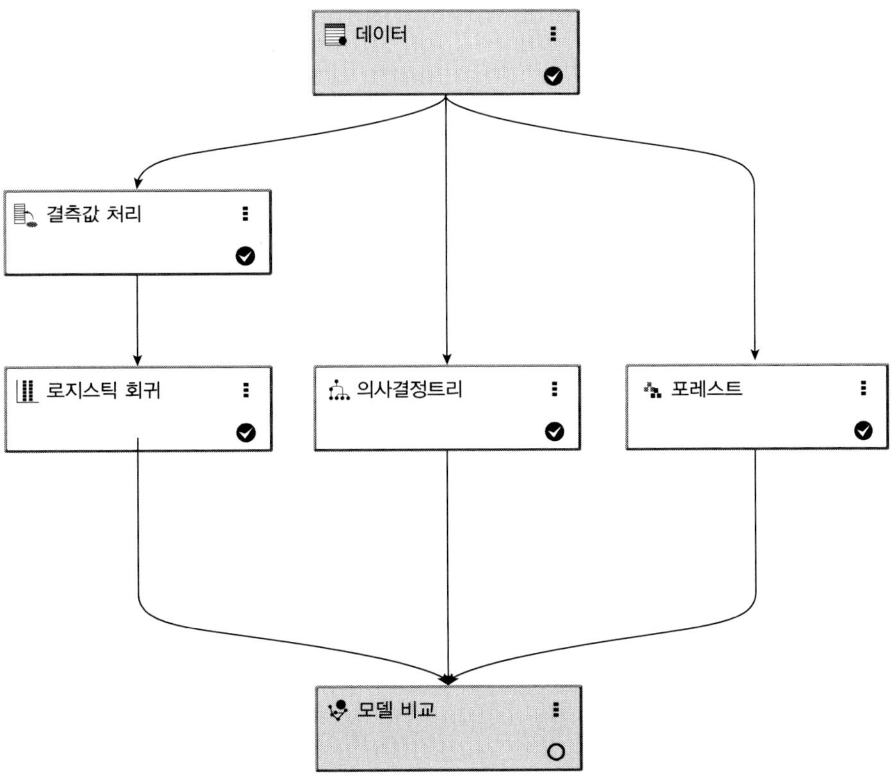

[그림 12.4] 랜덤 포레스트 파이프라인

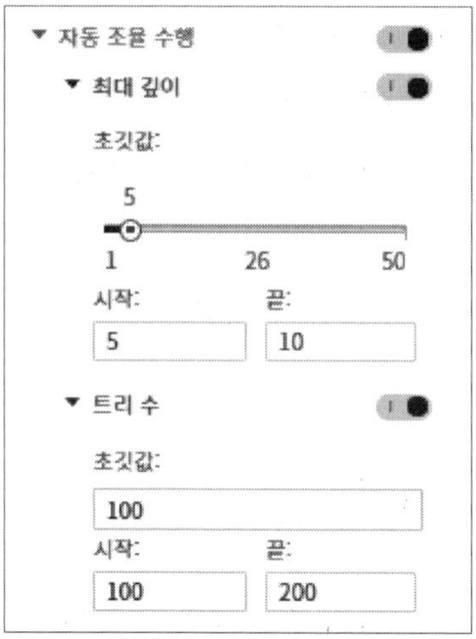

[그림 12.5] 자동 조율 옵션

13장

해석 가능 머신러닝

랜덤 포레스트와 같은 머신러닝 모형은 다수의 결정나무를 사용하기 때문에 하나의 나무가 갖는 설명력(if then else 규칙)을 가질 수 없다. 이후의 다수의 많은 모형들도 마찬가지로 회귀나 결정나무와 같은 매우 투명한 모형과 같지 않다. 즉, 입력으로 사용되는 변수의 변화가 목표변수에 어느 정도 영향을 주는지와 같은 추론(inference)을 할 수 없다. 단지 입력변수의 값을 입력하면 목표변수의 값이 얼마라고 예측할 뿐이다.

즉, 모형은 블랙박스 모형이 되어서 왜 그런지에 대한 이유를 알 수가 없다. 나무기반의 모형 등에서는 변수의 중요도는 알 수 있지만 왜 그런지 정확히 알 수 없다. 이를테면 대출을 받고자 하는 고객이 와서 몇 가지 관련 서류를 제출 후 대출을 요구했다고 가정하자. 요구를 받은 상담원은 내부 신용평가 시스템에 제출 서류 내용을 입력하고 신용평가 결과를 확인한다. 확인된 결과 신용평가 점수가 낮아서 고객에게 대출이 불가하다고 통지한다. 이때 고객이 왜 대출이 안 되는지 물어보았을 때 모형에서 낮은 점수가 나와서 대출이 불가하다고 얘기하면 고객이 순순히 동의하고 돌아갈 수 있을까?

즉 삶에 직접적으로 영향을 끼치는 머신러닝 모형, 이를테면 대출 심사, 상품 추천, 자율 주행차의 안전 기준 등은 모형 자체에서 왜 이러한 결과가 나오는지에 대한 해석이 반드시 필요하다. 뿐만 아니라 특정한 입력변수값을 모형에 입력하였을 때 나오는 출력값에 대한 사회적인 용인(social acceptance)도 필요하며, 값이 잘못 나오는 부분에 대한, 즉 편향을 감지할 수 있는 디버깅(debugging)도 필요하다.

이런 이유에서 하나의 머신러닝 모형이 직접적으로 추론 또는 해석이 불가능한 경우에는 이 모형에 대한 해석을 할 수 있는 방법 또는 모형이 필요하게 된다. 이를 해석 가능 머신러닝 모형(interpretable machine learning model)이라고 한다. 머신러닝 모형을 해석할 수 있는 방법은 몇 가지로 분류된다.

모형을 구성한 후 나오는 산출물 중에 모형을 일부나마 해석할 수 있는 방법은 특징 중요도와 같은 특징 요약 통계량, 특징에 대한 시각화 기법, 예를 들어 부분종속그림(partial dependence plot), 모형 자체에서 입력변수와 목표변수 간의 관계를 나타내는 가중값들, 적합된 모형과 무관(model-agnostic)하게 해당 모형을 설명할 수 있는 또 하나의 새로운 모형을 지역적 또는 전역적으로 구성하는 것이다. 이 중에 지역 또는 전역(global) 해석 가능 방법인 부분종속그림과 지역(local) 해석 가능 방법인 개별조건부기댓값(ICE: individual conditional expectation) 및 지역 대리 모형(local surrogate model)을 살펴보기로 하자.

13.1 부분종속그림

부분종속그림(PDP: partial dependence plot)은 [GBM] 문헌에서 처음 등장하였고 해석에 관심 있는 입력변수의 부분집합에 대하여 주어진 머신러닝 모형의 부분종속의 정도를 보기 위한 것이다. 부분종속그림을 이해하기 위한 부분종속함수는 다음과 같이 정의된다.

$$\bar{h}_l(x_l) = \frac{1}{n}\sum_{i=1}^{n} \hat{h}(x_l, x_{i,\setminus l})$$

여기서 x_l은 관심 있는 변수들로 구성된 벡터이며, $x_{i,\setminus l}$은 관심 있는 변수를 제외한 변수 벡터의 훈련 데이터에서 하나의 관측값이다. $\hat{h}$은 적합된 머신러닝 모형이다. 주어진 식을 보면 관심변수들의 특정한 값에 대하여 나머지 모든 변수의 기댓값이므로 일종의 주변분포(marginal distribution)값이다. 여기서의 주요한 가정 중 하나는

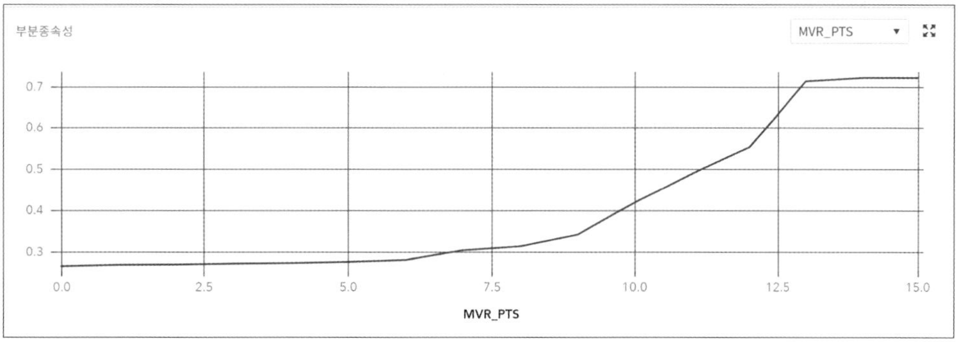

[그림 13.1] 부분종속그림 예시

관심변수와 비관심변수 간에 상관관계가 없다는 것이다. 만약 상관관계가 있는 경우에는 부분종속함수의 값이 현실적이지 않거나 불가능한 값으로 나올 수도 있다. 이 방법은 모형만 주어지면 계산 가능한 모형 무관(model-agnostic) 방법이며 전역(global) 방법이다.

[그림 13.1]은 [CLAIM] 데이터에 대하여 랜덤 포레스트 모형을 적용하고 난 후 운전자의 운전이력점수에 따른 보험금청구에 대한 예측 확률을 살펴본 것이다. 즉, 운전이력점수가 높을수록 보험금청구 가능성이 높은 것으로 나타나지만, 기울기가 급한 경우와 아닌 경우로 나누어 해석이 필요함을 알 수가 있다.

13.2 개별조건부기댓값

개별조건부기댓값(ICE: individual conditional expectation)은 부분종속그림이 갖는 전역 경향, 즉 모든 비관심변수에 대한 평균값이 각 관측값 또는 예별로 볼 때 이질적인 경향을 보일 수 있다. 바로 이러한 이질성(heterogeneity)을 감지하고 어떠한 공변량(covariate) 값이 이러한 이질성을 주는지를 살펴볼 수 있다.

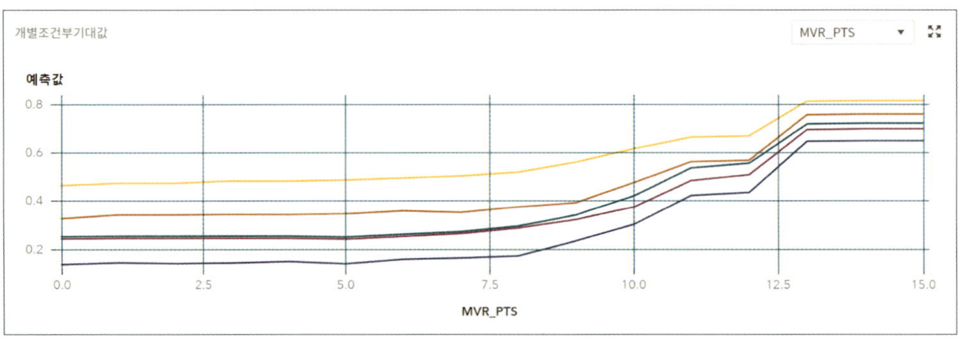

[그림 13.2] 군집별 ICE 그림

[그림 13.2]는 2개의 군집중심(2개의 관측값)에서의 개별조건부기댓값을 나타내고 있다. 전역 경향과 지역 경향이라고 할 수 있는 2개의 예 간에는 큰 차이가 없다. 개별

조건부기댓값을 계산하는 식은 다음과 같다.

$$\{\hat{h}_i(x, x_{i,\setminus l}): x \in x_{j,l}, j = 1, \ldots, n\}_{i=1}^{n}$$

[그림 13.2]를 보면 데이터 개수만큼 그래프가 생성되며, 각 그래프는 비관심변수의 값이 고정된 후 관심변수의 값이 가질 수 있는 영역에 따라 생성된다. 그림에서는 운전자 이력이 가질 수 있는 값이 0부터 17까지이며 각 값에 따른 모형 예측값이 생성된다. 이 방법은 모형 무관 방법이며 지역 방법이다.

13.3 지역 대리 모형

지역 대리 모형 또는 국소 대리 모형(local surrogate model)은 [LIME] 문헌에서 소개되었다. 이 문헌에서는 다음과 같이 지역 신뢰(local fidelity) 모형을 다음과 같이 정의하였다.

$$\xi(x) = \arg\min_{g \in G}\{L(f,\ g,\ \pi_x) + \Omega(g)\}$$

여기서 x는 특정 예, ξ는 설명함수, L은 손실함수, f는 블랙박스 모형, g는 지역 해석 가능 모형, π_x는 특정 예 주변의 근접 측도, $\Omega(g)$는 모형 복잡성이다. 근접 측도의 예는 $\pi_x(z) = \exp(-\frac{D(x,z)^2}{\sigma^2})$, 여기서 D는 임의의 거리 함수, 이를테면 코사인 거리 등이며 σ는 띠너비(bandwidth)이다. 즉, 근접 측도는 일종의 지수 커널이다.

$L(f,\ g,\ \pi_x) = \sum_{z,z' \in Z} \pi_x(z)\big(f(z) - g(z')\big)^2$와 같이 표현할 수 있으며 Z는 섭동 표본(perturbed sample)이다. 섭동 또는 미동 표본은 관심 있는 관측값을 아주 조금 움직여 얻을 수 있는 표본을 의미한다.

지역 신뢰 모형, 즉 지역 설명 함수는 대부분 단순한 모형이므로 해석을 쉽게 할 수 있고 특정 예의 주변을 잘 예측한다. g 함수의 후보 모형은 일반적으로 입력변수의 수가 K개인 선형모형을 사용한다. 따라서 K 값이 초모수로 입력되면 거기에 맞는 K-라쏘 회귀모형(K개의 변수만 0이 아닌 모형: 람다값이 큰 값에서 작은 값으로 적합하게 되면 *K*개의 변수만 0이 아닌 값이 나타남)이 적합된다. 이 과정을 요약한 알고리즘은 다음과 같다.

순서	내용	비고
1	적합할 해석 가능 모형을 정의한다. 즉, K값을 정의한다.	
2	관심 있는 데이터 $x_1, \cdots$를 선택한다. 근접 측도를 정의한다. 섭동 표본의 개수를 정의한다.	
3	손실함수를 최소로 하는 설명함수를 구한다.	
4	설명함수를 이용하여 예측된 결과를 설명한다.	

여기서 섭동 표본은 관심 있는 데이터의 각 원소 중 0이 아닌 원소를 임의로 선택하여 1개의 섭동 표본을 구성한다. 즉, 각 원소의 선택 여부를 {0, 1} 균등 분포에서 선택한다. 이런 과정을 사전에 정의된 개수만큼 반복하여 구성한다.

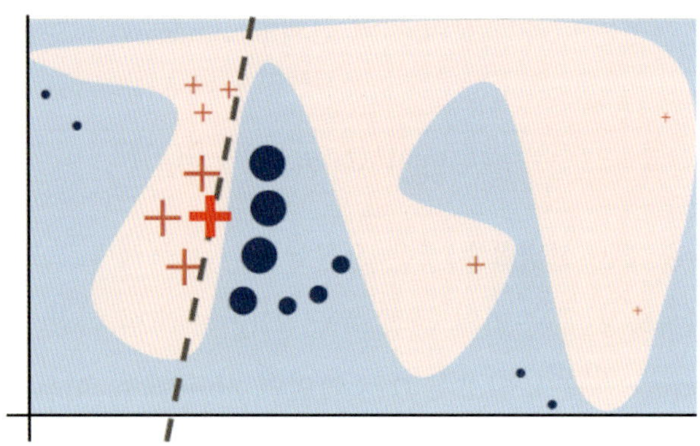

[그림 13.3] 특정 예 주변의 데이터와 설명 함수 예시([LIME] 문헌)

[그림 13.3]에서 보면 굵은 빨간색 +는 하나의 데이터 예이며 그 주변 데이터는 근접 측도에 의하여 코사인 유사도 또는 K 프로토타입(K개의 실제 데이터) 등에 의해 큰 +와 큰 동그라미로 주변에 표시되어 있다. 블랙박스 모형은 곡선으로 표시되어 있으며 점선은 주변의 데이터로부터 추정된 K-라쏘회귀가 적합되었다.

[그림 13.4]는 [CLAIM] 데이터를 랜덤 포레스트 모형을 적합하였고, 특정 예(가령 군집 중심)에 대하여 지역 대리 모형을 적합한 예이다. 여기서 5개의 변수를 갖는

5-라쏘 모형이 적합되었다. 이 예에서는 그림과 같이 해당 변수가 가장 유의미하게 분류에 참여하였다.

효과	모수	자유도	추정값	표준오차	t 값	Pr > |t|	반복
Intercept	Intercept	1	0.3048	0.0424	7.1641	0.0000	1
AREA	AREA Highly Urban/ Urban	1	0.2271	0.0027	[illegible]	0	1
AREA	AREA 2_Highly Rural/ Rural	0	0	.	.	.	1
REVOKED	REVOKED No	1	-0.1291	0.0033	-38.6761	0.0000	1
REVOKED	REVOKED Yes	0	0	.	.	.	1
IMP_STATUS	IMP_STATUS Yes	1	-0.0648	0.0020	-31.9310	0.0000	1
IMP_STATUS	IMP_STATUS 2_No	0	0	.	.	.	1
CHILD_DRIV	CHILD_DRIV	1	0.0955	0.0035	27.3285	0.0000	1
IMP_JOB	IMP_JOB Clerical	1	-0.0703	0.0423	-1.6628	0.0964	1
IMP_JOB	IMP_JOB Doctor	1	-0.1829	0.0426	-4.2976	[illegible]	1
IMP_JOB	IMP_JOB Home Maker	1	-0.0723	0.0424	-1.7073	0.0878	1
IMP_JOB	IMP_JOB Manager	1	-0.1630	0.0423	-3.8526	0.0001	1
IMP_JOB	IMP_JOB None	1	-0.1630	0.0724	-2.2530	0.0243	1
IMP_JOB	IMP_JOB Nurse	1	-0.1330	0.0423	-3.1406	0.0017	1
IMP_JOB	IMP_JOB Police	1	-0.2077	3.4446	-0.0603	0.9519	1
IMP_JOB	IMP_JOB Professional	1	-0.0981	0.0423	-2.3418	0.0192	1
IMP_JOB	IMP_JOB Student	1	-0.0824	0.0424	-1.9450	0.0518	1
IMP_JOB	IMP_JOB Teacher	1	-0.0657	0.0423	-1.5552	0.1200	1
IMP_JOB	IMP_JOB Banking	0	0	.	.	.	1

[그림 13.4] 지역 대리 모형 예시

14장

그래디언트 부스팅

14.1 개요

결정나무가 갖고 있는 불안정성을 극복하기 위한 일반적인 방법 중 하나가 부스팅(boosting)이다. 물론 이 방법은 결정나무에만 적용되지 않는 일반적인 방법을 의미한다. 이러한 부스팅 방법 중에 분류 문제 적용에 성공적인 모형인 AdaBoost.M1 모형에 대하여 살펴보고, 이를 일반적으로 정의한 그래디언트 부스팅 방법을 알아보도록 하자.

14.2 부스팅

배깅(bagging: boostrap aggregating)에서는 각 결정나무가 독립적으로 성장하고 그 결과를 합쳐서 예측하게 되지만 부스팅에서는 순차적으로(sequentially) 결정나무를 성장시킨다. 즉, 하나의 결정나무를 성장시키고 이 결과를 바탕으로 또 하나의 결정나무를 순차적으로 성장시켜 나간다.

회귀 문제인 경우에 적용되는 부스팅 알고리즘([ESL] 참조)은 다음과 같다.

순서	내용	비고
1	$h(x_i) = 0, r_i = y_i, \forall i = 1, \dots, n$	
2	각 b=1, ..., B에 대하여 아래를 반복한다. 1) 훈련 데이터인 $\{x_i, r_i\}_{i=1}^{n}$에 대하여 d차 분할((d+1)개의 말단 노드)을 갖는 결정나무 h_b을 적합한다. 2) h를 다음과 같이 갱신한다. $h(x_i) \leftarrow h(x_i) + \lambda h_b(x_i)$ 3) 오차(잔차)를 다음과 같이 갱신한다. $r_i \leftarrow r_i - \lambda h_b(x_i)$	d, λ는 사전에 정의
3	아래와 같이 최종 모형을 정의한다. $h(x) = \sum_{b=1}^{B} \lambda h_b(x)$	

알고리즘의 기본 내용을 보면 결정나무를 적합시킨 후 남은 잔차에 대하여 순차적으로 결정나무를 적합시키고 있다. 부스팅 모형에서 결정나무의 개수인 B가 너무 많으면 과적합 문제가 발생할 수 있다. 따라서 교차 검증 기법을 이용하여 적절한 B를 선택할 수 있다. 축소모수(shrinkage parameter)인 λ는 보통 0.01, 0.001을 사용하며 부스팅 학습기의 학습 속도를 조절한다. 이 값이 작을수록 많은 결정나무가 필요하다. 분할 차수인 d는 부스팅 학습기의 토대가 되는 결정나무들의 복잡성을 결정한다. 예를 들어 $d=1$인 경우는 단 한 번 분기를 한 결정나무인 그루터기(stump)가 된다. $d=2$이면 최대 2개의 입력변수가 사용된다. 이런 의미에서 d를 교호작용 깊이(interaction depth)라고 명명하기도 한다.

14.3 AdaBoost.M1

분류 문제에서 가장 성공적이라고 얘기하는 부스팅 알고리즘인 AdaBoost.M1 알고리즘에 대하여 알아보자. [BOOSTFA] 문헌에 정의된 알고리즘을 중심으로 살펴보자.

알고리즘을 설명하기 위하여 몇 가지 사전에 정의해야 할 것들을 정리해 보면, 목표변수의 값은 $\{-1,1\}$ 이며, 즉 2개의 범주만을 가지며, 훈련 데이터에 대한 오차율은 다음과 같이 정의한다.

$$\epsilon = \frac{1}{n}\sum_{i} 1\big(y_i \neq h(x_i)\big)$$

이때 약분류기(weak learner)는 오차율이 임의로 예측할 때보다 조금 좋은 분류기라고 생각한다. 즉, 오차율이 0.5보다 작은 경우를 의미한다. 이때 AdaBoost 알고리즘은 부스팅 알고리즘과 같이 순차적으로 약분류기인 $h_b(x), b=1,\cdots,B$를 적용하고 최종적으로 가중치가 있는 다수결 투표 방식으로 다음과 같이 예측한다.

$$h(x) = \text{sign}\left(\sum_{b=1}^{B} \alpha_b h_b(x)\right)$$

보다 상세한 알고리즘([BOOSTFA] 참조)을 살펴보자.

순서	내용	비고
1	훈련 데이터에 대하여 초기 가중치를 정의한다. $D_1(i), i = 1, \ldots, n$	일반적으로 초기 가중치는 $\frac{1}{n}$로 정한다.
2	각 b=1, ..., B에 대하여 아래를 반복 1) 데이터 가중치 $D_b(i)$을 갖는 훈련 데이터에 대하여 약분류기 $h_b(x)$을 적합한다. 2) 오차율을 계산한다. $\epsilon_b = \frac{\sum_{i=1}^{n} D_b(i) 1(y_i \neq h_b(x_i))}{\sum_{i=1}^{n} D_b(i)}$ 3) 약분류기 가중치를 계산한다. $\alpha_b = \frac{1}{2}\log\frac{1-\epsilon_b}{\epsilon_b}$ 4) 데이터 가중치를 갱신한다. $D_b(i) \leftarrow \frac{D_b(i)\exp(-\alpha_b y_i h_b(x_i))}{z_b},$ 여기서 z_b는 정규화 상수	약분류기 가중치는 0보다 크기 때문에 따라서 오분류된 데이터 ($y_i h_b(x_i) = -1$)는 기존 가중치보다 높은 값을 갖게 된다.
3	아래와 같이 최종 모형을 정의한다. $h(x) = \text{sign}\left(\sum_{b=1}^{B} \alpha_b h_b(x)\right)$	

회귀 문제에서는 각 관측값에 대한 잔차를 계산하고 이에 대하여 연속적으로 부스팅 학습기를 적용하였는데, 분류 문제에서는 오분류된 관측값에 대하여 데이터 가중치를 높여준 후 부스팅 학습기를 적용하였다.

[BOOSTFA] 문헌에서 제시하는 예를 통하여 알고리즘을 이해해 보자.

[그림 14.1]에서 D_1은 1번째 초기 가중치를 준 상태이며, h_1은 1번째 약분류기(여기에서는 기저 학습기로 그루터기를 사용)를 적합한 상태를 의미한다. h_1을 적합하고 나면 ⊕는 오분류된 데이터이며 따라서 상대적으로 높은 데이터 가중치를 갖는다. 이를 조정한 상태가 D_2이며 이에 따른 약 분류기는 h_2가 된다. 마찬가지 방법으로 D_3, h_3가 순차적으로 적용된다. 계산되는 과정 및 값은 **[그림 14.2]**와 같다.

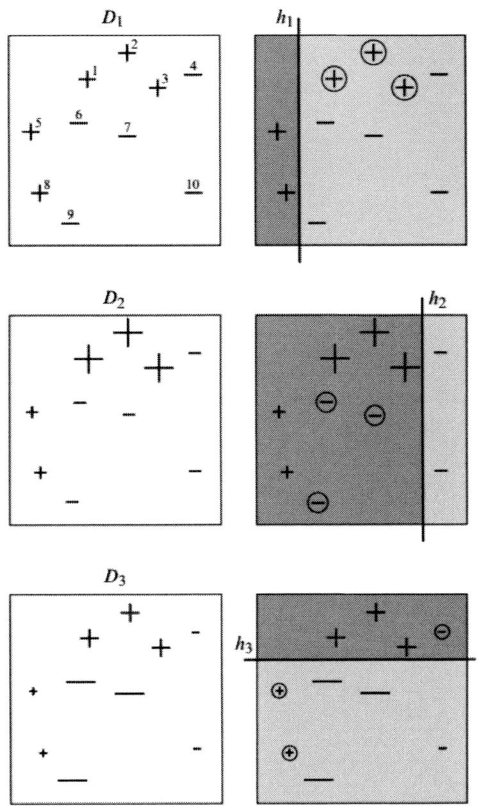

[그림 14.1] AdaBoost 알고리즘 이해를 위한 예시

	1	2	3	4	5	6	7	8	9	10	
$D_1(i)$	0.10	0.10	0.10	0.10	0.10	0.10	0.10	0.10	0.10	0.10	$\epsilon_1 = 0.30, \alpha_1 \approx 0.42$
$e^{-\alpha_1 y_i h_1(x_i)}$	1.53	1.53	1.53	0.65	0.65	0.65	0.65	0.65	0.65	0.65	
$D_1(i)\, e^{-\alpha_1 y_i h_1(x_i)}$	0.15	0.15	0.15	0.07	0.07	0.07	0.07	0.07	0.07	0.07	$Z_1 \approx 0.92$
$D_2(i)$	0.17	0.17	0.17	0.07	0.07	0.07	0.07	0.07	0.07	0.07	$\epsilon_2 \approx 0.21, \alpha_2 \approx 0.65$
$e^{-\alpha_2 y_i h_2(x_i)}$	0.52	0.52	0.52	0.52	0.52	1.91	1.91	0.52	1.91	0.52	
$D_2(i)\, e^{-\alpha_2 y_i h_2(x_i)}$	0.09	0.09	0.09	0.04	0.04	0.14	0.14	0.04	0.14	0.04	$Z_2 \approx 0.82$
$D_3(i)$	0.11	0.11	0.11	0.05	0.05	0.17	0.17	0.05	0.17	0.05	$\epsilon_3 \approx 0.14, \alpha_3 \approx 0.92$
$e^{-\alpha_3 y_i h_3(x_i)}$	0.40	0.40	0.40	2.52	2.52	0.40	0.40	2.52	0.40	0.40	
$D_3(i)\, e^{-\alpha_3 y_i h_3(x_i)}$	0.04	0.04	0.04	0.11	0.11	0.07	0.07	0.11	0.07	0.02	$Z_3 \approx 0.69$

[그림 14.2] AdaBoost 알고리즘에 의한 계산 결과

따라서 최종적인 분류기와 분류된 결과는 [그림 14.3]과 같다.

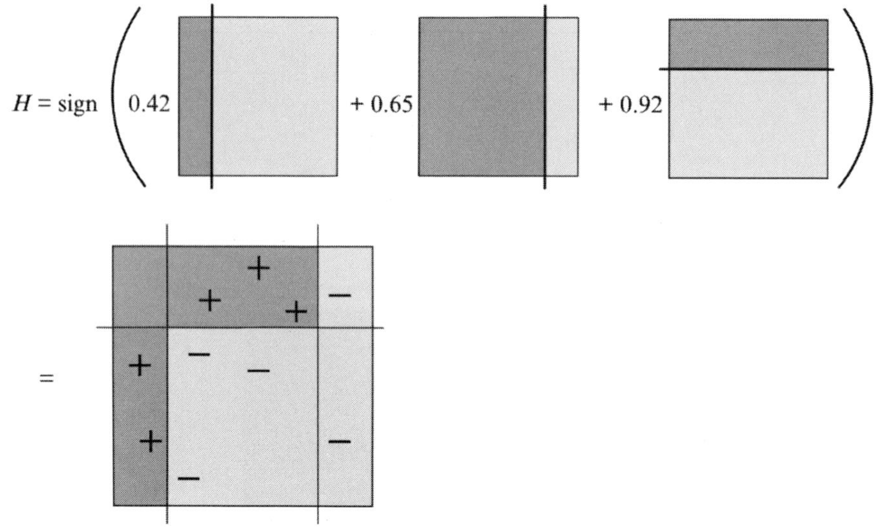

[그림 14.3] 분류기와 예측 결과 예시

14.4 부스팅과 가법모형

부스팅 방법을 체계적으로 설명하는 방법 중 하나가 가법모형(additive model)이다. 가법모형은 기저함수(basis function)들의 합으로 하나의 모형을 구성하는 것을 말한다.

$$h(x) = \sum_{i=1}^{M} \beta_m b(x; \gamma_m)$$

여기서 b는 기저함수, γ_m은 기저함수의 모수, β_m은 팽창계수(expansion coefficient)이다. 가법모형은 팽창계수 관점에서 선형, 즉 1차식이므로 회귀모형과 유사하다.

부스팅에서는 기저함수 중 하나인 결정나무를 사용하였고, 결정나무의 모수는 분할변수와 분할값 등이다. 팽창계수나 기저의 모수값들은 전형적으로 특정한 손실함수(RSS, 교차 엔트로피 등)를 정의하고 이를 최소화하는 방향으로 추정된다.

$$\min_{\{\beta_m, \gamma_m\}} \sum_{i=1}^{n} L\left(y_i, \sum_{i=1}^{M} \beta_m b(x; \gamma_m)\right)$$

그런데 이 식에서 한번에 기저함수의 모든 모수와 팽창계수값을 구하기가 어려우므로 순차적인 접근 방법이 필요하다.

14.5 전진 순차방식 가법모형

이 방법은 새로운 기저함수와 팽창계수값을 순차적으로 구하는 방식이다. 보다 자세하게 알고리즘([ESL] 참조)을 살펴보자.

순서	내용	비고
1	학습기를 초기화한다. $h_0(x) = 0$	
2	각 $m=1, \ldots, M$에 대하여 아래를 반복 1) $(\beta_m, \gamma_m) = arg\ min_{\beta,\gamma} \sum_{i=1}^{n} L(y_i, h_{m-1}(x_i) + \beta b(x_i; \gamma))$ 2) $h_m(x) = h_{m-1}(x) + \beta_m b(x; \gamma_m)$	여기서 β_m, γ_m은 주어진 손실함수를 최소로 하는 값이며 동시에 추정된다.
3	아래와 같이 최종 모형을 정의한다. $h(x) = \sum_{i=1}^{M} \beta_m b(x; \gamma_m)$	

이 알고리즘에서 회귀 문제인 경우의 손실함수는 RSS이므로

$$L(y_i, h_{m-1}(x_i) + \beta b(x_i; \gamma)) = (y_i - h_{m-1}(x_i) - \beta b(x_i; \gamma))^2 = (r_{im} - \beta b(x_i; \gamma))^2$$

이다. 즉, 직전 모형에서 설명하지 못한 잔차에 대하여 새로운 모형을 순차적으로 적합하고 있는 것이다. 이런 의미에서 전진 순차방식 가법모형화(forward stagewise additive modeling)라고 한다. 물론 분류 문제에서는 직전 모형에서 설명하지 못한 데이터에 대하여 데이터 가중치를 조절하여 순차적으로 적합하는 것을 의미한다. 여기서 $\beta b(x_i;\gamma)$는 합쳐서 하나의 회귀 결정나무로 추정되는 것을 의미한다. 이때 순차방식(stagewise)은 한 번 적합된 기저함수와 팽창계수는 더해질 뿐 바뀌지 않는 것을 의미한다.

14.6 지수손실함수와 적응 부스팅

적응 부스팅(adaptive boosting) 방법(예를 들어 AdaBoost)에 의하여 생성된 모형은 전진 순차방식 가법모형과 지수손실함수를 이용하여 똑같은 결과를 얻을 수 있다. 지수손실함수는 다음과 같다.

$$L(y, h(x)) = exp(-yh(x))$$

$yh(x)$는 분류 문제에서 함수 마진(function margin)이라고 한다. 만약 $yh(x)=1$이면, 즉 정분류된 경우에는 e^{-1}, 오분류된 경우에는 e^{1} 값을 주는 손실함수이다.

분류 문제에서 이 손실함수의 기댓값을 최소화하는 분류기, 즉 Y 확률변수값이 어떠한 값을 갖는다 하더라도 평균적인 값을 주는 분류기는 다음과 같다.

$$h^*(x) = \arg\min_{h(x)} \mathrm{E}_{(Y|x)}\left(e^{-Yh(x)}\right) = \frac{1}{2}\log\frac{\Pr(Y=1|x)}{\Pr(Y=-1|x)}$$

즉 로그-오즈의 반을 추정하고자 하는 것이며, $\Pr(Y=1|x) \geq \Pr(Y=-1|x)$이며 로그-오즈의 값은 양수가 되고 따라서 부호로 분류하고자 하는 문제와 일치하므로 $\Pr(Y=1|x) = \frac{1}{1+e^{(-2h^*(x))}}$가 된다.

만약 교차 엔트로피 손실함수인 경우에는 다음과 같이 표현할 수 있다. $p=\Pr(Y=1|x)$이라고 하면, 이진교차손실함수는 $H(y,p)=-y\log p-(1-y)\log(1-p)$이다. 그런데 여기서 y가 취하는 값이 $\{0,1\}$이므로 원래 $\{-1,1\}$ 값을 취하는 경우에는 변환이 필요하다. $y\in\{-1,1\}$이고 $z=\frac{y+1}{2}$로 변환하면, $H(y,p)=-z\log p-(1-z)\log(1-p)=-\frac{y+1}{2}\log p-\frac{1-y}{2}\log(1-p)=\log((e^{h}+e^{-h})e^{-yh})$가 된다. 만약 $y=1$이면 $\log(1+e^{-2h})$이고 $y=-1$이면 $\log(1+e^{2h})$이므로 교차손실함수는 $\log(1+e^{-2yh})$가 된다.

분류 문제에서 지수손실함수는 다른 손실함수와 어떠한 관계가 있는지 알아보자.

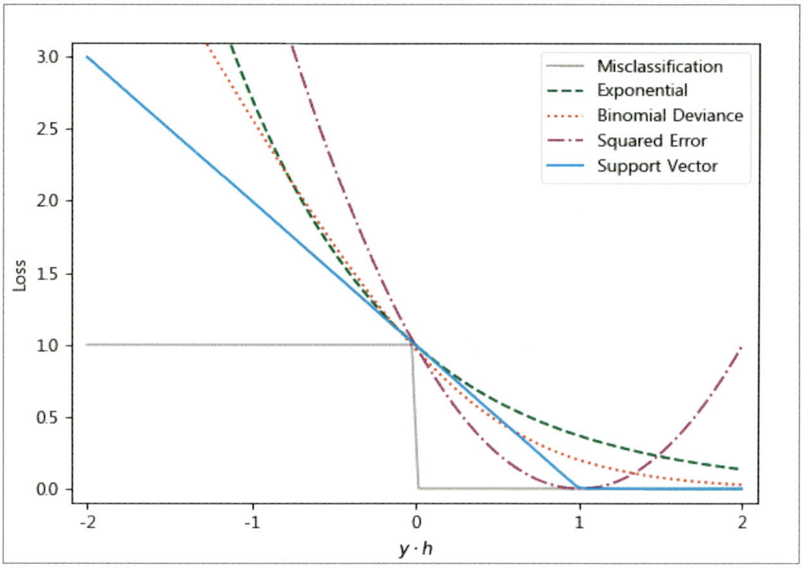

[그림 14.4] 분류 문제에서의 마진에 따른 손실함수 비교(ESL 참조)

[그림 14.4]에서 오분류율은 $1(y \neq sign(h))$, 지수손실함수는 $exp(-yh)$, 교차 엔트로피(binomial devianc와 동일)는 $\log(1+exp(-2yh))$, 제곱오차는 $(y-h)^2$, 지지벡터 손실함수는 $max(0, 1-yh)$이며 크기가 조정되어 $(0, 1)$점을 통과하였다.

제곱오차는 정분류가 된 경우에 마진이 1보다 큼에도 불구하고 손실이 커져 감을 알 수가 있다. 이런 의미에서 제곱오차는 분류 문제에서 손실함수로 적당하지 않다. 지수손실함수는 오분류가 된 경우, 즉 마진이 0보다 작은 경우에 매우 가혹한 손실값을 주고 있다. 그러나 만약에 노이즈 또는 이상값이 있는 경우에는 매우 민감하게 반응할 수 있다.

14.7 부스팅의 확장

회귀 문제나 분류 문제에서의 부스팅 모형을 확인하였다. 여기에 사용한 손실함수는 RSS나 지수손실함수를 사용하였는데, 이를 미분 가능한 모든 손실함수로 확장한 것이 그래디언트 부스팅이다. 알고리즘([ESL] 참조)은 다음과 같이 정리할 수 있다.

순서	내용	비고
1	학습기를 초기화한다. $$h_0(x) = \underset{\gamma}{\arg\min} \sum_{i=1}^{n} L(y_i, \gamma)$$	
2	각 m=1, ..., M에 대하여 아래를 반복 1) 유사잔차(pseudo-residual)를 계산한다. $$r_{im} = -\left[\frac{\partial L(y_i, h(x_i))}{\partial h(x_i)}\right]_{h(x)=h_{m-1}(x)}, i = 1, \ldots, n$$ 2) 유사잔차에 대하여 기저 학습기(예, 결정나무) $h_m(x)$을 적합한다. 즉, 훈련 데이터는 $\{(x_i, r_{im}) \mid i = 1, \ldots, n\}$이 된다. 3) 다음과 같은 승수 γ_m을 계산한다. $$\gamma_m = \underset{\gamma}{arg\,min} \sum_{i=1}^{n} L(y_i, h_{m-1}(x_i) + \gamma h_m(x_i))$$ 4) 학습기를 갱신한다. $$h_m(x) = h_{m-1}(x) + \gamma_m h_m(x)$$	음 그래디언트가 유사잔차를 의미
3	아래와 같이 최종 모형을 정의한다. $$h_M(x) = \sum_{i=1}^{M} \gamma_m h_m(x) + h_0(x)$$	

회귀 문제인 경우에 손실함수는 RSS이므로 $r_{im} = -\left[\frac{\partial L(y_i, h(x_i))}{\partial h(x_i)}\right]_{h(x)=h_{m-1}(x)} = -[2(y_i - h(x_i)) \cdot (-1)]_{h(x)=h_{m-1}(x)} = 2(y_i - h_{m-1}(x_i))$가 되므로 유사 잔차가 된다. 분류 문제이고 지수손실함수의 경우에 $r_{im} = y_i \exp(-y_i h_{m-1}(x_i)) = y_i w_{im}$가 되며, w_{im}은 정분류가 된 경우에는 e^{-1}, 오분류가 된 경우에는 e^{1}이 된다. 즉, 오분류된 데이터에 대하여 보다 큰 가중치를 주고 나서 다음 단계로 진행하게 되는 것이다. 즉, 음 그래디언트는 일종의 잔차이므로 부스팅의 일반화는 손실함수가 정의된 경우에 최대 경사법(steepest descent)에 따라 손실함수를 최소화하는 과정이다. 이런 의미에서 그래디언트 부스팅 머신이라고 한다.

14.8 부스팅의 초모수 조정

결정나무의 크기(J)는 말단 노드의 수로 정의한다. 부스팅에서 사용하는 기저 학습기로써 결정나무의 크기는 $4 \le J \le 8$가 적당하다고 한다. 결정 그루터기는 $J=2$이며 입력변수 간의 교호작용은 적용하지 않는 결정나무이다.

14.9 부스팅의 정칙화

정칙화(regularization)는 일반적으로 과적합을 방지하기 위한 방법이다. 부스팅에서는 결정나무의 개수(M), 학습률(learning rate)(ν), 확률 그래디언트 부스팅(stochastic gradient boosting) 등을 이용하여 과적합을 방지하고 있다. 결정나무의 개수가 클수록 훈련 데이터의 적합도가 높게 나타나므로 적절한 평가 데이터를 활용하여 결정해야 한다. 학습률 값을 조정하는 것은 일종의 축소 방법에 의한 정칙화 방법이다. 즉, 추가되는 기저 학습기의 기여도를 일부러 축소하여 진행하는 방법이다.

$$h_m(x) = h_{m-1}(x) + \nu \cdot \gamma_m h_m(x), 0 < \nu \le 1$$

경험적으로 학습률이 0.1보다 작으면 일반화 오차가 많이 줄어든다고 한다.

확률 그래디언트 부스팅은 기저 학습기를 적합할 때 전체 훈련 데이터를 사용하는 것이 아니라 비복원 추출 방법으로 훈련 데이터의 일부만을 사용하여 적합하는 것을 의미한다. 이렇게 함으로써 과적합을 방지할 수 있다고 한다. 이 방법을 제안한 Friedman은 대략 비율(f)이 $0.5 \le f \le 0.8$이며 좋은 결과를 얻을 수 있다고 한다.

14.10 SAS VDMML 옵션

지도 학습의 **[그래디언트 부스팅]** 노드를 선택하면 **[그림 14.5]**와 같이 초기 옵션 집합을 볼 수 있다.

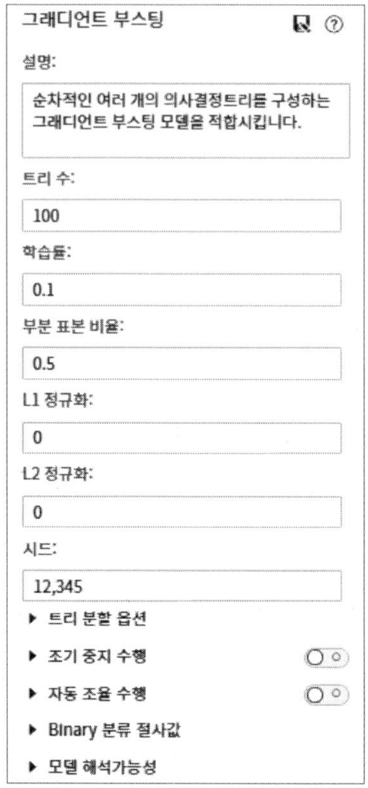

[그림 14.5] 그래디언트 부스팅 옵션

여기서 트리 수(결정나무 개수), 학습률, 부분 표본 비율을 결정할 수 있고, 정칙화를 하는 경우는 L_1, L_2 정칙화(화면 그림에는 정규화로 표현됨)를 할 수 있으며 각 정칙화 모수(regularization parameter)값을 지정할 수 있다. 디폴트는 정칙화를 수행하지 않는다.

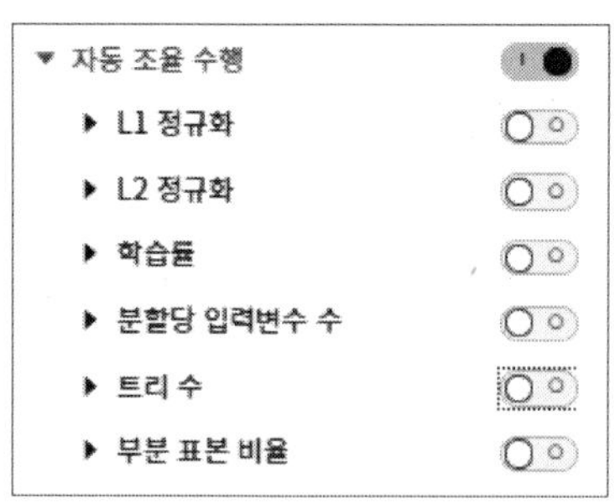

[그림 14.6] 자동 조율 옵션

[그림 14.6]의 자동 조율 옵션을 보면 각 정규화 모수값의 범위, 학습률, 분할당 입력변수 수, 결정나무 수 등을 조율할 수 있게 되어 있다. 참고로 그래디언트 부스팅 노드는 SAS VDMML 제품의 GRADBOOST 프로시저를 사용한다.

14.11 SAS VDMML 예제

[CLAIM] 데이터에 대하여 다음과 같은 파이프라인을 만들고 그래디언트 부스팅의 각 옵션을 실행하여 결과를 확인한다.

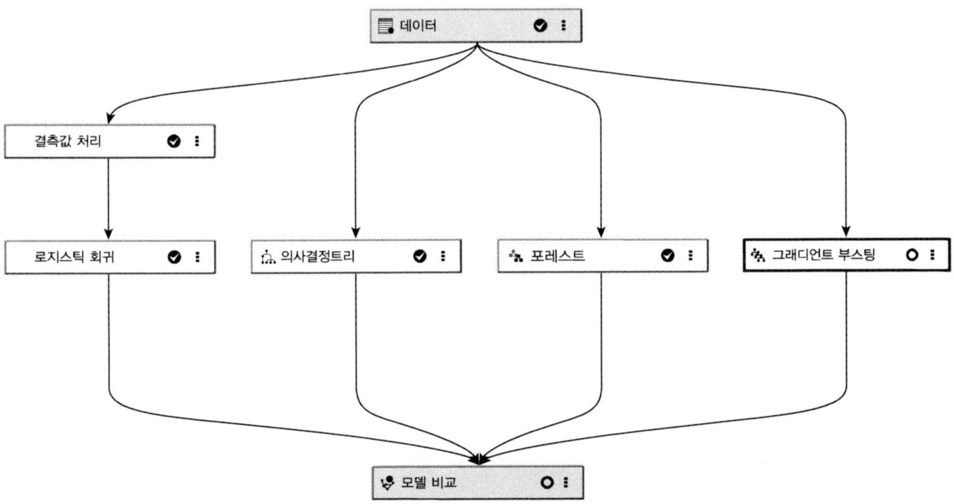

[그림 14.7] 그래디언트 부스팅 파이프라인

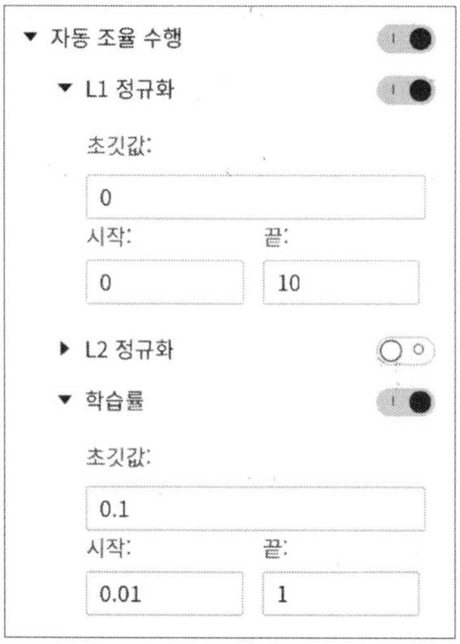

[그림 14.8] 그래디언트 부스팅 자동 조율 옵션

15장

지지벡터 머신

15.1 개요

15.2 로지스틱 회귀와 초평면

15.3 표기법

15.4 마진과 최적 마진 분류기

15.5 라그랑지 쌍대성

15.6 라그랑지 쌍대성을 이용한 최대 마진 분류기

15.7 소프트 마진 초평면

15.8 커널 속임수

15.9 비용함수에 대한 이해

15.10 지지벡터 머신의 모수추정

15.11 SAS VDMML 옵션

15.12 SAS VDMML 예제

15.1 개요

SVM은 [SVN]에서 처음으로 발표된 후 가장 많이 적용된 머신러닝 알고리즘 중 하나이며, 지지벡터 머신(SVM: spport vector machine) 또는 지지벡터 네트워크(support vector network)라고 한다. 분류 및 회귀 둘 다에 적용되기기도 하지만, 이진 분류(binary classification)에 주로 사용된다. SVM에서 가장 중요한 개념은 마진(margin)이며 이를 이용한 최적 마진 분류기(optimal margin classifier)를 정의할 것이다. 또한 선형으로 분류되지 않은 경우에 원래 공간을 무한 확장할 수 있는 커널 속임수(kernel trick)에 대한 설명도 포함하며, 실제 모수를 추정하는 방법에 대해서도 간단히 설명할 것이다.

15.2 로지스틱 회귀와 초평면

로지스틱 회귀에서 가설함수는 $h_\theta(x) = g(\theta^T x) = \frac{1}{1+e^{-\theta^T x}}$ 이다. 이 가설함수를 이용하여 관측값의 가설함수값이 0.5보다 크거나 같으면 1로 분류하고, 그렇지 않으면 0으로 분류한다. 이와 동일하게 **[그림 15.1]**과 같이 $\theta^T x$값이 0보다 크거나 같으면 1로 분류하고 그렇지 않으면 0으로 분류한다. 또한 $\theta^T x$값이 크면 클수록 더욱 더 확신을 가지고 1로 분류할 수 있다.

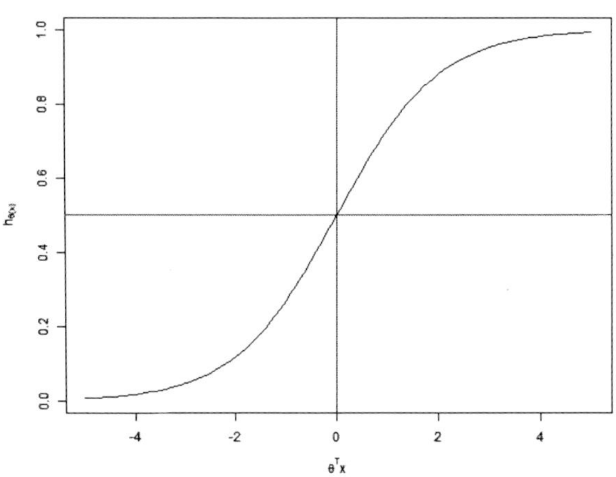

[그림 15.1] $\theta^T x$와 로지스틱 함수

실제 모수를 적합하고자 할 때 모든 훈련 데이터에 대하여 $y_i=1$인 경우에는 $\theta^T x_i \gg 0$이 되도록, $y_i=0$인 경우에는 $\theta^T x_i \ll 0$이 되게 적합하면 좋은 추정량이 될 것이다.

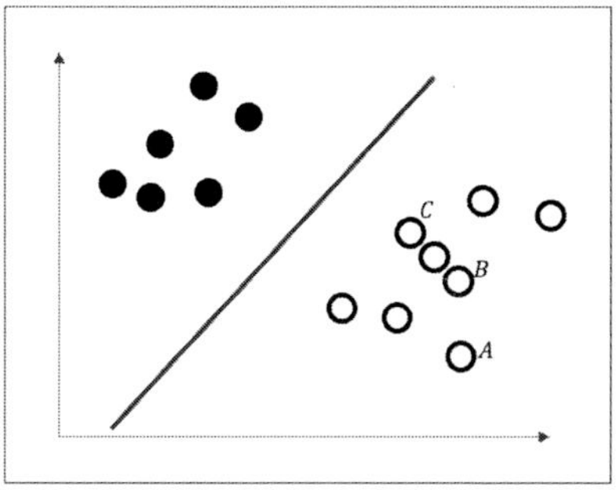

[그림 15.2] 분리 초평면과 거리가 다른 3개의 예

추정된 모수에 의하여 만들어진 평면은 $\hat{\theta}^T x = 0$가 되며 이 평면은 원래 입력 데이터 벡터의 차원보다 1차원 작은 초평면(hyperplane)이 된다. **[그림 15.2]**에서 보듯이 A라는 점은 결정 경계선(decision boundary)이라고 할 수 있는 초평면으로부터 멀리 떨어져 있어 예를 들어 $y_i \in \{-1,1\}$ 이라면 확실히 −1로 분류된다. 또한 B는 C보다는 더 확신을 갖고 −1로 분류할 수 있다. 초평면과 가까운 C점은 초평면이 조금이라도 바뀌게 된다면, 즉 기울기나 절편값이 변화가 발생하면 잘못하여 1로 분류될 수 있다. 따라서 초평면을 통하여 분류를 하고자 할 때 초평면과 각 데이터의 거리가 매우 중요한 기준이 된다.

15.3 표기법

SVM에서는 자체적으로 잘 알려진 표기법을 사용한다. 이 장에서는 이 표기법을 사용하여 진행하기로 한다.

SVM에서는 이진 목표변수의 범주값을 $\{0,1\}$로 인코딩하지 않고 $\{-1,1\}$로 인코딩한다. 모수의 경우도 θ을 사용하지 않고 w,b를 사용한다. 즉, $h_{w,b}(x)=g(w^T x+b)$를 가설함수로 사용한다. 여기서 g 함수는 $g(z)=1$ if $z \geq 0$, $g(z)=-1$ otherwise이다. 즉,

부호값을 돌려주는 함수이다. 결과적으로 직접적으로 z값을 보고 1에 속하는지 −1에 속하는지를 알려준다.

15.4 마진과 최적 마진 분류기

이진 분류 문제에서 데이터가 선형으로 분리가 가능하다는 것은 **[그림 15.3]**과 같이 적절한 초평면이 존재하는 것을 의미한다. 초평면은 입력 데이터 벡터보다 1차원 작은 평면을 의미한다.

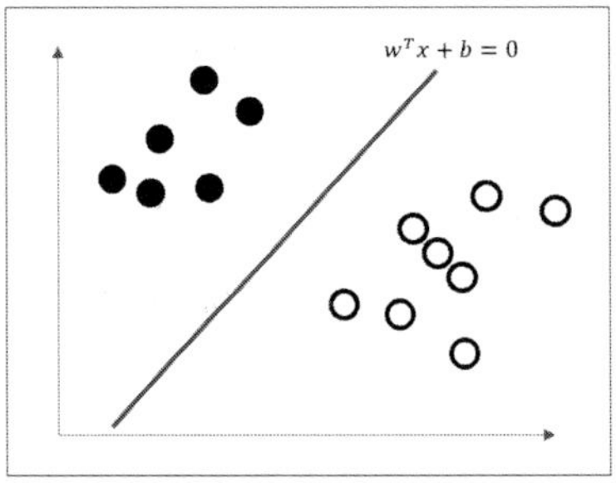

[그림 15.3] 데이터와 초평면

단, 초평면은 다음과 같은 조건을 충족해야 한다.

$$w^T x + b \geq 1, if\ y_i = 1$$
$$w^T x + b \leq -1, \text{if}\ y_i = -1$$

선형으로 분리가 가능한 경우에 조건을 충족하는 초평면은 **[그림 15.4]**와 같이 무한히 많다.

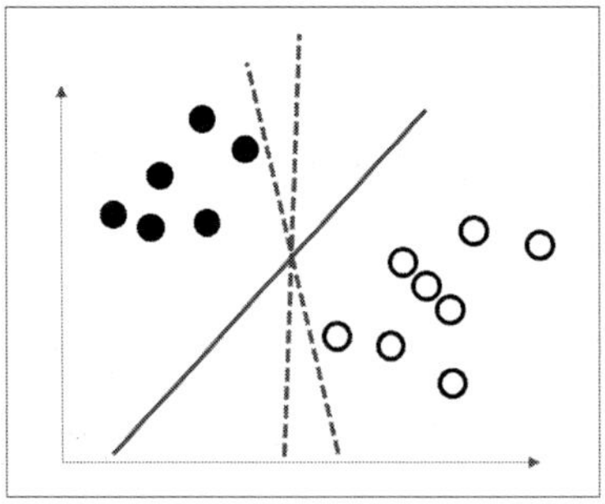

[그림 15.4] 초평면의 예

조건을 충족하는 초평면 중에는 직선과 가장 가까운 검은점 또는 하얀점 사이의 여백, 즉 마진이 넓은 초평면과 마진이 매우 얇은 초평면이 있다. **[그림 15.4]**에서 실선 초평면은 여백이 많지만, 점선 초평면들은 마진이 매우 작다. 즉 마진은 분리 초평면이 존재하는 경우에 모든 데이터를 분리 초평면에 각각 정사영을 했을 때 점과 직선과의 거리라고 정의할 수가 있다.

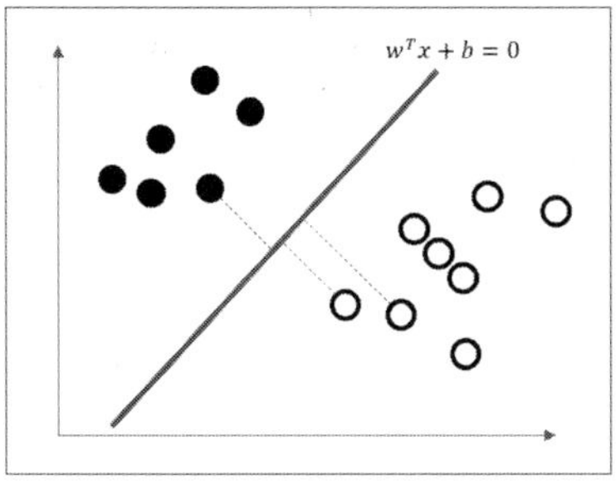

[그림 15.5] 초평면과 정사영의 예

[그림 15.5]에서 점선의 길이가 기하 마진(geometric margin)이라고 한다. 점선의 길이는 초평면과 수직인 단위 벡터가 $\frac{w}{\|w\|}$이므로 **[그림 15.6]**과 같이 d의 길이는 $\frac{|x^T w|}{\|w\|}$이 된다. 여기서 $\|w\| = \sqrt{w^T w}$ 이다.

$$\left(x - d\frac{w}{\|w\|}\right)^T \frac{w}{\|w\|} = 0$$
$$\Rightarrow x^T \frac{w}{\|w\|} - d = 0$$
$$\Rightarrow d = \frac{x^T w}{\|w\|}$$

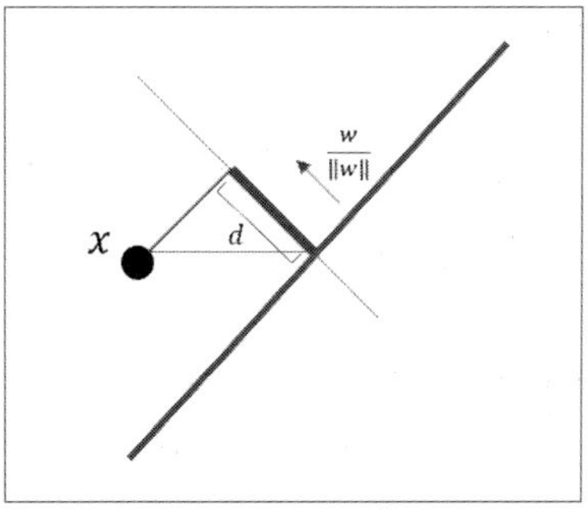

[그림 15.6] 정사영의 점과 직선과의 거리

이때 많은 초평면 중에서 최적의 분류기를 고르고자 한다면, 가장 큰 기하 마진을 주는 분류기를 선택하는 것이 가장 좋은 방법이다. 따라서 최적 마진 분류기는

$$w^T x + b \geq 1, if\ y_i = 1$$
$$w^T x + b \leq -1, \text{if}\ y_i = -1$$

와 같은 조건을 충족하면서,

$$\rho(w,b) = \min_{\{y_i=1\}} \frac{x^T w}{\|w\|} - \max_{\{y_i=-1\}} \frac{x^T w}{\|w\|}$$

값이 최대가 되는 분류기이다.

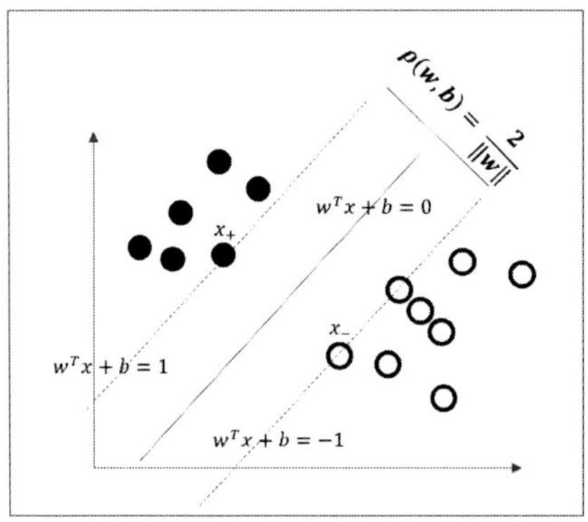

[그림 15.7] 최적 마진 분류기

[그림 15.7]에서

$$1 = w^T x_+ + b = w^T(x_- + cw) + b = -1 + cw^T w$$
$$\Rightarrow c = \frac{2}{w^T w}$$
$$\Rightarrow \|cw\| = \frac{2}{\|w\|}$$

이다. 따라서 최적 마진 분류기는 $\frac{2}{\|w\|}$를 최대로 해주는 분류기, 즉 초평면을 찾는 것이다. 다르게 표현하면, 주어진 문제는

$$\min_{w,b} \frac{1}{2}\|w\|^2$$
$$\text{s.t.}\ \ y_i(w^T x_i + b) \geq 1, \forall i = 1, \dots, n$$

와 같이 정의할 수 있으며, $y_i(w^T x_i + b) = y_i h_{w,b}(x_i)$을 특별히 함수 마진이라고 한다.

위와 같이 문제를 정의하게 되며, 일반적인 볼록 이차 형식(convex quadratic form)의 목적함수와 선형 제약조건을 갖는 이차 프로그래밍(QP: quadratic programming) 문제이며, 이에 대한 해가 최적 또는 최대 마진 분류기(optimal/maximal margin classifier)가 된다.

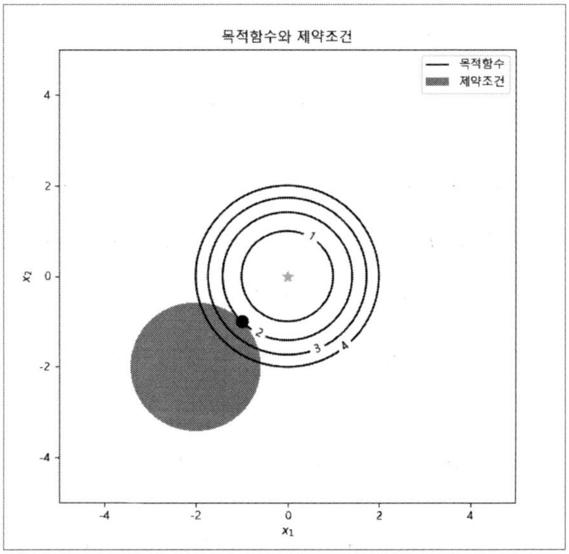

[그림 15.8] 목적함수와 제약조건

[그림 15.8]은 목적함수가 볼록함수이고 제약조건을 예시한 것이다. *는 제약조건이 없는 경우에 전역 최솟값이지만 제약조건이 있는 경우는 동그라미 점이 최솟값이 된다. 참고로 이 점에서는 목적함수의 최대하강 그래디언트(steepest descent gradient) 방향과 제약조건의 그래디언트 방향이 일치한다.

15.5 라그랑지 쌍대성

다음과 같은 원시 최적화(primal optimization) 문제가 있다고 가정하자.

$$\begin{aligned} &\min_{w} f(w) \\ &\text{s.t. } g_i(w) \le 0, i = 1, \dots, k \\ &\qquad h_i(w) = 0, i = 1, \dots, l \end{aligned}$$

이때 일반화 라그랑지 함수(generalized Lagrangian)는 다음과 같이 정의된다.

$$\mathcal{L}(w,\alpha,\beta) = f(w) + \sum_{i=1}^{k} \alpha_i g_i(w) + \sum_{i=1}^{l} \beta_i h_i(w)\,, \alpha_i \geq 0$$

여기서 α_i, β_i들을 라그랑지 승수(Lagrange multiplier)라고 한다.

이제 다음과 같은 함수를 고려해 보자.

$$\theta_P(w) = \max_{\alpha,\beta:\alpha_i \geq 0} \mathcal{L}(w,\alpha,\beta)$$

여기서 함수의 아래 첨자인 P는 원시(primal)함수의 의미를 뜻한다. 만약에 w가 원시 최적화 조건에 위배된다고 하면, 즉 어떤 i에 대하여 $g_i(w) > 0$이거나 $h_i(w) \neq 0$ 이면 $\theta_P(w) = \infty$가 된다. 역으로 만약에 w가 원시 최적화 조건을 충족한다고 하면 $\theta_P(w) = f(w)$가 된다. 따라서 원시 문제(primal problem)는 아래와 같은 문제의 해와 일치하게 된다.

$$\min_w \theta_P(w) = \min_w \max_{\alpha,\beta:\alpha_i \geq 0} \mathcal{L}(w,\alpha,\beta)$$

$p^* = min_w \theta_P(w)$로 정의하면 이 값은 원시 문제의 값(value)이라고 한다.

다음은 이와 다른 접근 방법을 알아보자. 아래와 같이 하나의 함수를 정의하자.

$$\theta_D(\alpha,\beta) = \min_w \mathcal{L}(w,\alpha,\beta)$$

이 함수에서 사용된 아래 첨자인 D는 쌍대(dual)를 의미한다. 위의 함수를 이용하여 쌍대 최적화 문제(dual optimization problem)를 정의해 보자.

$$\max_{\alpha,\beta:\alpha_i \geq 0} \theta_D(\alpha,\beta) = \max_{\alpha,\beta:\alpha_i \geq 0} \min_w \mathcal{L}(w,\alpha,\beta)$$

이 문제는 원시 문제의 min과 max 위치만 바꾼 것과 동일하다. $d^* = \max_{\alpha,\beta:\alpha_i \geq 0} \theta_D(\alpha,\beta)$ 이라고 정의하면 쌍대 문제의 값이라고 부를 수 있다. 원시 문제와 쌍대 문제의 값 사이의 관계는 다음과 같이 계산될 수 있다.

$$d^* = \max_{\alpha,\beta:\alpha_i \geq 0} \min_w \mathcal{L}(w,\alpha,\beta) \leq \min_w \max_{\alpha,\beta:\alpha_i \geq 0} \mathcal{L}(w,\alpha,\beta) = p^*$$

즉, max min 문제는 항상 min max보다 작거나 같다. 이때 어떤 가정과 조건하에서는 원시 문제값과 쌍대 문제값이 같아지게 된다. 따라서 이 조건을 적용함으로써 원시 문제를 쌍대 문제로 환원하여 풀 수 있다. 적용되는 가정은 다음과 같다. f와 g는 볼록함수, h는 어파인(affine) 함수이며 모든 i에 대하여 $g_i(w) < 0$인 w가 존재한다(이 조건을 g_i에 대한 feasible 조건이라 함)는 가정을 한다. 이러한 가정을 만족한다면, w^*, α^*, β^*인 해가 존재하며, w^*는 원시 문제의 해이며, α^*, β^*는 쌍대 문제의 해가 된다. 이때 쌍대값과 원시값이 서로 같게 된다. 뿐만 아니라 w^*, α^*, β^*는 다음과 같은 KKT(Karush-Kuhn-Tucker) 조건도 만족시킨다.

$$\frac{\partial}{\partial w_i}\mathcal{L}(w^*, \alpha^*, \beta^*) = 0, \forall i \quad (1)$$

$$\frac{\partial}{\partial \beta_i}\mathcal{L}(w^*, \alpha^*, \beta^*) = 0, \forall i \quad (2)$$

$$\alpha_i^* g_i(w^*) = 0, \forall i \quad (3)$$

$$g_i(w^*) \le 0, \forall i \quad (4)$$

$$\alpha^* \ge 0 \quad (5)$$

역으로 w^*, α^*, β^*가 KKT 조건을 만족시키면 이 해는 원시 문제와 쌍대 문제의 해가 된다. 위 조건 중에 (3)번 조건을 특히 KKT 쌍대 상보성(complementarity) 조건이라고 한다. 조건 중 유일하게 원시 문제와 쌍대 문제의 변수들(w, b, α, β)을 하나의 등식(equality)으로 연결해준다. 이 의미는 만약 $\alpha_i^* > 0$이면 $g_i(w^*) = 0$이어야 한다.

15.6 라그랑지 쌍대성을 이용한 최대 마진 분류기

앞에서 얘기한 원시 문제를 이용한 최대 마진 분류기는 다음 조건을 만족한다.

$$\min_{w,b} \frac{1}{2}\|w\|^2$$
$$\text{s.t. } y_i(w^T x_i + b) \ge 1, \forall i = 1, \dots, n$$

여기서 라그랑지 함수 형식으로 보면, 제약 조건은 $g_i(w) = -y_i(w^T x_i + b) + 1 \le 0$가 되면 라그랑지 쌍대 상보성 조건에 의해서 $\alpha_i > 0$인, 즉 $g_i(w) = 0$인 훈련 데이터만 최적화 문제에 관여하게 된다. 즉, $y_i(w^Tx_i+b)=1$인 데이터들이다.

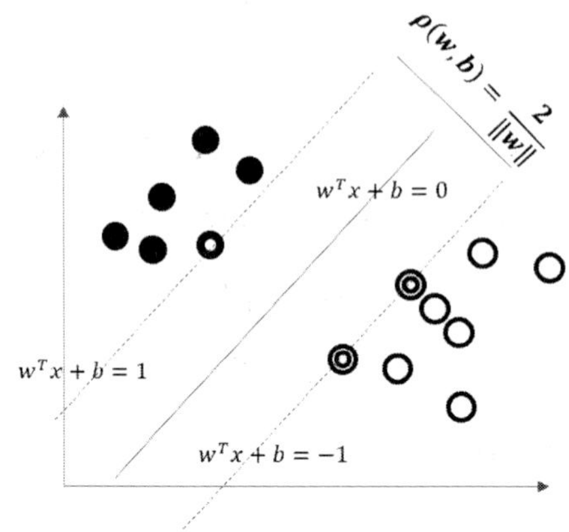

[그림 15.9] 최대 마진 분류기와 지지벡터

[그림 15.9]에서 보면 점선에 걸쳐 있는 3개의 점만이 $y_i(w^Tx_i+b)=1$인, 즉 $g_i(w)=0$인 훈련 표본이다. 이 3개의 점이 분리 초평면을 만드는 점이며 지지벡터(support vector)라고 한다. 지지벡터들은 일반적으로 훈련 데이터의 개수보다 항상 작기 때문에 보다 효율적으로 알고리즘을 구성할 수 있고 계산 성능을 향상시킬 수 있다.

원시 문제를 쌍대 문제로 변환하는 과정을 살펴보자. 원시 문제를 라그랑지 함수로 표현하면 다음과 같다.

$$\mathcal{L}(w,b,\alpha)=\frac{1}{2}\|w\|^2-\sum_{i=1}^{n}\alpha_i(y_i(w^Tx_i+b)-1)$$

쌍대 문제로 변환하기 위해서는 라그랑지 함수를 먼저 w와 b에 최솟값을 구한 후 α에 대하여 최댓값을 구해야 한다. 이는 w와 b에 대하여 미분한 후 그 결과 값을 적용한 후 α에 대하여 최댓값을 구하면 된다.

$$\frac{\partial}{\partial w}\mathcal{L}(w,b,\alpha)=w-\sum_{i=1}^{n}\alpha_i y_i x_i=0$$
$$\frac{\partial}{\partial b}\mathcal{L}(w,b,\alpha)=\sum_{i=1}^{n}\alpha_i y_i=0$$

따라서 $w=\sum_{i=1}^{n}\alpha_i y_i x_i$이고 이를 대입하면,

$$\mathcal{L}(w,b,\alpha)=\sum_{i=1}^{n}\alpha_i-\frac{1}{2}\sum_{i=1}^{n}\sum_{j=1}^{n}\alpha_i\alpha_j y_i y_j x_i^T x_j-b\sum_{i=1}^{n}\alpha_i y_i$$

이다. 여기서 $\sum_{i=1}^{n}\alpha_i y_i=0$ 이므로

$$\begin{aligned}W(\alpha)&=\sum_{i=1}^{n}\alpha_i-\frac{1}{2}\sum_{i=1}^{n}\sum_{j=1}^{n}\alpha_i\alpha_j y_i y_j x_i^T x_j\\ \text{s.t. }&\alpha_i\ge 0,\forall i\\ &\sum_{i=1}^{n}\alpha_i y_i=0\end{aligned}$$

이다. 따라서 $max_\alpha W(\alpha)$를 구하면 원시 문제가 쌍대 문제로 전환하게 되어 문제가 보다 단순해지게 된다.

이 문제에 의하여 적합된 $w^*=\sum_{i=1}^{n}\alpha_i y_i x_i$을 이용하여 b^*을 구하면, $y_i(w^T x_i+b)\ge 1,\forall_i$이므로 $y_i=1$인 경우에는 $min_{y_i=1}\, w^T x_i+b=1$이고 $y_i=-1$인 경우에는 $max_{y_i=-1}\, w^T x_i+b=-1$이므로 이를 이용하여

$$b^*=-\frac{\min_{y_i=1} w^{*T}x_i+\max_{y_i=-1} w^{*T}x_i}{2}$$

이다. 즉, α만 구하면 우리가 원하는 최대 마진 분류기를 구할 수 있다. 최대 마진 분류기의 형식에서 눈여겨봐야 할 몇 가지 점에 대하여 살펴보자.

$$\begin{aligned}h_{w,b}(x)=\mathrm{w}^T x+b&=\left(\sum_{i=1}^{n}\alpha_i y_i x_i\right)^T x+b\\ &=\sum_{i=1}^{n}\alpha_i y_i\langle x_i,x\rangle+b\\ &=\sum_{i\in\{support\ vectors\}}\alpha_i y_i\langle x_i,x\rangle+b\end{aligned}$$

즉, 새로운 x가 있을 경우 분류기는 지지벡터의 모든 값과 x와의 내적(inner product)

을 구한다. 물론 모든 훈련 데이터가 아니라 지지벡터들과 내적을 구한다. 지지벡터가 아닌 경우에는 $\alpha_i = 0$이기 때문이다. 중요한 점은 내적만을 사용한다는 것이다.

15.7 소프트 마진 초평면

최대 마진 분류기인 경우에 분류가 가능하다는 가정이 있다. 그러나 만약에 분리가 불가능한 경우(non-separable)는 어떻게 할 것인가? 또는 적합된 분리 초평면이 이상값(outlier)에 의하여 쉽게 변경이 된다면 과연 바람직한 초평면이라고 할 수 있는가?

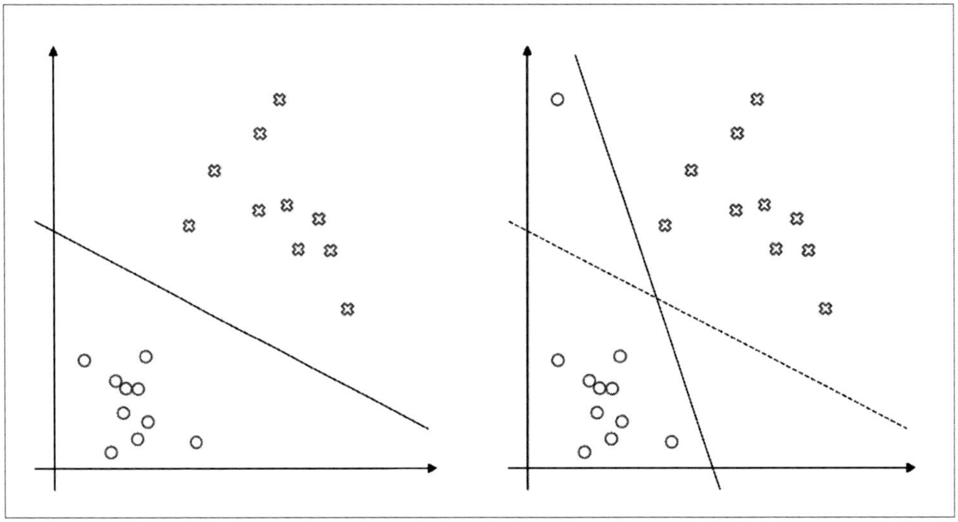

[그림 15.10] 초평면과 이상값

[그림 15.10]에서 보듯이 이상값이 나타나서 새로운 초평면 구성 시 마진이 매우 작아짐을 알 수가 있고 새로운 값이 등장할 때마다 초평면이 쉽게 변하는 것을 알 수가 있다. 이러한 문제를 해결하기 위하여 L_1 정칙화(regularization)를 도입한다. 여기서의 정칙화는 모수에 대하여 일정한 규제를 가한다는 의미이다.

$$\min_{\xi,w,b} \frac{1}{2}\|w\|^2 + C\sum_{i=1}^{n}\xi_i$$
$$\text{s.t. } y_i(w^T x_i + b) \geq 1 - \xi_i, \forall i = 1, \dots, n$$
$$\xi_i \geq 0, \forall i = 1, \dots, n$$

이 식에서 보면 함수 마진 $y_i(w^T x_i + b)$이 1보다 작음을 알 수 있다. 즉, 하나의 관측값 또는 예가 1보다 작은 마진을 허용하고 있으며 그런 경우에 목적함수에 $C\xi_i$라는 벌점(penalty)을 주고 있다. 일종의 초모수라고 할 수 있는, 즉 사전에 정의되어야 하는 C는 $\|w\|^2$을 최소화해야 하는 것과 대부분의 훈련 데이터들이 함수 마진이 1보다 커야 하는 것과의 상대적인 가중치라고 볼 수가 있다.

주어진 식은 최소한 훈련 데이터를 선택하여 제외한 후 나머지 데이터로 마진을 최대로 하는 초평면을 찾는 것을 의미하며 이때의 초평면을 소프트 마진 초평면(soft margin hyperplane)이라고 한다.

위와 같이 원시 문제를 정의한 후 쌍대 라그랑지 함수를 적용하면 아래와 같은 문제로 요약할 수 있다.

$$W(\alpha) = \sum_{i=1}^{n}\alpha_i - \frac{1}{2}\sum_{i=1}^{n}\sum_{j=1}^{n}\alpha_i\alpha_j y_i y_j x_i^T x_j$$
$$\text{s.t. } 0 \leq \alpha_i \leq C, \forall i$$
$$\sum_{i=1}^{n}\alpha_i y_i = 0$$

여기서 $max_\alpha W(\alpha)$인 모수가 구해진다. L_1 정칙화 조건으로 변화된 것은 모수 값들이 C보다 작거나 같아야 하는 조건이다.

15.7.1 여유 변수와 벌점 상수 C

초평면으로 분리되지 않는 경우에 도입된 모수가 여유변수(slack variable)인 ξ_i이다. 이 변수의 의미를 살펴보자.

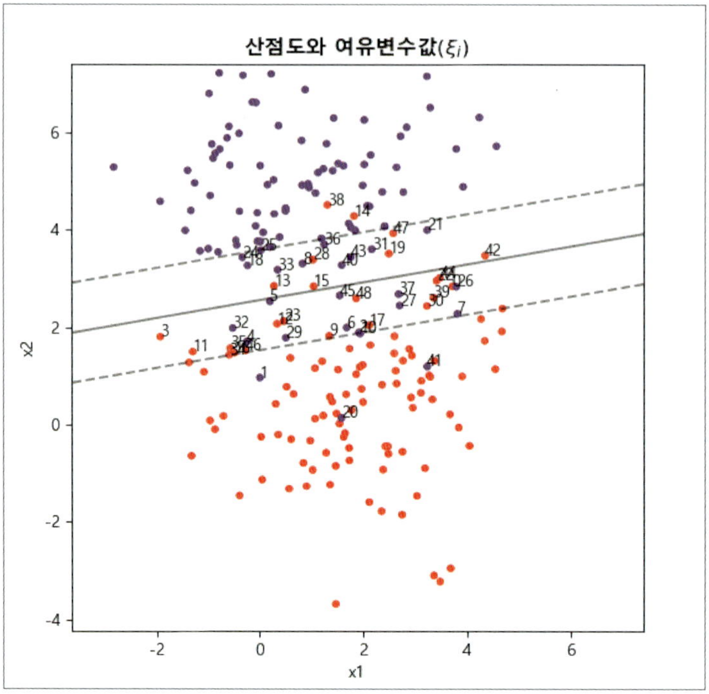

[그림 15.11] 여유변수의 의미

[그림 15.11]의 빨간색 점 중에 3번과 11번은 여유변수값이 0보다 크지만 1보다 작다. 즉, 정분류되었지만, 마진 사이에 데이터가 있는 경우이다. 13, 15등은 오분류된 경우이며, 1보다 크지만 2보다 작은 경우이다. 38, 14는 2보다 큰 경우이다. 이런 조건을 갖는 모든 점들에 대하여 벌점을 주는 것이다. 정분류되고 마진밖에 있는 점은 벌점이 없다.

$$\min_{\gamma,w,b} \frac{1}{2}\|w\|^2 + C\sum_{i=1}^{n} \xi_i$$

L_1 정칙화가 포함된 목적함수에서 만약 C가 0이면 여유변수는 어떠한 값이라도 가질 수 있다. 즉, 마진이 크더라도 별 문제가 없다. 만약 C가 무한대이면 모든 여유변수값이 0이어야 한다. 즉, 분리 가능한 최대 마진 분류기와 같은 목적함수가 되고 이런 경우에 하드 마진(hard margin)이라고 한다. 따라서 C값이 크면 클수록 마

진은 점점 작아지게 된다. 그런 의미에서 위와 같은 목적함수를 갖는 마진을 소프트 마진(soft margin)이라고 한다.

15.8 커널 속임수

최대 마진 분류기는 분류에 있어서 선형 분류기, 즉 초평면으로 분류된다는 가정을 하고 있다. 만약에 초평면으로 분류되지 않고 다항 함수 등으로 분류된다고 한다면 어떻게 이 개념을 확장할 수가 있을까? 예를 들어 입력 속성이 X인 경우에 X, X^2,X^3을 입력 특징으로 사용하여 적합하고자 한다면 어떻게 될까? 즉, 원래 X를 사용하지 않고 다음과 같은 입력 특징을 사용한다.

$$\phi(X) = \begin{bmatrix} X \\ X^2 \\ X^3 \end{bmatrix}$$

라그랑지 쌍대 함수에서의 $W(\alpha) = \sum_{i=1}^{n} \alpha_i - \frac{1}{2}\sum_{i=1}^{n}\sum_{j=1}^{n} \alpha_i\alpha_j y_i y_j \langle x_i, x_j \rangle$와 실제 예측함수인 $w^T x + b = \sum_{i=1}^{n} \alpha_i y_i \langle x_i, x \rangle + b$는 전부 입력 특징 간의 내적만을 사용하고 있다. 따라서 앞에서 사용한 모든 알고리즘의 $\langle x, z \rangle$을 $\langle \phi(x), \phi(z) \rangle$로 대체하기만 하면 된다. 이때 주어진 입력 특징 매핑 함수인 ϕ에 대하여 다음과 같은 하나의 커널(kernel)을 정의해 보자.

$$K(x, z) = \langle \phi(x), \phi(z) \rangle = \phi(x)^T \phi(z)$$

그리고 매핑 함수를 다음과 같이 정의해 보자.

$$\phi(X) = \begin{bmatrix} X_1X_1 \\ X_1X_2 \\ X_1X_3 \\ X_2X_1 \\ X_2X_2 \\ X_2X_3 \\ X_3X_1 \\ X_3X_2 \\ X_3X_3 \end{bmatrix}$$

이를 이용하여 커널을 구해 보면 다음과 같다.

$$\begin{aligned} K(X,Z) &= \phi(X)^T\phi(Z) \\ &= \sum_{i,j=1}^{3}(X_iX_j)(Z_iZ_j) \\ &= \sum_{i=1}^{3}\sum_{j=1}^{3}X_iX_jZ_iZ_j \\ &= \left(\sum_{i=1}^{3}X_iZ_i\right)\left(\sum_{j=1}^{3}X_jZ_j\right) \\ &= (X^TZ)^2 \end{aligned}$$

즉, 매핑을 하고 나서 커널을 구한 결과는 매핑하기 전의 커널(여기서는 내적 커널)을 구하여 계산한 것과 동일하다. 다시 말하면 매핑과 매핑 후의 커널 결과를 직접 커널로 정의한다면, 예를 들어 $K(X,Z) = (X^TZ)^2$이라면 매핑을 보내는 연산과 매핑 후의 연산을 절약할 수 있다. 예에서는 $3^2+3^2+3^2$번의 연산이 필요한 것을 단지 3+1번만 필요한 연산으로 줄였다. 즉, 매핑 후 커널을 적용하는 것이 아니라 매핑 결과를 판단하여 직접 정의하여 연산의 횟수를 줄이는 것을 커널 속임수(kernel trick)라고 한다.

커널을 정의하기 위해서는 커널의 갖고 있는 직관적인 의미에 대하여 살펴볼 필요가 있다. 커널은 일종의 내적으로 정의된 것이므로 커널 값이 크다는 것은 매핑 공간에서의 두 개의 점이 가깝다는 것을 의미한다.

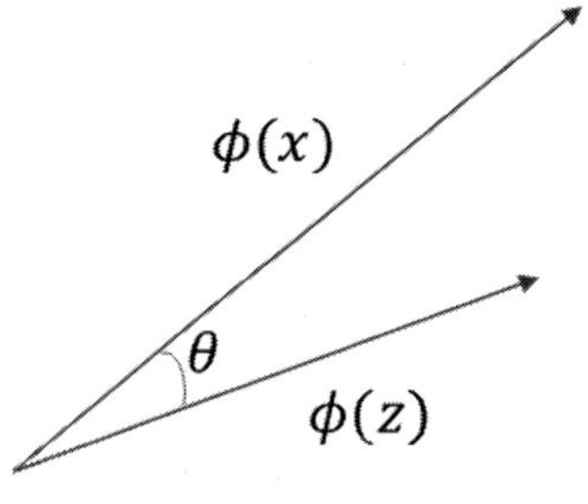

$$K(x,\ z) = \phi(x)^T\phi(z) = \|\phi(z)\|\|\phi(z)\|\cos(\theta)$$

[그림 15.12] 커널의 의미

[그림 15.12]에서 만약 2개의 매핑 벡터가 서로 직각이면 코사인 값이 0이 되고 서로 일치하면 코사인 값은 1이 된다. 따라서 커널은 일종의 두 개의 데이터 값이 서로 가까이 있음을 또는 유사함을 나타내는 값이라고 할 수 있다. 이러한 커널 중에 대표적인 가우시안 커널(Gaussian kernel)에 대하여 살펴보자.

$$K(x,z) = \exp\left(\frac{\|x-z\|^2}{-2\sigma^2}\right)$$

다음과 같이 z가 A, B, C 세 가지 위치에 따라 어떤 값을 갖는지 알아보자.

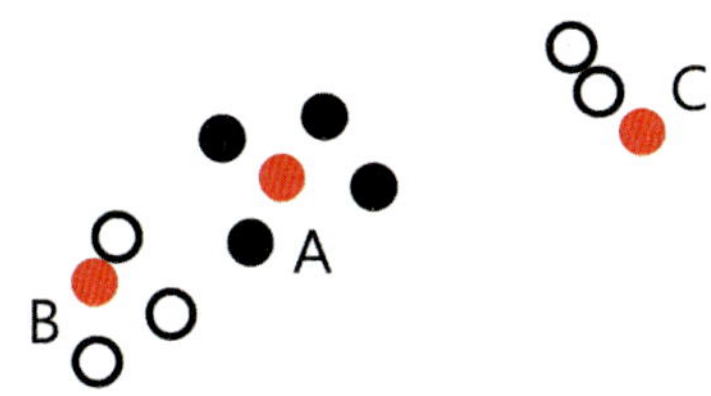

[그림 15.13] 가우시안 커널 적용 예

[그림 15.13]에서 만약에 A 위치에 있는 경우에는 검은돌만이 커널 계산에 대부분의 영향을 준다. 왜냐하면 나머지 하얀돌과의 거리가 크므로 $\left\|x_{B\text{근처의 하얀돌}} - A\right\|^2 \approx \infty$, $\left\|x_{C\text{근처의 하얀돌}} - C\right\|^2 \approx \infty$ 이므로 $K\left(x_{x_{B\text{근처의 하얀돌}}}, A\right) = 0, K\left(x_{x_{B\text{근처의 하얀돌}}}, A\right) = 0$ 이다. 또한 B나 C 위치에 있는 경우에는 각각 주변의 하얀돌만 대부분의 영향을 미친다고 볼 수 있다. 즉 그림에서 선형 커널로는 분류할 수 없는 문제지만 적절한 커널을 사용하여 분류가 가능할 수 있음을 알 수 있다. 그런데 이러한 커널은 무조건 적절히 정의만 하면 되는 것인가? 유효한 커널이 될 수 있는가? 유효한 커널은 정의된 커널에 대하여 적절한 입력 특징 매핑 함수인 ϕ가 존재하는 것을 의미한다. 이러한 유효한 커널을 머서(Mercer) 커널이라고 하며 커널 행렬이 양반정치행렬(positive semi-definite matrix)이어야 한다고 알려져 있다. 대표적으로 많이 사용되는 커널은 다음과 같다.

$K(x_i, x_j) = \langle x_i, x_j \rangle$: 선형 커널

$K(x_i, x_j) = \exp\left(-\frac{\|x_i - x_j\|^2}{2\sigma^2}\right) = \exp\left(-\gamma\|x_i - x_j\|^2\right)$: 가우시안 커널

$K(x_i, x_j) = \tanh(p_1\langle x_i, x_j \rangle + p_2),\ p_1 > 0,\ p_2 < 0$: 쌍곡 탄젠트(hyperbolic tangent) 커널

$K(x_i, x_j) = (\langle x_i, x_j \rangle + 1)^p$: 다항 커널

15.9 비용함수에 대한 이해

하드 마진에서 사용되는 목적함수는 다음과 같이 정의하였다.

$$\min_{\gamma,w,b} \frac{1}{2}\|w\|^2$$
$$\text{s.t. } y_i(w^T x_i + b) \geq 1, \forall i = 1, \dots, n$$

이 식은 일반적으로 손실+벌점 형식으로 정의된 형식은 아니다. 지지벡터 머신도 손실+벌점 형식으로 표현하면 다음과 같이 정의할 수 있다.

$$\min_{w,b}\left\{\sum_{i=1}^{n}\max[0,1 - y_i h_{w,b}(x_i)] + \lambda\sum_{j=1}^{p} w_j^2\right\}$$

여기서 사용된 손실함수를 경첩 손실함수(hinge loss)라고 한다. 이런 의미에서 보면 지지벡터 머신은 경첩 손실함수를 비용함수로 갖는 분류기라고 볼 수 있다.

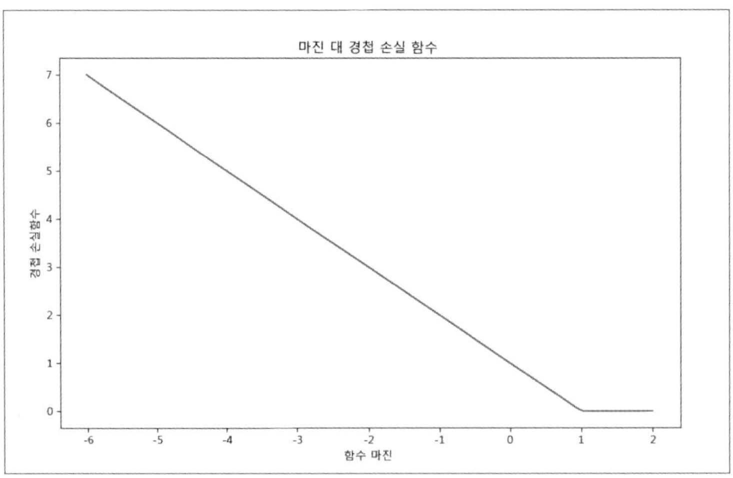

[그림 15.14] 경첩 손실함수

경첩 손실함수는 [그림 15.14]와 같이 마진이 1보다 크거나 같을 때는 손실이 0이지만, 1보다 작은 경우는 직선으로 손실이 커져 감을 알 수가 있다.

15.10 지지벡터 머신의 모수추정

쌍대 최적화 문제에서 결국은 아래의 식을 만족하는 모수를 구해야 한다.

$$Minimize_{\alpha} \quad W(\alpha)\left(=\sum_{i=1}^{n}\alpha_i-\frac{1}{2}\sum_{i=1}^{n}\sum_{j=1}^{n}\alpha_i\alpha_j y_i y_j x_i^T x_j\right)$$

$$\text{s.t.} \quad 0 \le \alpha_i \le C, \forall i$$

$$\sum_{i=1}^{n}\alpha_i y_i = 0$$

추정하는 방법 중에서 잘 알려진 방법은 좌표상승(coordinate ascent) 방법에 의한 순차최소최적화(SMO: sequential minimal optimization) 방법이 있다.

좌표상승 방법은 나머지 축은 고정하고 하나의 축에 대해서만 W를 최대화하고 이 방법을 반복하는 것이다. 그런데 $\sum_{i=1}^{n}\alpha_i y_i = 0$ 조건에 의하여 나머지 축을 고정하면, 또 하나의 축은 자동적으로 $\alpha_1 y_1 = -\sum_{i=2}^{n}\alpha_i y_i \Rightarrow \alpha_1 = -y_1\sum_{i=2}^{n}\alpha_i y_i$ 이므로 자동으로 결정된다. 따라서 하나의 축만 변동시킬 수가 없다. 그렇기 때문에 한 번에 2개의 모수를 선택하고 나머지를 고정하여 좌표상승 방법에 의하여 해를 찾는 과정이 SMO 방법이다. 이 알고리즘에 대한 직관적인 이해를 위해서는 [SMO] 문헌을 참조한다.

15.11 SAS VDMML 옵션

지도 학습의 [SVM] 노드를 선택하면 다음 그림과 같이 초기 옵션 집합을 볼 수 있다.

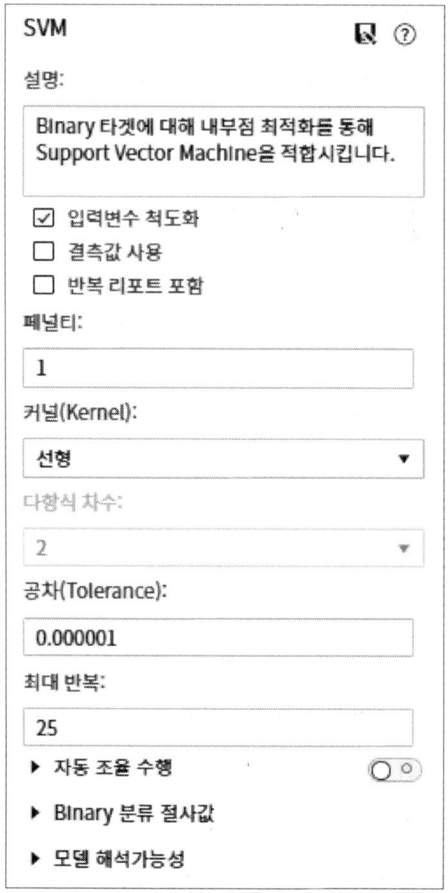

[그림 15.15] 지지벡터 머신 초기 옵션

[그림 15.15]에서 보면 입력변수에 대한 척도화(scale inputs), 즉 0과 1 사이의 값으로 모두 변환 후 적용하는 것을 디폴트로 하고 있다. 페널티는 벌점 상수값을 의미하며 디폴트는 1로 설정되어 있다. 지원되는 커널은 선형과 2차, 3차 다항식이다. 최대 반복은 내부점 방식의 알고리즘의 반복 횟수를 의미한다.

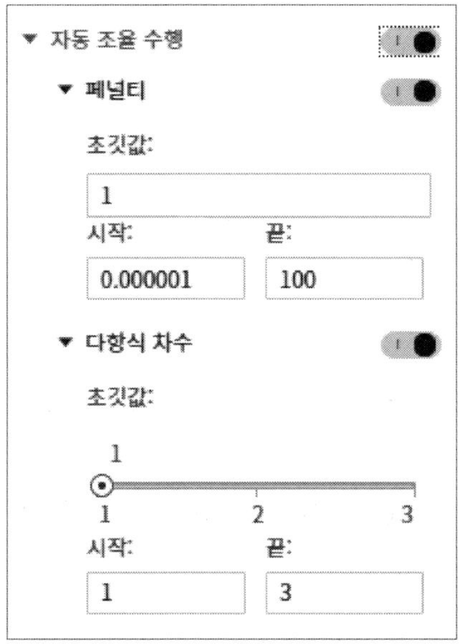

[그림 15.16] 지지벡터 머신 자동 조율 옵션

지지벡터 머신의 자동 조율 대상이 되는 초모수는 벌점 상수인 페널티와 다항식 차수이다.

참고로 지지벡터 머신 노드는 SAS VDMML 제품의 SVMACHINE 프로시저를 사용한다.

15.12 SAS VDMML 예제

[CLAIM] 데이터에 대하여 다음과 같은 파이프라인을 만들고 지지벡터 머신의 각 옵션을 실행하여 결과를 확인한다.

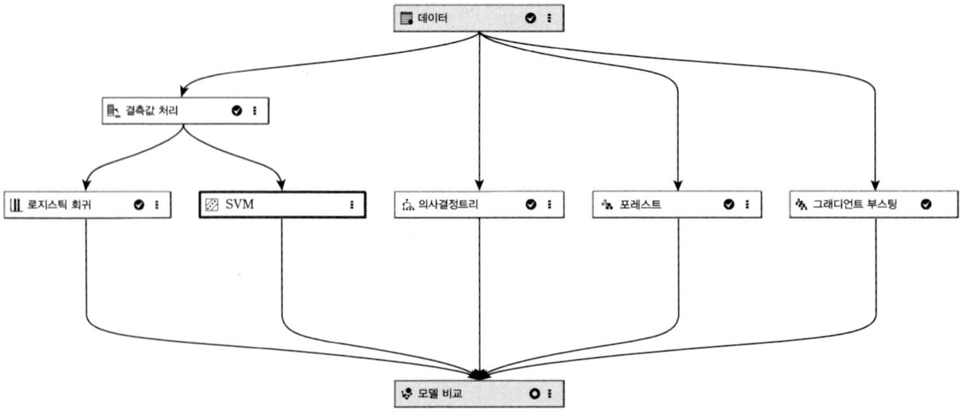

[그림 15.17] 지지벡터 머신 파이프라인 예시

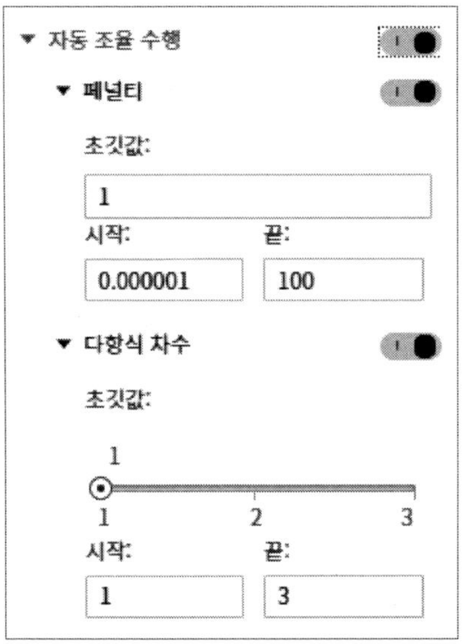

[그림 15.18] 지지벡터 머신 자동 조율 옵션 예시

16장

다층 신경망

16.1 개요

(인공)신경망은 생물학적인 신경망으로부터 영감을 받은 계산 시스템이라고 정의할 수 있다. 신경망은 데이터에 의하여 하나의 업무를 학습한다. 하나의 생물학적인 신경세포(neuron)의 구조는 [NNR]에서 **[그림 16.1]**과 같이 표현된다.

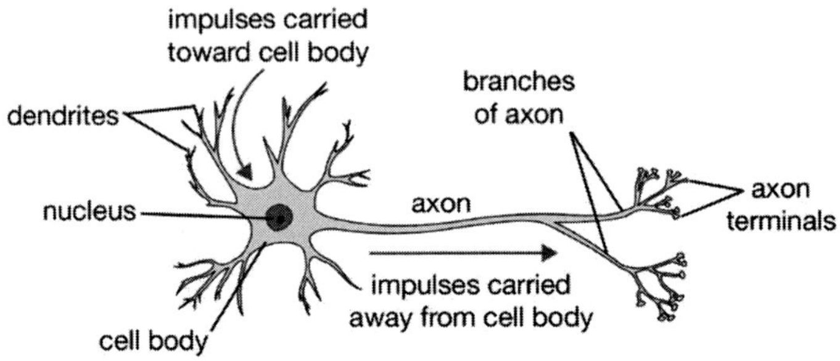

[그림 16.1] 신경세포의 구조(NNR)

각 신경세포는 연접(synapse)으로 연결되며 연결된 부위를 시작점으로 하여 수상돌기(dendrite: 나뭇가지 모양의 돌출된 부분)로부터 연결되어 자극을 받고 활성화되며 축삭돌기(axon: 긴 줄 모양의 돌출 부분)를 통하여 전달된다.

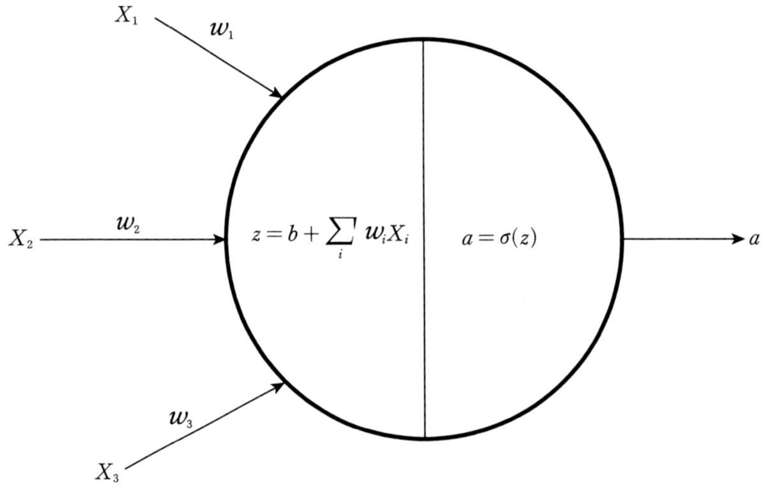

[그림 16.2] 노드의 구조

[그림 16.2]는 신경세포의 구조와 유사하게 설계된 노드이다. 즉, 이전 노드로부터 자극을 받고 자극을 받은 후 어파인 변환(affine transformation)으로 값을 저장 후 활성 함수인 σ을 통하여 다른 노드로 전달해주는 구조이다.

이 장에서는 신경망의 학습 과정과 학습 과정에서 가장 주요한 역전파(back propagation), 즉 후진 패스 과정을 중점적으로 살펴보기로 한다.

16.2 표기법

- $l = 1, \cdots, L$: 층(layer)을 나타내는 첨자이며 1은 입력층을 의미하고 L은 출력층을 의미한다.
- n_l : l층의 노드의 개수이다.
- $w_{ij}^{(l)}$: l층의 i노드가 직전 노드인 $(l-1)$층의 j노드로부터 받는 가중값이다.
- $b_j^{(l)}$: l층의 j노드가 갖는 편향(bias)이다.
- $z_j^{(l)}$: l층의 j노드가 갖는 입력값이다.
- $a_j^{(l)}$: l층의 j노드가 갖는 출력값이다.
- $\sigma^{(l)}(\cdot)$: 활성함수이다.
- $W^{(l)}$: l층의 가중값 행렬
- $b^{(l)}$: l층의 편향값 벡터
- $z^{(l)}$: l층의 입력값 벡터

16.3 전진 패스

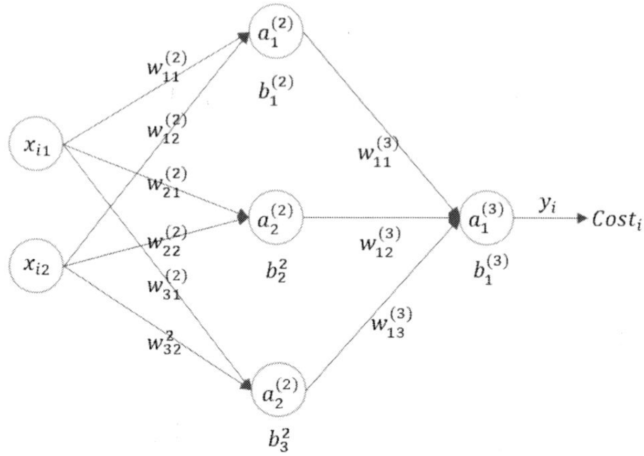

[그림 16.3] 신경망 표기법 예시

[그림 16.3]은 1개의 은닉층을 갖는 신경망의 예이며, 이를 통해 전진 패스(forward pass) 또는 피드 포워드(feed forward)가 진행되어 하나의 비용을 계산하기까지의 과정을 살펴보자. 먼저 2개의 입력 특징을 갖는 데이터가 입력 노드에서 입력된다. 이 값은 2번째 층에서 각각의 가중값과 곱해지고 편향을 더해서 입력값의 역할을 한다. 즉, $z_j^{(2)} = b_j^{(2)} + \sum_k w_{jk}^{(2)} x_{ik}$는 2번째 층의 j번째 노드의 입력값이 된다. 이 입력값은 활성함수에 입력되어 해당 노드의 출력값이 된다. 즉, $a_j^{(2)} = \sigma(z_j^{(2)})$이다. 이와 같은 방식으로 전진 패스가 진행된다. 이를 도식화하면 다음과 같다.

$$a^{(1)} \rightarrow W^{(2)}, b^{(2)} \rightarrow z^{(2)}, a^{(2)} \rightarrow W^{(2)}, b^{(2)} \rightarrow z^{(3)}, a^{(3)} \rightarrow \cdots$$

이를 행렬로 표시해 보자.

$$\begin{aligned} z^{(l)} &= W^{(l)} a^{(l-1)} + b^{(l)}, l = 2, \ldots, L \\ a^{(l)} &= \sigma^{(l)}(z^{(l)}) \end{aligned}$$

여기서 활성함수는 각 원소별(elementwise)로 활성함수가 적용됨을 의미하며, $a^{(1)}$은 입력층(input layer)을 의미한다. 마지막 출력값을 갖는 층을 출력층(output layer)이라고 하며, 출력층에서 나온 값과 목표값을 이용하여 비용을 계산하게 된다. 비용함수는 연속인 목표값인 경우에 RSS를 사용하며, 이산형인 경우에 업무 목적에 따라 다양한 비용함수, 즉 교차 엔트로피, 지니 지수 등을 사용하게 된다.

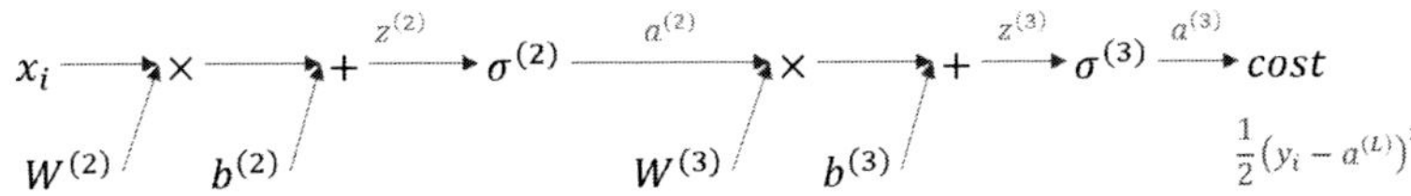

[그림 16.4] 신경세포의 구조(NNR)

[그림 16.4]는 이러한 과정을 연산자(operator), 피연산자(operand), 함수 관점에서 요약한 것이다.

16.4 활성함수

활성함수는 노드에서 입력을 받아 활성값을 만들어내는 함수이다. 여기서 입력값은 직전 층들에서 사전 정의된 규칙에 의하여 정의된 값을 의미한다. 완전 연결(fully connected)인 경우는 직전 노드의 모든 노드의 가중치 합(편향 포함 여부는 하나의 선택 사항)이다.

대표적인 활성함수와 활성함수의 도함수(derivative)는 다음의 표와 같다.

이름	활성함수	도함수
항등(identity)	$\sigma(z) = z$	$\sigma'(z) = 1$
시그모이드 (sigmoid)	$\sigma(z) = \frac{1}{1+e^{-z}}$	$\sigma'(z) = \sigma(z)(1-\sigma(z))$
쌍곡탄젠트 (hyperbolic tangent)	$\sigma(z) = \frac{e^z - e^{-z}}{e^z + e^{-z}}$	$\sigma'(z) = 1 - \sigma^2(z)$
교정선형단위 (ReLU: rectified linear unit)	$\sigma(z) = \max(0, z)$	$\sigma'(z) = 1 \text{ if } z \geq 0 \text{ else } 0$
소프트플러스 (softplus, smoothReLU)	$\sigma(z) = \log(1 + e^z)$	$\sigma'(z) = \frac{e^z}{1+e^z}$
싸인 (sine, sinusoid)	$\sigma(z) = \sin(z)$	$\sigma'(z) = \cos(z)$

16.5 전진 패스의 예시

구체적으로 전진 패스 과정을 살펴보기로 하자.

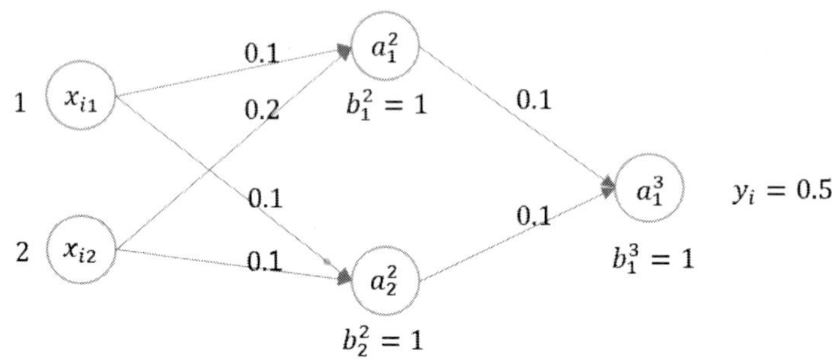

[그림 16.5] 신경망 예시

[그림 16.5]는 1개의 은닉층을 갖는 신경망이며 숫자들은 다음과 같이 요약할 수 있다.

$$
\begin{aligned}
a^{(1)} &= \begin{bmatrix} 1 \\ 2 \end{bmatrix} \\
W^{(2)} &= \begin{bmatrix} 0.1 & 0.2 \\ 0.1 & 0.1 \end{bmatrix} \\
\mathrm{b}^{(2)} &= \begin{bmatrix} 1 \\ 1 \end{bmatrix} \\
\mathrm{W}^{(3)} &= \begin{bmatrix} 0.1 & 0.1 \end{bmatrix} \\
\mathrm{b}^{(3)} &= [1]
\end{aligned}
$$

비용함수는 시그모이드함수와 선형함수를 사용한다. 모수에 대한 이러한 초깃값을 이용하여 비용까지의 계산 과정을 살펴보자.

$$
\begin{aligned}
z^{(2)} &= W^{(2)}a^{(1)} + b^{(2)} \\
z^{(2)} &= \begin{bmatrix} 1.5 \\ 1.3 \end{bmatrix} \\
a^{(2)} &= \sigma^{(2)}\left(z^{(2)}\right) = \begin{bmatrix} 0.8175 \\ 0.7858 \end{bmatrix} \\
z^{(3)} &= W^{(3)}a^{(2)} + b^{(3)} = [1.1603] \\
a^{(3)} &= \sigma^{(3)}\left(z^{(3)}\right) = [1.1603]
\end{aligned}
$$

비용함수를 $C_i = \frac{1}{2}\left(y_i - a_i^{(L)}\right)^2$으로 정의하면, $C_i = \frac{1}{2}(0.5 - 1.1603)^2 = 0.2180$이 된다.

16.6 후진 패스

후진 패스(backward pass)는 비용함수의 결과 값을 이용하여 모수값인 가중값과 편향값을 갱신하는 과정이다. 이를 후진전파(backpropagation)라고도 한다. 모수값을 갱신하기 위해서는 모든 은닉층과 출력층의 가중값과 편향값의 변화에 따른 비용함수 값의 변화가 계산되어야 한다.

$$\frac{\partial C}{\partial b_j^{(l)}}, \frac{\partial C}{\partial w_{jk}^{(l)}}, \forall j, k, l$$

이 값이 계산된다면,

$$b_j^{(l)} \coloneqq b_j^{(l)} - \alpha \frac{\partial C}{\partial b_j^{(l)}}$$
$$w_{jk}^{(l)} \coloneqq w_{jk}^{(l)} - \alpha \frac{\partial C}{\partial w_{jk}^{(l)}}$$

와 같은 방식으로 모수값을 갱신하게 된다. 단, 여기서 $\alpha > 0$은 학습률이다. 이때 계산 과정을 쉽게 표현하기 위하여 하나의 노드에서 입력값에 따른 비용함수의 편미분값을 해당 노드의 오류율이라고 정의하고 다음과 같이 표기하자.

$$dz_j^{(l)} = \frac{\partial C}{\partial z_j^{(l)}}$$

이를테면 출력층에서의 노드의 오류율은 연쇄법칙(chain rule)을 이용하여 다음과 같이 계산할 수 있다.

$$\frac{\partial C}{\partial z_j^{(L)}} = \frac{\partial a_j^{(L)}}{\partial z_j^{(L)}} \frac{\partial C}{\partial a_j^{(L)}} = \left(\sigma^{(L)}\right)'\left(z_j^{(L)}\right) \cdot \frac{\partial C}{\partial a_j^{(L)}}$$

이 된다. 만약 비용함수가 RSS이고 활성함수가 항등함수라면 $1 \cdot \left\{-\left(y_{ij} - a_j^{(L)}\right)\right\}$가 된다.

따라서 이를 행렬 표시로 하면,

$$dz^{(L)} = \frac{\partial C}{\partial z^{(L)}} = \left(\sigma^{(L)}\right)'\left(z^{(L)}\right) \odot \frac{\partial C}{\partial a^{(L)}}$$

이다. 여기서 ⊙는 아다마르(Hadamard) 곱, 즉 원소별 곱을 의미한다. 즉, $(A \odot B)_{ij} = A_{ij}B_{ij}$이다.

출력층의 편향과 가중치에 대한 편미분값은 아래와 같이 계산된다.

$$dz^{(L)} = \frac{\partial C}{\partial z^{(L)}} = \left(\sigma^{(L)}\right)'\left(z^{(L)}\right) \odot \frac{\partial C}{\partial a^{(L)}}$$

$$db_j^{(L)} = \frac{\partial C}{\partial b_j^{(L)}} = \frac{\partial z_j^{(L)}}{\partial b_j^{(L)}} \frac{\partial C}{\partial z_j^{(L)}} = 1 \cdot dz_j^{(L)} = dz_j^{(L)}$$

$$dw_{jk}^{(L)} = \frac{\partial C}{\partial w_{jk}^{(L)}} = \frac{\partial z_j^{(L)}}{\partial w_{jk}^{(L)}} \frac{\partial C}{\partial z_j^{(L)}} = a_k^{(L-1)} dz_j^{(L)}$$

이를 행렬로 표시하면 다음과 같다.

$$db^{(L)} = dz^{(L)}$$
$$dW^{(L)} = dz^{(L)} \cdot \left(a^{(L-1)}\right)^T$$

즉, 다음과 같은 방식으로 후진 패스를 진행하게 된다.

$$\frac{\partial C}{\partial a^{(L)}}, \left(\sigma^{(L)}\right)'\left(z^{(L)}\right), dz^{(L)} \to \frac{\partial C}{\partial b^{(L)}}, \frac{\partial C}{\partial W^{(L)}} \to \left(\sigma^{(L-1)}\right)'\left(z^{(L-1)}\right), dz^{(L-1)} \to \frac{\partial C}{\partial b^{(L-1)}}, \frac{\partial C}{\partial w^{(L-1)}} \to \cdots$$

위와 같은 방식으로 후진 패스가 진행되는데, 일반적인 l 은닉층에서 j번째 노드와 연결되어 있는 모수인 w_{jk}^l, b_j^l이 어떻게 표현되는지 확인해 보자.

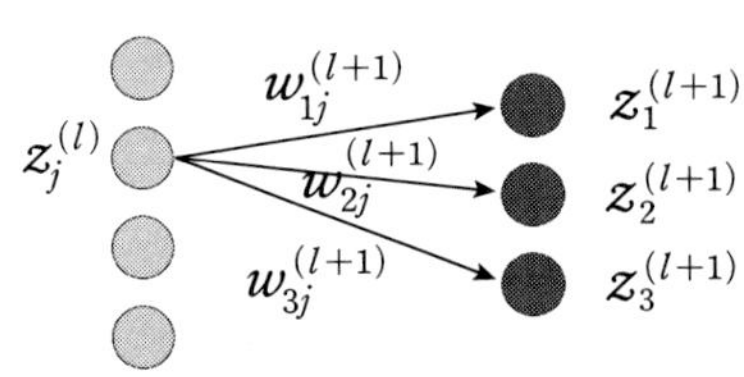

[그림 16.6] 직전 층의 입력 노드의 변화가 이후 노드의 영향 범위 예시

[그림 16.6]에서 $dz_j^{(l)}$를 계산하면 다음과 같다.

$$dz_j^{(l)} = \frac{\partial C}{\partial z_j^{(l)}} = \frac{\partial a_j^{(l)}}{\partial z_j^{(l)}} \frac{\partial C}{\partial a_j^l} = \left(\sigma^{(l)}\right)'\left(z_j^{(l)}\right) \cdot \frac{\partial C}{\partial a_j^{(l)}} = \left(\sigma^{(l)}\right)'\left(z_j^{(l)}\right) \cdot \left(\sum_m w_{mj}^{(l+1)} dz_m^{(l+1)}\right)$$

이를 행렬로 표현하면 다음과 같다.

$$dz^{(l)} = \left(\sigma^{(l)}\right)'\left(z_j^{(l)}\right) \odot \left(W^{(l+1)}\right)^T dz^{(l+1)}$$

따라서 l층의 편향값과 가중값에 대한 편미분은 다음과 같다.

$$\frac{\partial C}{\partial b^{(l)}} = dz^{(l)}$$
$$\frac{\partial C}{\partial W^{(l)}} = dz^{(l)}\left(a^{(l-1)}\right)^T$$

16.7 후진 패스의 예시

학습률이 0.1이라고 가정하며, 전진 패스의 가정과 결과를 이용하여 다음과 같이 계산할 수 있다.

$$\frac{\partial C}{\partial a^{(3)}} = -(0.5 - 1.1603) = 0.6603$$
$$\left(\sigma^{(3)}\right)'\left(z^{(3)}\right) = 1$$
$$dz^{(3)} = 1 \cdot 0.6603 = 0.6603$$
$$\frac{\partial C}{\partial b^{(3)}} = dz^{(3)} = 0.6603$$
$$\frac{\partial C}{\partial w^{(3)}} = dz^{(3)}\left(a^{(2)}\right)^T = 0.6603 \cdot [0.8175 \quad 0.7858] = [0.53987 \quad 0.5189]$$

따라서 편향과 가중은 다음과 같이 갱신된다.

$$b^{(3)} := b^{(3)} - \alpha \frac{\partial C}{\partial b^{(3)}} = 1 - 0.1 \cdot 0.6603 = 0.9339$$
$$w^{(3)} := w^{(3)} - \alpha \frac{\partial C}{\partial w^{(3)}} = [0.1 \quad 0.1] - 0.1 \cdot [0.53987 \quad 0.5189] = [0.0460 \quad 0.0481]$$

이때 $w_1^{(3)} < w_2^{(3)}$인 이유를 살펴보면, 오차가 발생한 경우에 오차를 많이 발생시키는 쪽의 가중치를 낮춰 주는 것이다.

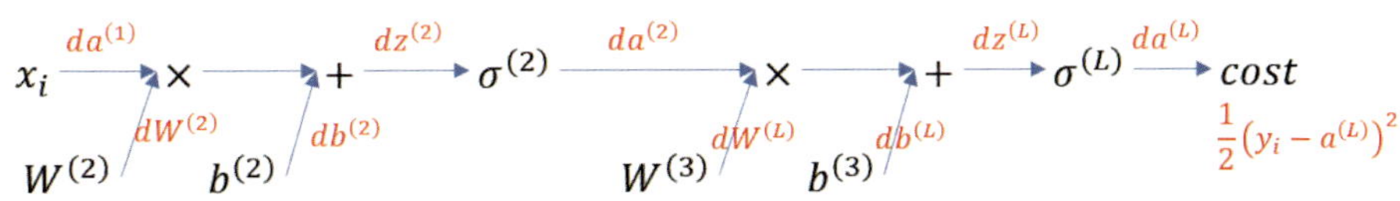

[그림 16.7] 후진 패스 예시

[그림 16.7]은 후진 패스가 연산자, 피연산자 및 함수를 통과하면서 어떻게 변하는지를 도식화한 것이다. 빨간색으로 표시된 부분은 후진 패스 과정에서 생성되는 오차들이다. 여기서 사용되는 표기는 다음과 같이 정의된다.

$$\frac{\partial C}{\partial a^{(L)}} \coloneqq da^{(L)}, \frac{\partial C}{\partial z^{(L)}} \coloneqq dz^{(L)}, \frac{\partial C}{\partial b^{(L)}} \coloneqq db^{(L)}, \frac{\partial C}{\partial W^{(L)}} \coloneqq dW^{(L)}$$

이와 같이 정의되었을 때 구체적으로 계산하는 방식은 다음과 같다.

$$dW^{(2)} = dz^{(2)} \times \left(a^{(1)}\right)^T$$
$$dz^{(2)} = \left(\sigma^{(2)}\right)'\left(z^{(2)}\right) \odot da^{(2)}$$

16.8 초깃값 주기

비용함수가 모수에 대한 볼록함수가 아닌 경우에는 초깃값에 따라 많은 국소 최솟값을 갖을 수 있다. 또한 초깃값에 따라서 국소 최솟값에도 도달하지 못하고 모수가 발산하는 경우도 있다. 이런 문제를 해결하기 위하여 체계적으로 초깃값을 줄 필요가 있다.

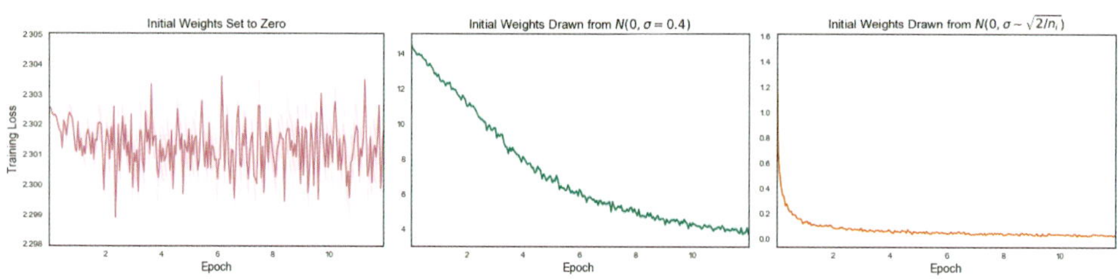

[그림 16.8] 초깃값에 따른 손실함수의 변화(NNWI)

[NNWI] 문헌에 의하면, **[그림 16.8]**과 같이 초깃값을 모두 0으로 준 경우, $N(0, \sigma = 0.4)$에서 추출한 경우, $N(0, \sigma \sim \sqrt{\frac{2}{n_i}})$와 같이 각 노드가 받는 입력 노드의 개수에 반비례하게 표준편차를 주고 난 후 추출한 경우를 예시하였다. 보는 바와 같이 3번째 경우가 훨씬 안정적으로 매우 빠르게 손실함수가 수렴하는 것을 볼 수 있다.

대표적인 초깃값을 주는 방법 중 하나인 Glorot 초기화(initialization)를 알아보도록 하자.

$$dz_j^{(l)} = \frac{\partial C}{\partial z_j^{(l)}} = (\sigma^{(l)})'(z_j^{(l)}) \cdot \frac{\partial C}{\partial a_j^{(l)}} = (\sigma^{(l)})'(z_j^{(l)}) \cdot \left(\sum_m w_{mj}^{(l+1)} dz_m^{(l+1)}\right)$$

$$\frac{\partial C}{\partial w_{jk}^{(l)}} = a_k^{(l-1)} dz_j^{(l)}$$

이 식은 후진 패스인 경우에 모수를 갱신하는 방법이다. 만약 직전 은닉층에서 출력값이 0에 가까우면 다음 층이 $\frac{\partial C}{\partial w_{jk}^{(l)}}$값이 0에 가깝기 때문에 따라서 모수를 갱신할 수 없게 된다. 또한 하나의 노드의 오류율 $(dz_j^{(l)})$은 만약 입력값이 커지게 되면 S자 활성함수의 편미분값이 극한값을 받아서 0에 수렴하게 된다. 이런 이유로 모수를 갱신할 수 없게 된다. 만약 선형함수이거나 ReLU인 경우에는 미분값이 0 또는 1이지만, 출력값이 큰 값이므로 손실함수값이 커지게 되어 모수값이 발산하는 경우가 있다. 이런 이유로 모든 은닉층에서의 출력값의 분산들이 서로 동일하게 유지되어야 한다. 이를 적용한 것이 Glorot 가중치 초기화 방법이다.

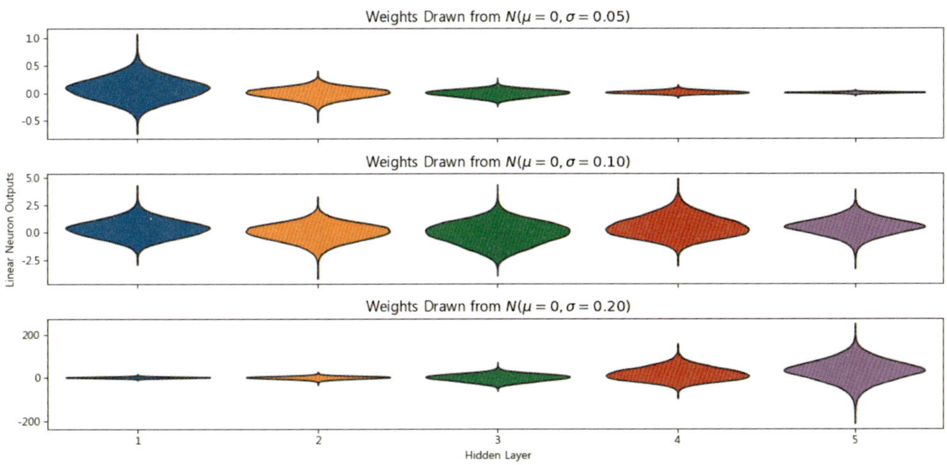

[그림 16.9] 초깃값에 따른 은닉층의 출력값의 분포(NNWI)

[그림 16.9]는 MNIST의 DIGITS 데이터에 대하여 5개의 은닉층에 각 100개의 노

드를 완전 연결하여 아키텍처를 구성하였고, 1000번을 1개의 배치로 하여 수행한 후 각 은닉층의 출력값 분포를 표현하였다. 각 층의 활성함수는 항등함수를 사용하였다. 이 그림을 통해 초깃값에 따라 마지막 은닉층의 값이 0으로 수렴하는 경우, 동일한 분산을 유지하는 경우, 그리고 값이 점점 커지는 경우를 볼 수 있다. 다음 표는 각 은닉층의 활성함수에 따른 해당 층의 가중값의 초깃값을 주는 방법이다.

활성함수	초깃값	비고
identity, sigmoid, tanh	$\sigma = \sqrt{\frac{2}{n_{l-1}+n_l}}$ $a = \sqrt{\frac{6}{n_{l-1}+n_l}}$	정규분포인 경우는 표준편차이며, 균등분포인 경우에는 U(−a,a)를 의미한다. 초깃값은 $w^{(l)}$에 주는 것을 의미한다.
ReLU	$\sigma = \sqrt{\frac{2}{n_{l-1}}}$ $a = \sqrt{\frac{6}{n_{l-1}}}$	

16.9 기울기 소멸 문제

$$dz_j^{(l)} = \frac{\partial C}{\partial z_j^{(l)}} = \left(\sigma^{(l)}\right)'\left(z_j^{(l)}\right) \cdot \frac{\partial C}{\partial a_j^{(l)}} = \left(\sigma^{(l)}\right)'\left(z_j^{(l)}\right) \cdot \left(\sum_m w_{mj}^{(l+1)} dz_m^{(l+1)}\right)$$

위 식에서 보듯이 은닉층의 하나의 노드에서의 오류율은 자기 자신의 활성함수의 미분값과 이후의 영향을 미치는 모든 노드의 오류율의 곱의 합이다. 다음 층의 노드의 오류율도 자기 자신의 활성함수의 미분값을 곱하게 되므로 결국 은닉층의 개수가 많아지면 출력층으로부터 멀어질수록 오류율 값은 활성함수의 미분값들의 연속적인 곱으로 표현된다. 이때 활성함수 미분값이 0과 1 사이라면 연속적인 곱은 점점 작아진다. 따라서 해당 은닉층의 가중값은 더 이상 갱신할 수 있는 값을 받기 어려워지는데 이를 기울기 소멸(gradient vanishing) 문제라고 한다. 이런 문제를 해결하기 위해서는 미분값이 사라지지 않아야 하는데, 대표적인 해결 방법 중 하나는 ReLU 활성 함수를 사용하는 것이다. 이 함수는 미분값이 0 또는 1이므로 점차 사라지는 일이 발생하지 않는다.

16.10 입력변수의 표준화

$$\frac{\partial C}{\partial w_{jk}^{(l)}} = a_k^{(l-1)} dz_j^{(l)}$$

$$w_{jk}^{(l)} := w_{jk}^{(l)} - \alpha \frac{\partial C}{\partial w_{jk}^{(l)}}$$

위 식은 하나의 가중값이 갱신되기 위해서 계산해야 하는 값이다. 이때 가중값에 대한 비용함수의 미분값을 계산하기 위해서는 직전 노드의 출력값이 사용되어야 한다. 만약 $l=2$이라면 입력층의 값은 출력값이 된다. 입력 특징이 표준화(standardization)가 되어 있지 않다면 앞 층의 하나의 노드의 오류율을 공통으로 사용하여 출력값을 곱하기 때문에 가중값이 갱신되는 속도가 서로 달라진다. 즉, 입력 특징 중에 작은 값을 갖는 변수와 연결된 가중값이 크게 갱신된다. 이런 경우에 수렴하는 속도와 수렴 여부 등에 영향을 미치므로 표준화해야만 한다. 표준화하는 방법 중 범위 중앙 방법은 $\frac{x-\frac{(\max\{x_i,i=1,\ldots,n\}+\min\{x_i,i=1,\ldots,n\})}{2}}{\frac{(\max\{x_i,i=1,\ldots,n\}-\min\{x_i,i=1,\ldots,n\})}{2}}$이다. 즉, 범위 중앙은 하나의 위치 모수값으로 범위 중앙을 생각하여 빼준 것이다. 이외의 방법은 연속변수의 변수 변환 장을 참조한다.

16.11 과적합 문제

신경망은 많은 은닉층과 노드를 갖고 있기 때문에 일반적으로 훈련 데이터에 대한 과적합(overfitting) 문제에 직면하게 된다. 이를 해결하기 위하여 사용되는 모수인 $w_{ij}^{(l)}, b_j^{(l)}$에 대하여 정칙화(regularization)를 하게 된다. 이 중에 L_2 정칙화를 가중값 감소(weight decay) 방법이라고 한다. 이 방법은 비용함수가 정의되면 비용함수에 정규화를 위한 벌점 항을 추가하는 것이다.

$$C := C + \frac{\lambda_2}{2}\left(\sum_{i,j,l}\left(w_{ij}^{(l)}\right)^2 + \sum_{j,l}\left(b_j^{(l)}\right)^2\right)$$

여기서 λ_2는 L_2 조율모수(tuning parameter) 또는 정칙화 계수(regularization coefficient)라고 한다. 가중값 감소 방법이라고 부르는 이유는 기울기 하강법을 이용하여 모수를 갱신하는 과정에서 편미분값을 빼주어야 하기 때문이다.

$$w_{ij} := w_{ij} - \nu\frac{\partial C}{\partial w_{ij}} - \nu\lambda_2 w_{ij}$$

여기서 ν는 학습률이다. 위 식을 보면 추가적으로 $\nu\lambda_2 w_{ij}$ 값을 빼주고 있다. 일종의 가중값을 급격히 커지는 것을 방지하는 의미이다. 이런 의미에서 가중값 감소 방법이라고 부르고 있다.

마찬가지 방법으로 L_1 정칙화 가중값 감소 방법은 다음과 같이 비용함수를 정의할 수 있다.

$$C := C + \lambda_1\left(\sum_{i,j,l}\left|w_{ij}^{(l)}\right| + \sum_{j,l}\left|b_j^{(l)}\right|\right)$$

여기서 λ_1은 L_1 조율모수, 또는 정칙화 계수이다. L_1, L_2 정칙화를 모두 사용하는 경우에는 비용함수를 다음과 같이 정의할 수 있다.

$$C := C + \lambda_1\left(\sum_{i,j,l}\left|w_{ij}^{(l)}\right| + \sum_{j,l}\left|b_j^{(l)}\right|\right) + \lambda_2\left(\sum_{i,j,l}\left(w_{ij}^{(l)}\right)^2 + \sum_{j,l}\left(b_j^{(l)}\right)^2\right)$$

벌점 항을 추가한 것의 의미는 가중값들이 과도하게 커지는 것을 방지하는 것이다. 즉 모형을 단순화하기 때문에 과적합을 방지할 수 있는 것이다.

과적합 문제를 해결하기 위한 단순한 방법 중 하나는 드롭아웃(dropout)이 있다.

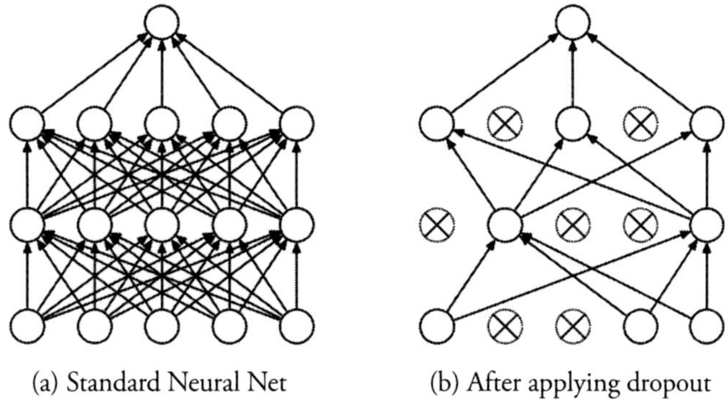

[그림 16.10] 완전 신경망과 드롭아웃 신경망(DROT)

[그림 16.10]을 보면, 완전 신경망은 모든 노드가 다 연결되어 있지만, 드롭아웃이 적용된 신경망은 훈련 시에 각 노드가 매번 성공 확률이 1인 베르누이 확률분포를 무작위로 추출하여 그 값을 보고 참여 여부를 결정한다. 이렇게 함으로써 과적합을 피할 수 있다.

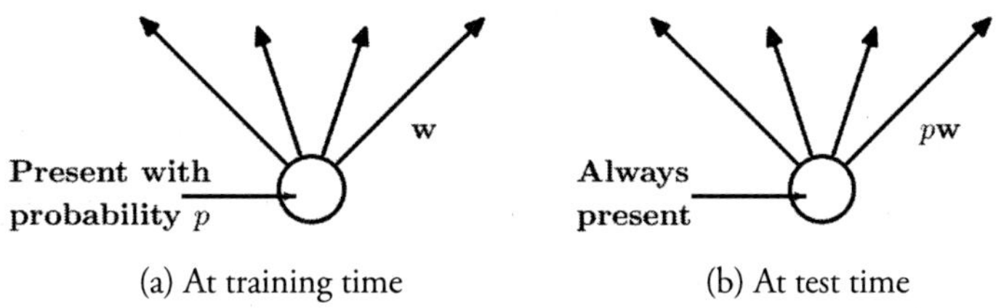

[그림 16.11] 평가 데이터 적용 방법(DROT)

이렇게 훈련된 가중값들은 실제 평가 데이터를 적용할 때 모든 노드는 탈락(drop out)시키지 않고 가중값만 pw로 조정하여 적용한다.

16.12 SAS VDMML 옵션

지도 학습의 **[신경망]** 노드를 선택하면 다음 그림과 같이 초기 옵션 집합을 볼 수 있다.

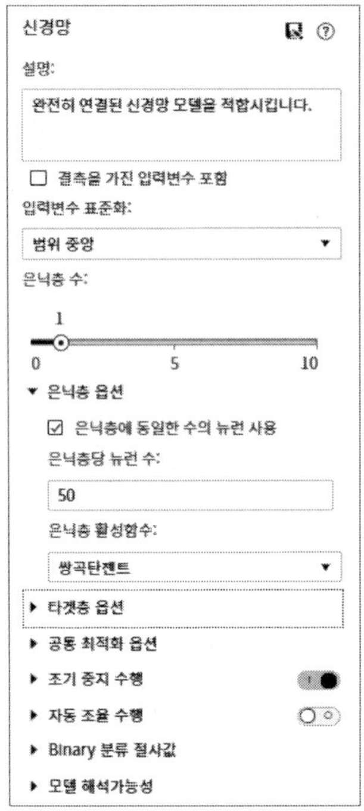

[그림 16.12] 신경망 초기 옵션

옵션에서는 입력변수 표준화 방법, 은닉층 수와 각 은닉층에 대한 뉴런 즉, 노드의 수, 그리고 활성함수를 정의할 수 있다. 다른 노드와 마찬가지로 자동 조율 수행 등의 옵션이 있음을 알 수가 있다. 은닉층 활성함수는 **[그림 16.13]**과 같이 지원하고 있다.

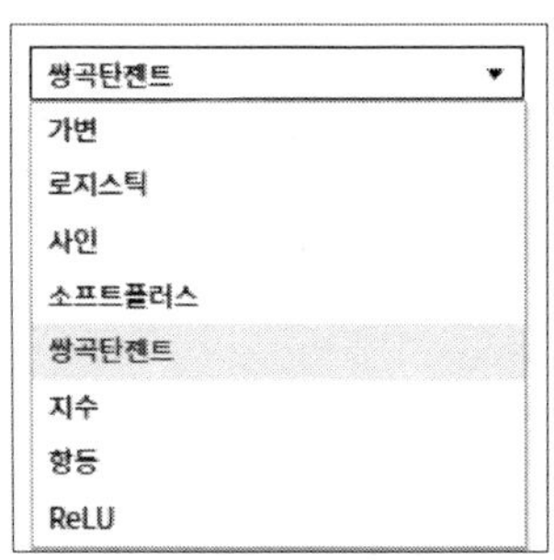

[그림 16.13] 신경망 활성함수 목록

타겟층, 즉 출력층 옵션으로는 **[그림 16.14]**를 지원하고 있다.

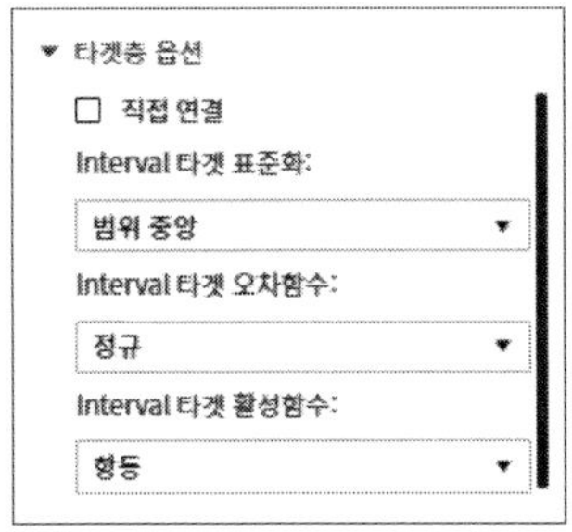

[그림 16.14] 신경망 타겟층 옵션

자동 조율 옵션은 [그림 16.15]와 같다.

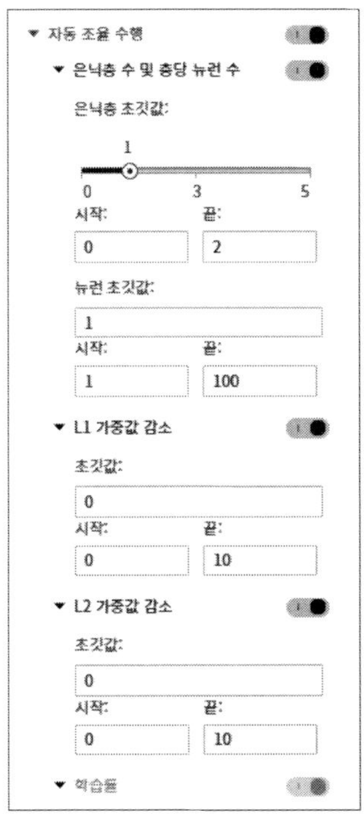

[그림 16.15] 신경망 자동 조율 옵션

자동 조율 옵션은 은닉층 개수, 은닉층의 노드의 개수, L_1, L_2 가중값 감소를 위한 정칙화 계수의 값 그리고 학습률 등의 범위를 변경할 수 있도록 되어 있다. 참고로 신경망 노드는 SAS VDMML 제품의 NNET 프로시저를 이용한다.

16.13 SAS VDMML 예제

[CLAIM] 데이터에 대하여 다음과 같은 파이프라인을 만들고 신경망 노드의 각 옵션을 실행하여 결과를 확인한다.

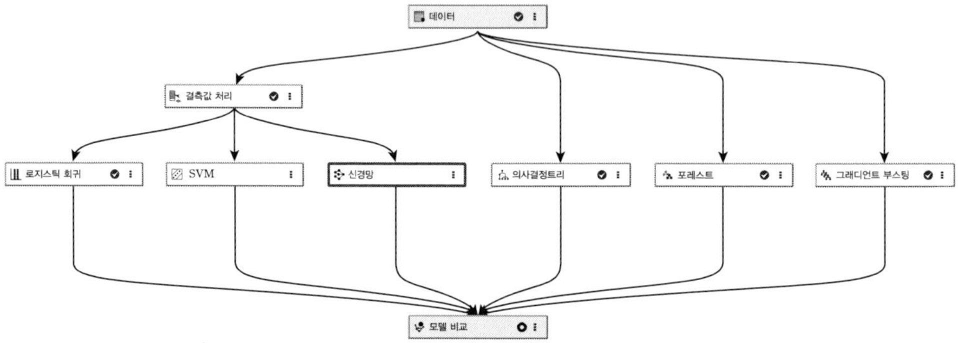

[그림 16.16] 신경망 파이프라인

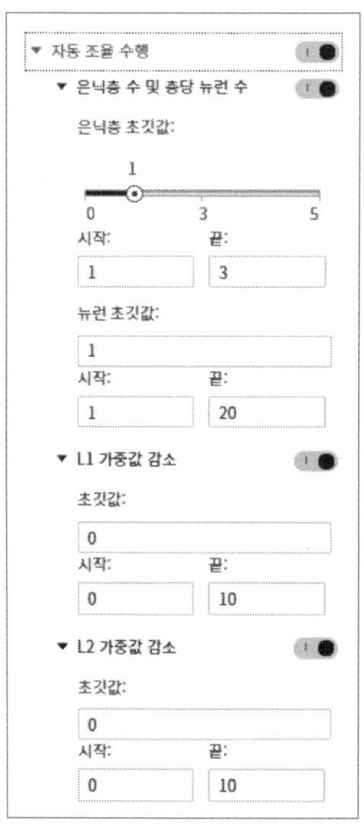

[그림 16.17] 신경망 자동 조율 예시

17장

특잇값 분해

17.1 개요

특잇값 분해(SVD: singular value decomposition)는 아무 행렬이나 3개의 행렬로 분해하는 것을 의미한다. 즉, 하나의 행렬(n×p)은 다음과 같이 행렬 3개의 곱으로 표시된다.

$$X_{n\times p} = U_{n\times r}D_{r\times r}(V_{p\times r})^T$$

특잇값 분해의 결과는 다양하게 표현되지만, 여기에서는 간결한 SVD를 사용한다. 특잇값 분해에서 분해된 3개의 행렬은 추천 시스템, 잠재 의미 분석, 차원 축소 등에 널리 사용된다. 이 장에서는 구체적인 예를 통하여 특잇값 분해의 의미를 살펴보기로 하자.

17.2 분해행렬의 계산

하나의 행렬, 즉 행렬이기만 하면 다음과 같이 분해된다. 분해된 결과는 다양하지만, 아래와 같이 분해되는 것을 간결 SVD(compact SVD)라고 한다.

$$X_{n\times p} = U_{n\times r}D_{r\times r}(V_{p\times r})^T$$

여기서 U, V 행렬은 정규직교(orthonormal)행렬이고 D는 대각(diagonal)행렬이다. 정규직교행렬은 각 열벡터의 크기가 1이고 서로 다른 열벡터 간의 내적은 0이다. 즉, $U^TU = I, V^TV = I$이다. 여기서 I는 항등행렬(identity matrix)이다. D 행렬은 대각행렬이며 대각원소값은 $d_1 \geq d_2 \geq \cdots \geq 0$이고, 각 값을 특잇값(singular value)이라고 한다.

분해행렬인 U, D, V를 구해 보자.

$$X^TX = (UDV^T)^TUDV^T = VDU^TUDV^T = VD^2V^T$$

이므로 $V = (v_1, \dots, v_r)$이라고 정의하면 $(X^TX)v_1 = d_1^2v_1$이며, 따라서 v_1은 X^TX의 고유벡터(eigenvector)가 된다. 또한 d_1^2은 고윳값(eigenvalue)이 된다. 따라서 특잇값은 X^TX

고윳값의 제곱근이 되는 것이다.

$$XX^T = UDV^T(UDV^T)^T = UDV^TVDU^T = UD^2U^T$$

이므로 $U = (u_1, \dots, u_r)$이라고 정의하면 $(XX^T)u_1 = d_1^2 u$이며, 따라서 u_1은 XX^T의 고유벡터가 된다. 또한 d_1^2은 고윳값이 된다.

17.3 특잇값 분해 계산

하나의 행렬에 대한 특잇값 분해를 해보자.

$$X = \begin{bmatrix} 5 & 0 & 3 \\ 3 & 7 & 3 \\ 5 & 2 & 4 \\ 7 & 6 & 8 \end{bmatrix}$$

주어진 행렬에 대하여 특잇값 분해를 하면,

$$U = \begin{bmatrix} -0.298 & -0.605 & -0.53 \\ -0.443 & 0.73 & -0.516 \\ -0.398 & -0.319 & -0.22 \\ -0.746 & -0.021 & 0.636 \end{bmatrix}, D = \begin{bmatrix} 16.323 & 0 & 0 \\ 0 & 5.162 & 0 \\ 0 & 0 & 1.384 \end{bmatrix},$$

$$V^T = \begin{bmatrix} -0.615 & -0.513 & -0.599 \\ -0.499 & 0.841 & -0.208 \\ -0.611 & -0.172 & 0.773 \end{bmatrix}$$

이다. 여기서 만약에 차원을 축소하기 위하여, 즉 저차원으로 원래 행렬을 근사해보면,

$$\begin{aligned} X_2 &= U_2 \times D_2 \times V_2^T \\ &= \begin{bmatrix} -0.298 & -0.605 \\ -0.443 & 0.73 \\ -0.398 & -0.319 \\ -0.746 & -0.021 \end{bmatrix} \begin{bmatrix} 16.323 & 0 \\ 0 & 5.162 \end{bmatrix} \begin{bmatrix} -0.615 & -0.513 & -0.599 \\ -0.499 & 0.841 & -0.208 \end{bmatrix} \\ &= \begin{bmatrix} 4.552 & -0.126 & 3.567 \\ 2.564 & 6.877 & 3.553 \\ 4.814 & 1.948 & 4.235 \\ 7.537 & 6.151 & 7.319 \end{bmatrix} \end{aligned}$$

이 된다. 원래 행렬인 X와 저차원으로 축소된 후 복원된 X_2와의 원소별 차이에 대한 프로베니어스 노름(Frobenious norm)을 구해 보면 1.384이다. 프로베니어스 노름은 원소별 차이 행렬을 A라고 하면,

$$\|A\|_F = \sqrt{\sum_i \sum_j a_{i,j}^2} = \sqrt{trace(A^T A)}$$

이다. 원소별 오차제곱합의 제곱근이다. 따라서 원래 데이터 행렬의 차원이 많아서 축소하고자 하는 경우에는 프로베니어스 노름의 변화를 살펴보아야 한다.

17.4 특잇값 분해 예제: 추천 시스템

여기에서 사용된 영화 행렬은 [MMD]를 참조하였다.

17.4.1 데이터 구성

다음과 같은 이용자 대 영화 행렬(user to movie matrix)이 있다고 하자.

$$X = \begin{bmatrix} 1 & 1 & 1 & 0 & 0 \\ 3 & 3 & 3 & 0 & 0 \\ 4 & 4 & 4 & 0 & 0 \\ 5 & 5 & 5 & 0 & 0 \\ 0 & 2 & 0 & 4 & 4 \\ 0 & 0 & 0 & 5 & 5 \\ 0 & 1 & 0 & 2 & 2 \end{bmatrix}$$

여기서 행벡터는 이용자를 의미하며, 열벡터는(Matrix, Alien, Serenity, Casablanca, Amelie)를 의미하는 영화이다. 행렬의 값은 이용자가 특정 영화를 보고나서 평가한 값이다. 클수록 높은 평가를 한 것을 의미한다. 0의 의미는 0점이 아니라 해당 영화를 보지 않은 것을 의미한다. 실제 Netflix(온라인 엔터테인먼트 회사)는 1억 이상의 이용자에게 수십만 개의 영화를 서비스하고 있으므로 실제 이용자 대 영화 행렬은 엄청난 크기일 것이다.

17.4.2 SVD 계산

이 행렬은 특잇값 분해에 의하여 다음과 같이 3개의 행렬로 분해된다.

$$
\mathrm{U, D, V^T} = \begin{bmatrix} -0.14 & 0.02 & 0.01 & 0.99 & 0 \\ -0.41 & 0.07 & 0.03 & -0.06 & -0.89 \\ -0.55 & 0.09 & 0.04 & -0.08 & 0.42 \\ -0.69 & 0.12 & 0.05 & -0.1 & 0.19 \\ -0.15 & -0.59 & -0.65 & 0 & 0 \\ -0.07 & -0.73 & 0.68 & 0 & 0 \\ -0.08 & -0.3 & -0.33 & 0 & 0 \end{bmatrix}, \begin{bmatrix} 12.48 & 0 & 0 & 0 & 0 \\ 0 & 9.51 & 0 & 0 & 0 \\ 0 & 0 & 1.35 & 0 & 0 \\ 0 & 0 & 0 & 0 & 0 \\ 0 & 0 & 0 & 0 & 0 \end{bmatrix},
$$

$$
\begin{bmatrix} -0.56 & -0.59 & -0.56 & -0.09 & -0.09 \\ 0.13 & -0.03 & 0.13 & -0.7 & -0.7 \\ 0.41 & -0.8 & 0.41 & 0.09 & 0.09 \\ -0.71 & 0 & 0.71 & 0 & 0 \\ 0 & 0 & 0 & 0.71 & -0.71 \end{bmatrix}
$$

여기서 D 행렬이 대각원소값이 0인 경우가 2개 있는데 이는 원래 행렬의 계수(rank)가 3이기 때문이다. 계수는 하나의 행렬의 서로 독립인 행 또는 열의 개수를 의미한다. 계수에 맞게 재조정을 하면 아래와 같이 표현된다.

$$
\mathrm{U, D, V^T} = \begin{bmatrix} -0.14 & 0.02 & 0.01 \\ -0.41 & 0.07 & 0.03 \\ -0.55 & 0.09 & 0.04 \\ -0.69 & 0.12 & 0.05 \\ -0.15 & -0.59 & -0.65 \\ -0.07 & -0.73 & 0.68 \\ -0.08 & -0.3 & -0.33 \end{bmatrix}, \begin{bmatrix} 12.48 & 0 & 0 \\ 0 & 9.51 & 0 \\ 0 & 0 & 1.35 \end{bmatrix},
$$

$$
\begin{bmatrix} -0.56 & -0.59 & -0.56 & -0.09 & -0.09 \\ 0.13 & -0.03 & 0.13 & -0.7 & -0.7 \\ 0.41 & -0.8 & 0.41 & 0.09 & 0.09 \end{bmatrix}
$$

여기서 U 행렬의 의미를 살펴보자. 원래 행렬의 행은 각 이용자를 표현하는데, U행렬은 각 이용자의 행렬과 유사하다. 다만, 원래 이용자 행렬은 영화 공간, 즉 5차원이 하나의 점인데, 여기서는 3차원의 하나의 점으로 표현되었다. 이 축소된 차원을 개념 축(concept axis) 또는 인자(factor)라고 하면, 특잇값 분해는 개념 축으로 분해한다고 볼 수 있다. 마찬가지로 V 행렬의 의미를 살펴보자. 원래 행렬의 열은 영화이며, 사용자 공간, 즉 7차원의 하나의 점이다. 그런데 특잇값 분해를 하고 나서는 3차원의 하나의 점으로 표현되었다. 즉, V 행렬의 열벡터가 마찬가지로 개념 축이라고 정의할 수 있다.

요약하면, 원래 행렬의 행은 U 행렬의 행, 원래 행렬의 열은 V의 전치행렬(V^T)의 열에 의하여 표현이 가능하며 각각 뭔지 모를 개념 축에 의하여 설명이 되고 있다.

17.4.3 개념 축 이해

개념 축이 어떤 의미인지를 알아보자. V의 전치행렬에 대하여 DV^T는 다음과 같다.

$$DV^T = \begin{bmatrix} -7.02 & -7.4 & -7.02 & -1.12 & -1.12 \\ 1.2 & -0.27 & 1.2 & -6.61 & -6.61 \\ 0.55 & -1.08 & 0.55 & 0.12 & 0.12 \end{bmatrix}$$

대각행렬을 곱한 이유는 각 개념 축의 갖고 있는 크기이기 때문이다. 이 행렬의 각 열에 대한, 즉 각 영화에 대하여 코사인 유사도(cosine similarity)를 구해 보면 다음과 같다.

$$\begin{bmatrix} 1 & 0.95 & 1 & 0 & 0 \\ 0.95 & 1 & 0.95 & 0.2 & 0.2 \\ 1 & 0.95 & 1 & 0 & 0 \\ 0 & 0.2 & 0 & 1 & 1 \\ 0 & 0.2 & 0 & 1 & 1 \end{bmatrix}$$

코사인 유사도는 두 개의 벡터 a,b에 대하여 다음과 같이 정의된다.

$$\cos(\theta) = \frac{a \cdot b}{\|a\|_2 \|b\|_2} = \frac{\sum_i a_i b_i}{\sqrt{\sum_i a_i^2}\sqrt{\sum_i b_i^2}}$$

영화 1과 영화 2의 유사도는 0.95, 영화 1과 영화 3과의 유사도는 1, 영화 4와의 유사도는 0, 영화 5와의 유사도는 0이다. 따라서 영화 1, 2, 3은 서로 유사하며, 영화 4, 5도 서로 유사하다. 이를 실제 파악해보면, 영화 1, 2, 3은 SF 영화이며, 4, 5는 로맨스 영화라고 볼 수 있으므로 개념 축 1은 SF, 개념 축 2는 로맨스라고 정의한다.

대각행렬은 각 개념 축이 갖고 있는 크기라고 생각할 수 있다. 그런데 3번째 대각

행렬값이 상대적으로 작다고 볼 수 있으므로 해당 값을 없애고, 즉 이와 관련된 U 행렬의 열과 V^T 행렬의 행을 제거하면 최종적으로 다음과 같은 근사행렬을 만들어 낼 수 있다.

$$\mathrm{U_2, D_2, V_2^T} = \begin{bmatrix} -0.14 & 0.02 \\ -0.41 & 0.07 \\ -0.55 & 0.09 \\ -0.69 & 0.12 \\ -0.15 & -0.59 \\ -0.07 & -0.73 \\ -0.08 & -0.3 \end{bmatrix}, \begin{bmatrix} 12.48 & 0 \\ 0 & 9.51 \end{bmatrix}, \begin{bmatrix} -0.56 & -0.59 & -0.56 & -0.09 & -0.09 \\ 0.13 & -0.03 & 0.13 & -0.7 & -0.7 \end{bmatrix}$$

이렇게 분해된 3개의 행렬의 곱을 구하면 아래와 같다.

$$\mathrm{U_2 D_2 V_2^T} = \begin{bmatrix} 0.99 & 1.01 & 0.99 & 0 & 0 \\ 2.98 & 3.04 & 2.98 & 0 & 0 \\ 3.98 & 4.05 & 3.98 & -0.01 & -0.01 \\ 4.97 & 5.06 & 4.97 & -0.01 & -0.01 \\ 0.36 & 1.29 & 0.36 & 4.08 & 4.08 \\ -0.37 & 0.73 & -0.37 & 4.92 & 4.92 \\ 0.18 & 0.65 & 0.18 & 2.04 & 2.04 \end{bmatrix}$$

이 결과 값과 실제 행렬 값과의 원소별 차이를 보면,

$$\begin{bmatrix} 0.01 & -0.01 & 0.01 & 0 & 0 \\ 0.02 & -0.04 & 0.02 & 0 & 0 \\ 0.02 & -0.05 & 0.02 & 0.01 & 0.01 \\ 0.03 & -0.06 & 0.03 & 0.01 & 0.01 \\ -0.36 & 0.71 & -0.36 & -0.08 & -0.08 \\ 0.37 & -0.73 & 0.37 & 0.08 & 0.08 \\ -0.18 & 0.35 & -0.18 & -0.04 & -0.04 \end{bmatrix}$$

와 같이 되고 어느 정도 근사가 되어 있음을 알 수 있다.

보다 상세하게 살펴보면,

$$\mathrm{X = UDV^T \approx U_{n\times k} D_{k\times k} V_{k\times p}^T} = \sum_{i=1}^{k} d_i u_i v_i^T$$

이다. 즉, 원래 $D_{r\times r}$를 $D_{k\times k}, r > k$로 적절히 k를 선택하면 저차원으로 원래 행렬을 근사할 수 있기 때문에 일종의 차원 축소도 되는 것이다.

17.4.4 추천 과정 이해

주요한 개념 축을 선정한 후 이후의 추천 과정을 간략히 살펴보자. 다음과 같은 이용자 벡터가 있다고 하자. 이러한 이용자에게는 어떠한 영화를 추천할 수 있을까?

$$q = \begin{bmatrix} 5 \\ 0 \\ 0 \\ 0 \\ 0 \end{bmatrix}$$

이용자는 Matrix 영화에 대하여 최고점인 5점을 주고 나머지 영화는 보지 않았다. 이 이용자를 영화 개념 축에서의 위치를 살펴보자.

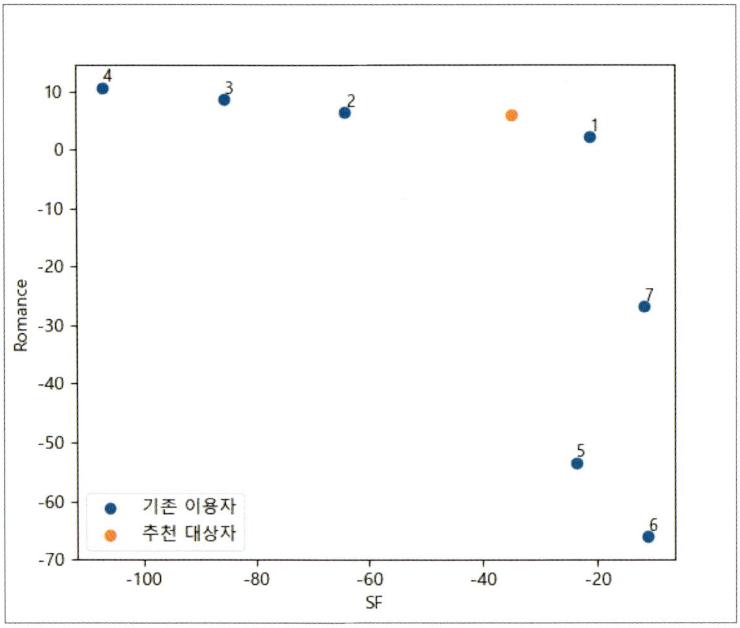

[그림 17.1] 개념 축에 정사영된 이용자

[그림 17.1]은 신규 이용자와 기존 이용자를 영화 개념 축에 정사영한 결과이다. 즉, 신규 이용자의 정사영은 DV^Tq이며, 기존 이용자들은 DV^TX^T한 결과이다.

참고로 정사영 벡터를 구하는 과정을 살펴보자.

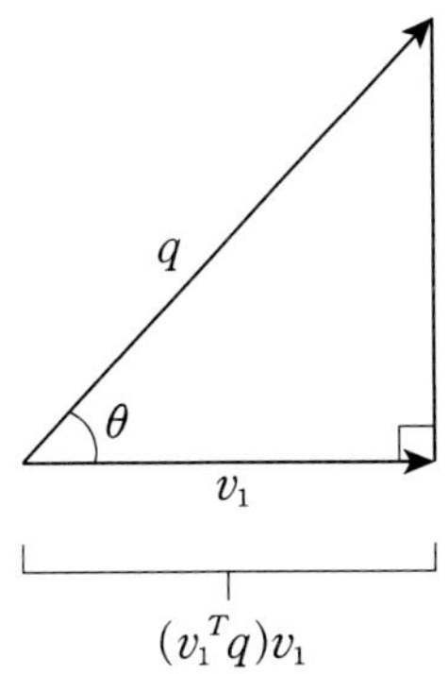

[그림 17.2] 정사영 벡터

[그림 17.2]는 하나의 정사영 벡터를 구하는 과정을 표시한 것이다. 하나의 벡터 q를 v_1 벡터에 정사영하는 경우에 그 길이는 $\|q\|\cos\theta = \|q\|\frac{q^{\mathrm{T}}v_1}{\|q\|\|v_1\|} = q^{\mathrm{T}}v_1$가 된다. 따라서 정사영 벡터는 $(v_1^{\mathrm{T}}q)v_1$이 된다. 5, 6, 7 이용자는 로맨스 축에 정사영하면 각 이용자 간에 큰 변동을 보이고 있고, 1, 2, 3, 4 이용자는 SF 축에 보다 큰 변동을 보이고 있음을 알 수가 있다. 추천 대상자는 그림상으로 1, 2, 3, 4번 이용자와 유사한 모습을 갖고 있음을 알 수가 있고 실제 코사인 유사도를 구해 보면,

$$[0.998 \quad 0.998 \quad 0.998 \quad 0.998 \quad 0.246 \quad -0.001 \quad 0.246]$$

이다.

한 번도 매트릭스 영화를 보지 않은 다음과 같은 이용자와의 코사인 유사도는 어떻게 될까?

$$q_2 = \begin{bmatrix} 0 \\ 4 \\ 5 \\ 0 \\ 0 \end{bmatrix}$$

이 이용자의 영화 개념 축에 정사영한 값은 $DV^T q_2 = \begin{bmatrix} -64.69 \\ 4.93 \end{bmatrix}$이며, q 이용자의 정사영값은 $\begin{bmatrix} -35.09 \\ 6.02 \end{bmatrix}$이다. 따라서 코사인 유사도는 0.996이다. 둘 다 SF 영화를 공유하기 때문이다. 이와 같이 특정 이용자와 가장 유사한 이용자들을 알 수 있고, 유사한 이용자들이 가장 많이 본 영화를 정렬하여 특정 이용자에게 추천할 수 있다.

17.5 SAS VDMML 옵션

데이터 마이닝 사전 처리의 **[피처 추출]** 노드를 선택하면 **[그림 17.3]**과 같이 초기 옵션 집합을 볼 수 있다.

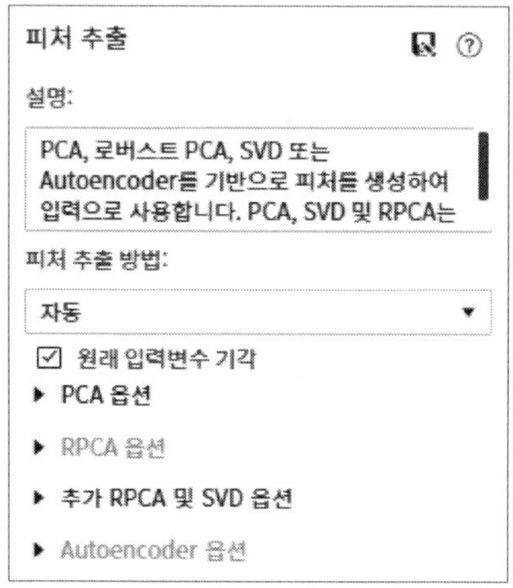

[그림 17.3] 피처 추출 초기 옵션

[그림 17.4]는 피처 추출 초기 옵션이며 피처 추출 방법과 각 추출 방법에 대한 추가 옵션이 있다.

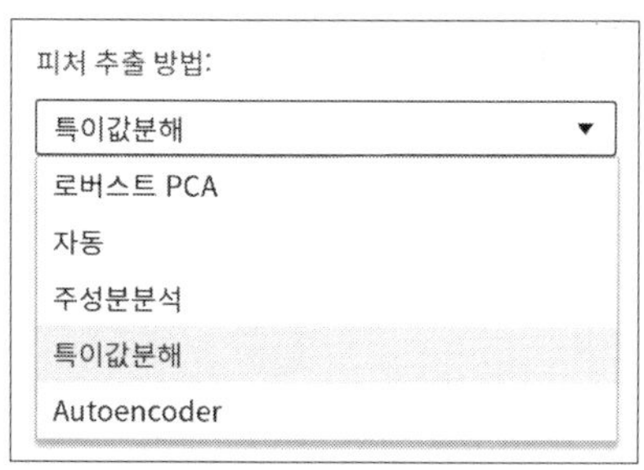

[그림 17.4] 피처 추출 방법

피처 추출 방법에서 특잇값 분해를 선택하면 **[그림 17.5]**와 같은 추가 옵션을 선택하여 볼 수 있다.

[그림 17.5] 피처 추출의 특잇값 분해 추가 옵션

추가 옵션에서는 입력변수 표준화 방법, 개념 축의 최대 계수, 각 축의 명명을 위한 접두어 등을 지정할 수 있다. 참고로 피처 추출 노드의 특잇값 분해는 SAS VDMML 제품의 RPCA 프로시저를 이용한다.

17.6 SAS VDMML 예제

[USERMOVIE] 데이터에 대하여 다음과 같은 파이프라인을 만들고 피처 추출 노드의 특잇값 분해 각 옵션을 실행하여 결과를 확인한다.

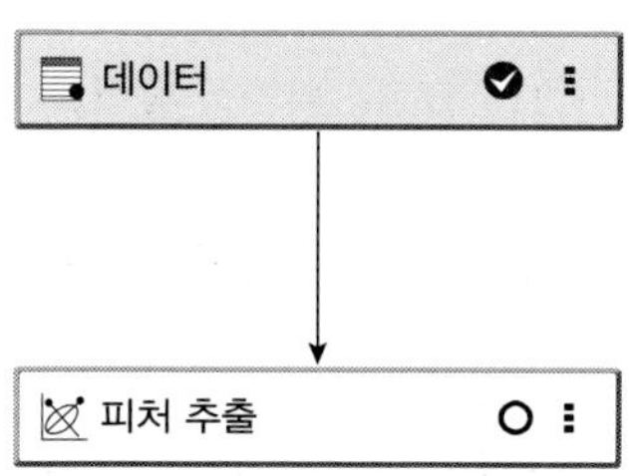

[그림 17.6] 피처 추출 파이프라인

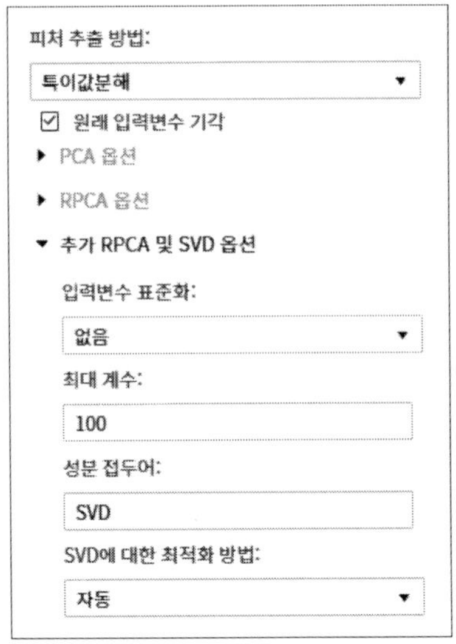

[그림 17.7] 피처 추출 특잇값 분해 옵션 예시

[그림 17.7]에서는 성분 접두어를 SVD로 표시하였다. 실행한 후 결과 중에 고윳값 도표를 보면 **[그림 17.8]**과 같다.

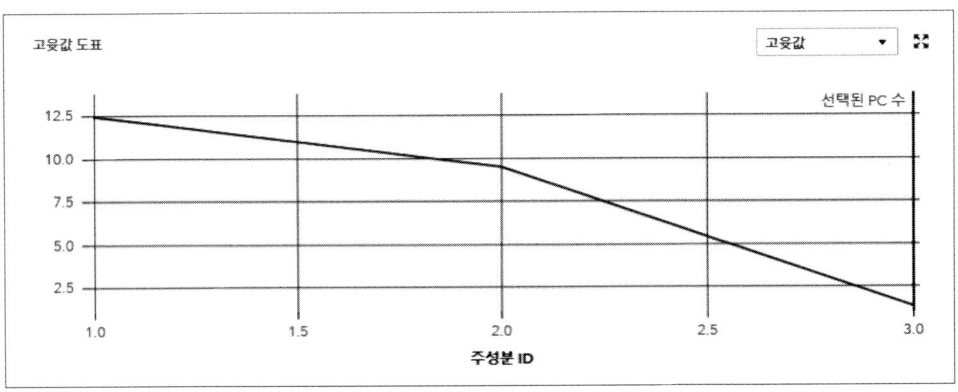

[그림 17.8] 특잇값 출력물

[그림 17.8]에서 제목이 고윳값으로 표시가 되어 있으나 실제로는 특잇값을 의미한다.

$$D = \begin{bmatrix} 12.48 & 0 & 0 \\ 0 & 9.51 & 0 \\ 0 & 0 & 1.35 \end{bmatrix}$$

출력물 중에 V 행렬의 값을 확인할 수 있는 산출물은 노드 스코어 코드이다.

```
SVD1 = _zero_
   + (     0.56225840534732) * m1
   + (     0.59285990095578) * m2
   + (     0.56225840534732) * m3
   + (     0.09013353724133) * m4
   + (     0.09013353724133) * m5
   ;

SVD2 = _zero_
   + (    -0.12664138179001) * m1
   + (     0.02877058459454) * m2
   + (    -0.12664138179001) * m3
   + (     0.69537621986185) * m4
   + (     0.69537621986185) * m5
   ;

SVD3 = _zero_
   + (    -0.40966748227629) * m1
   + (     0.80479152039568) * m2
   + (    -0.40966748227629) * m3
   + (    -0.09125710007997) * m4
   + (    -0.09125710007997) * m5
   ;
```

[그림 17.9] 특잇값 분해 노드 스코어 코드 예시

[그림 17.9]를 보면 $V^T X^T$ 행렬을 구하기 위해서, 즉 일종의 주성분 점수를 구하기 위해서 V 행렬의 각 컬럼의 값을 표시하였다. 이 값과 앞에서 찾은 다음 행렬의 값을 보면 일치함을 알 수 있다.

$$V^T = \begin{bmatrix} -0.56 & -0.59 & -0.56 & -0.09 & -0.09 \\ 0.13 & -0.03 & 0.13 & -0.7 & -0.7 \\ 0.41 & -0.8 & 0.41 & 0.09 & 0.09 \end{bmatrix}$$

18장

주성분 분석

18.1 개요

주성분 분석(PCA: principal component analysis)은 상관관계가 있는 입력변수들로 구성된 데이터를 서로 독립인 주성분(principal component)으로 구성된 데이터로 변환하는 절차를 의미한다. 즉, 데이터가 갖고 있는 특성 중에 변수와 변수 간의 분산에 대한 정보를 가급적 손실이 없이 서로 직교하는 주성분으로 옮기는 것을 의미한다. 주성분 분석은 대표적인 차원 축소 기법 중 하나이며 목표변수가 없는 비지도학습 방법 중 하나이다.

18.2 주성분의 계산

다음과 같이 하나의 변수를 가정해 보자. 즉, 데이터를 구성하는 입력변수들의 선형 결합으로 구성된 변수를 가정해 보자.

$$z_i = c_1 x_{i1} + \cdots + c_p x_{ip}, \sum_{j=1}^{p} c_j^2 = 1$$

또한 모든 입력변수들의 값은 각각의 평균을 빼주는 변환을 사전에 했다고 가정한다. 즉, $\bar{x}_j = 0, j = 1, \ldots, p$. 이때 이 변수에게 최대의 분산을 주고자 한다면 표본분산은 $\frac{1}{n-1}\sum_{i=1}^{n}(z_i - \bar{z})^2$인데, $\bar{z} = 0$이기 때문에 다음과 같이 문제를 정의할 수 있다.

$$\underset{c_1,\ldots,c_p}{maximize}\left\{\frac{1}{n-1}\sum_{i=1}^{n}\left(\sum_{j=1}^{p} c_j x_{ij}\right)^2\right\} subject\ to \sum_{j=1}^{p} c_j^2 = 1$$

$\sum_{j=1}^{p} c_j x_{ij}$은 $x_i^T c$이므로 절댓값을 취하면 정사영(orthogonal projection) 벡터의 길이가 된다.

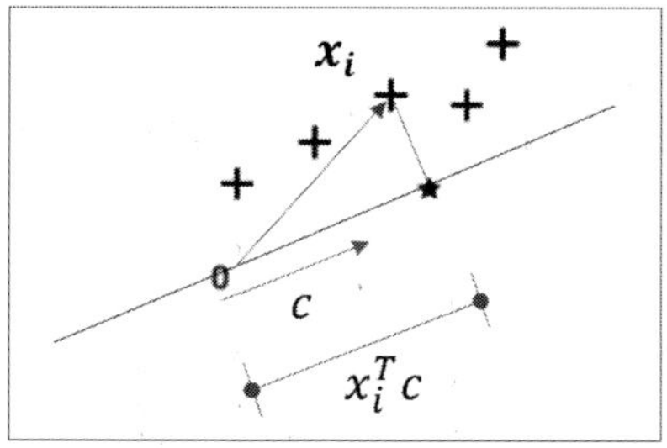

[그림 18.1] 데이터와 정사영 벡터

따라서 입력변수들의 선형 결합으로 구성된 벡터 중에 정사영 벡터의 길이의 제곱이 가장 크게 되는 벡터를 찾는 것이다. 그러한 벡터들을 주성분이라고 하며 가장 큰 분산을 갖는 벡터를 제1주성분이라고 한다.

주성분 계산을 위한 식을 행렬로 표현하면 다음과 같이 표현할 수 있다.

$$\mathrm{X}c = \begin{bmatrix} x_1^T c \\ \dots \\ x_n^T c \end{bmatrix}, (\mathrm{X}c)^T = [x_1^T c, \dots, x_n^T c]$$

따라서 특잇값 분해에서 V 행렬의 열벡터 $v_1, \dots, v_p$는 $\mathrm{X^T X}$ 행렬의 고유벡터이고, 이에 대응하는 고윳값은 $\lambda_1 \geq \lambda_2 \geq \cdots \geq \lambda_\mathrm{p} \geq 0$이며, 길이가 1인 p차원의 벡터는 $c = \sum_i w_i v_i$, $\sum_i w_i^2 = 1$와 같이 표현할 수 있다. 이렇게 정의하면 $v_j^T c = w_j, j = 1, \dots p$가 된다.

$$c^T X^T X c = c^T \left(\sum_{j=1}^{p} \lambda_j \, v_j v_j^T \right) c = \sum_{i}^{p} \lambda_i w_i^2 \leq \lambda_1 \sum_{i}^{p} w_i^2 = \lambda_1$$

따라서 식에서 등호가 성립하는 조건은 $c = v_1$, 즉 $w = (1,0,\dots,0)^T$이다. 즉, 제1주성분은 $\mathrm{X^T X}$의 고윳값 λ_1에 대응하는 고유벡터인 v_1이 된다. 또한 이때 주성분의 분산은 $\frac{\text{고윳값}}{\text{데이터개수}-1} = \frac{\lambda}{(n-1)}$이 된다. 여기서 주성분 점수는 각 데이터를 주성분에 정사영한 값인 $\{x_i^T c | i = 1, \dots, n\}$로 정의한다. 따라서 전체 모든 주성분에 대한 주성분 점수는 XV가 된다. 주성분 점수가 XV이므로 특잇값 분해의 결과를 이용하여 $\mathrm{X = UDV^T} \rightarrow$ XV = UD, 즉 UD의 열벡터가 각각 주성분의 점수가 된다. 예를 들어 $x_i^T v_1 = u_{i1} d_1$

이다.

[USERMOVIE] 데이터를 이용하여 주성분을 계산해 보자.

$$X = \begin{bmatrix} 1 & 1 & 1 & 0 & 0 \\ 3 & 3 & 3 & 0 & 0 \\ 4 & 4 & 4 & 0 & 0 \\ 5 & 5 & 5 & 0 & 0 \\ 0 & 2 & 0 & 4 & 4 \\ 0 & 0 & 0 & 5 & 5 \\ 0 & 1 & 0 & 2 & 2 \end{bmatrix}$$

주어진 데이터에 대하여 각 열별로 표준화한 행렬은 다음과 같다. 여기서 표준편차를 구할 때 분모를 자유도로 하였다. 즉, $n-1$로 나누었다.

$$X_s = \begin{bmatrix} -0.41 & -0.71 & -0.41 & -0.73 & -0.73 \\ 0.54 & 0.4 & 0.54 & -0.73 & -0.73 \\ 1.01 & 0.95 & 1.01 & -0.73 & -0.73 \\ 1.49 & 1.51 & 1.49 & -0.73 & -0.73 \\ -0.88 & -0.16 & -0.88 & 1.13 & 1.13 \\ -0.88 & -1.27 & -0.88 & 1.6 & 1.6 \\ -0.88 & -0.71 & -0.88 & 0.2 & 0.2 \end{bmatrix}$$

이 행렬을 이용하여 $X_s^T X_s$의 고유벡터를 구하면 다음과 같다.

$$V_s^T = \begin{bmatrix} -0.47 & -0.44 & -0.47 & 0.43 & 0.43 \\ -0.3 & -0.45 & -0.3 & -0.55 & -0.55 \\ -0.44 & 0.78 & -0.44 & -0.08 & -0.08 \end{bmatrix}$$

고윳값은 다음과 같다.

$$\Lambda_s = [25.62 \quad 3.9 \quad 0.48]$$

이 값의 양의 제곱근이 특잇값이 된다.

$$\Lambda_s^{\frac{1}{2}} = [5.06 \quad 1.97 \quad 0.7]$$

따라서 주성분의 분산은 다음과 같이 계산된다.

$$\frac{\Lambda_s}{n-1} = [4.27 \quad 0.65 \quad 0.08]$$

18.3 주성분을 이용한 차원 축소

입력변수가 p개 있으면 주성분 또한 p개가 만들어질 수 있다. 따라서

$$x_i = \sum_{j=1}^{p} (x_i^T v_j) v_j$$

이다. 그런데 제1주성분으로만 근사하는 경우는 $x_i \approx (x_i^t v_1)v_1 = v_1(v_1^T x_i)$, 제1,2 주성분만으로 근사하는 경우는 $x_i \approx v_1(v_1^T x_i) + v_2(v_2^T x_i) = [v_1, v_2] \begin{bmatrix} v_1^T x_i \\ v_2^T x_i \end{bmatrix} = \mathrm{V}_2 \mathrm{V}_2^{\mathrm{T}} x_i$ 이 된다. 따라서 전체 p개의 주성분 중에 q개만을 사용하는 경우에는

$$x_i \approx \mathrm{V_q} \mathrm{V_q^T} x_i,\ \ q \leq p$$

와 같이 표현할 수 있다. 즉, 원래 데이터를 q개의 저차원인 고유벡터, 즉 주성분으로 표현할 수 있다. 이때 얼마 만큼 근사의 정확도를 높인 것인지는 다음과 같이 일반적인 머신러닝 관점에서 찾아볼 수 있다. $x_i^T \approx x_i^T \mathrm{V_q} \mathrm{V_q^T}$ 이므로 $\mathrm{X} \approx \mathrm{X} \mathrm{V_q} \mathrm{V_q^T}$ 이다. 따라서

$$\underset{\mathbf{V}}{\text{minimize}} \ \|\mathrm{X} - \mathrm{X}\mathrm{V}\mathrm{V}^{\mathrm{T}}\|_{\mathrm{F}}^2 = \underset{\mathbf{W},\mathbf{V}}{\text{minimize}} \|\mathrm{X} - \mathrm{W}\mathrm{V}^{\mathrm{T}}\|_{\mathrm{F}}^2 = \underset{\mathbf{W},\mathbf{V}}{\text{minimize}} \sum_{\mathrm{i}} \sum_{\mathrm{j}} \left(\mathrm{X_{ij}} - \sum_{\mathrm{k}} \mathrm{W_{ik}} \mathrm{V_{jk}} \right)^2$$

와 같은 형태로 W, V를 찾을 수 있다.

18.4 주성분의 기하학적 의미

데이터를 서로 직교하는 주성분으로 변환하는 것을 주성분 분석이라고 하며, 특히 데이터 변동성, 즉 일종의 원점으로부터의 거리를 최대한 표현해주는 주성분으로 표현하는 것이다. 기하학적으로 보면 **[그림 18.2]**와 같이 타원체(ellipsoid)를 찾는 것이다. 주성분은 이 타원체의 축이 되는 것이다.

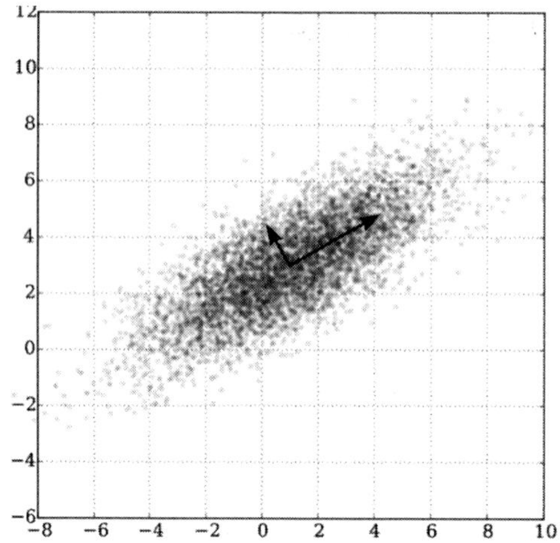

[그림 18.2] 데이터와 정사영 벡터

[그림 18.2]의 타원체에서 가장 큰 변동을 주는, 즉 가장 길게 분포되어 있는 곳의 축이 제1주성분이다.

18.5 SAS VDMML 옵션

데이터 마이닝 사전 처리의 **[피처 추출]** 노드를 선택하면 **[그림 18.3]**과 같이 초기 옵션 집합을 볼 수 있다.

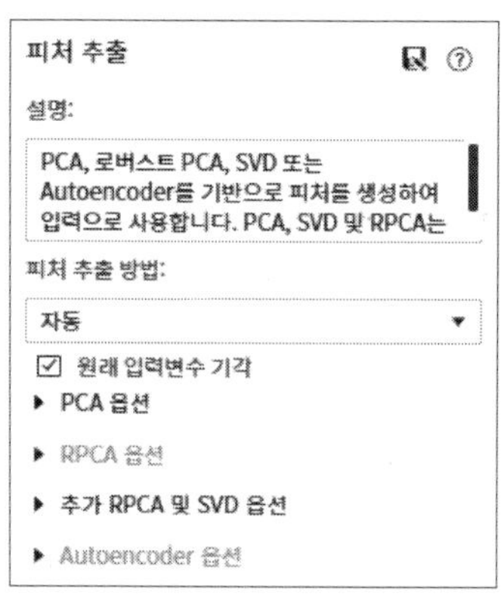

[그림 18.3] 피처 추출 초기 옵션

[그림 18.3]은 피처 추출 초기 옵션이며 피처 추출 방법과 각 추출 방법에 대한 추가 옵션이 있다. 피처 추출 방법은 [그림 18.4]와 같다.

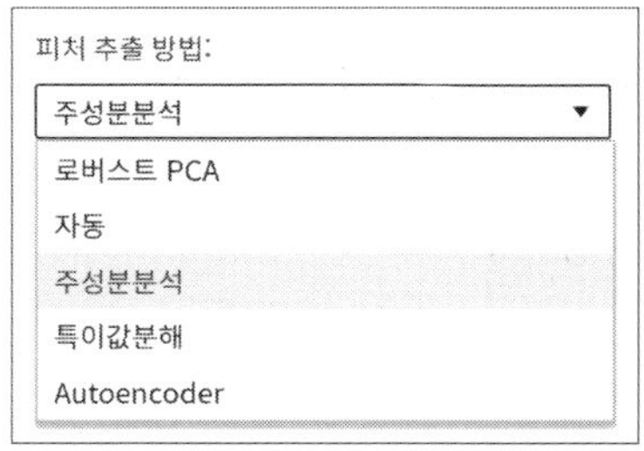

[그림 18.4] 피처 추출 방법

피처 추출 방법에 주성분 분석을 선택하면 [그림 18.5]와 같이 추가 옵션을 설정할 수 있다.

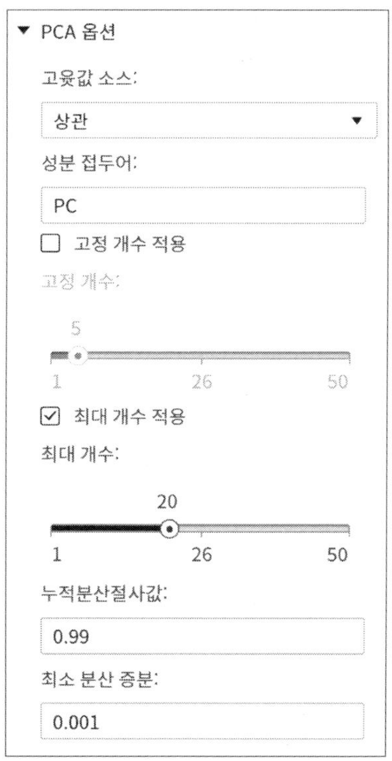

[그림 18.5] 피처 추출 주성분 분석 추가 옵션

주성분 분석의 추가 옵션을 보면 고윳값 계산의 기반이 되는 소스, 가령 상관행렬 또는 공분산행렬을 선택할 수 있고 주성분 접두어를 지정할 수 있으며 주성분의 개수를 주성분 분산의 증분으로 지정할 수 있게 구성되었다. 참고로 피처 추출 노드의 주성분 분석은 SAS Visual Statistics 제품의 PCA 프로시저를 이용한다.

18.6 SAS VDMML 예제

[USERMOVIE] 데이터에 대하여 다음과 같은 파이프라인을 만들고 피처 추출 노드의 주성분 분석 각 옵션을 실행하여 결과를 확인한다.

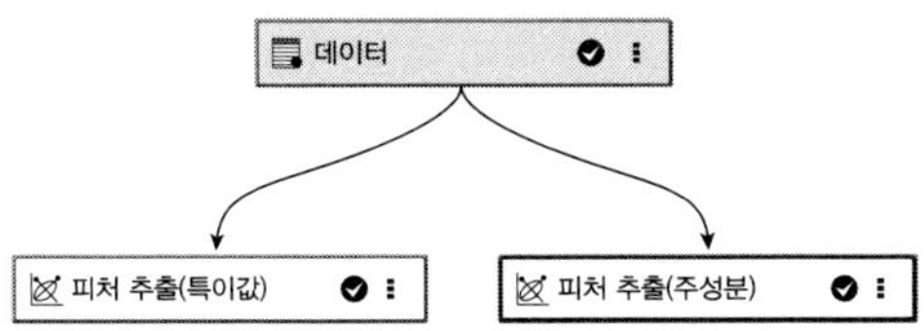

[그림 18.6] 피처 추출 주성분 분석 파이프라인

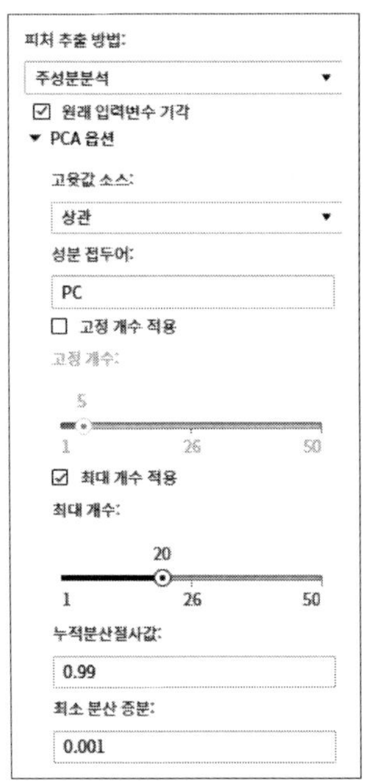

[그림 18.7] 피처 추출 주성분 분석 추가 옵션 예시

출력되는 산출물 중 다음은 고윳값 도표로 출력되는 것이다. 이 산출물은 정확하게 표현하면 각 주성분의 분산을 의미한다.

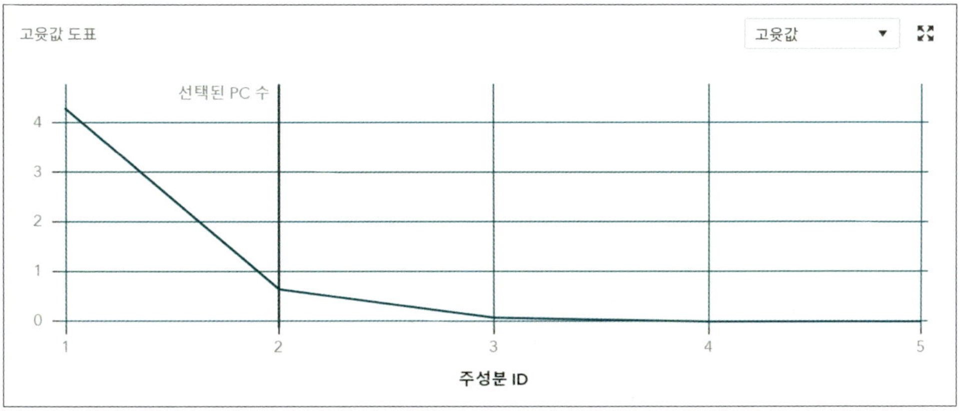

[그림 18.8] 주성분 분산 그래프

즉, 앞에서 계산한 주성분 분산값과 일치한다.

$$\frac{\Lambda_s}{n-1} = [4.27 \quad 0.65 \quad 0.08]$$

[그림 18.9]는 주성분 축을 구성하는 고유벡터 값이다.

```
'PC1'n =
    _DMSTDV1 * ( -0.46541708212293 )
    + _DMSTDV2 * ( -0.43804253723099 )
    + _DMSTDV3 * ( -0.46541708212293 )
    + _DMSTDV4 * ( 0.43295069864395 )
    + _DMSTDV5 * ( 0.43295069864395 );

'PC2'n =
    _DMSTDV1 * ( 0.30297997865364 )
    + _DMSTDV2 * ( 0.45075325227639 )
    + _DMSTDV3 * ( 0.30297997865364 )
    + _DMSTDV4 * ( 0.5537272661845 )
    + _DMSTDV5 * ( 0.5537272661845 );
```

[그림 18.9] 주성분 고유벡터

18.7 SAS VDMML 실습

[DIGITS] 데이터를 이용하여 주성분 분석을 실시하고 **[그림 18.10]**과 같은 산출물을 확인한다.

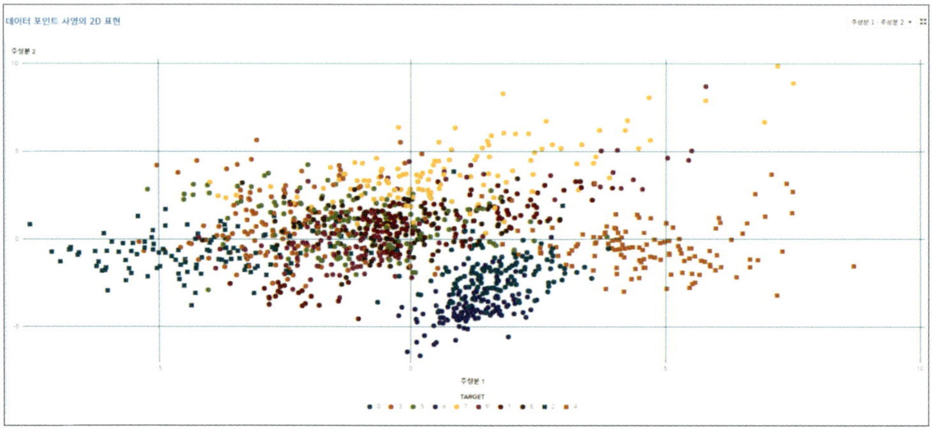

[그림 18.10] 주성분 대 주성분 산점도

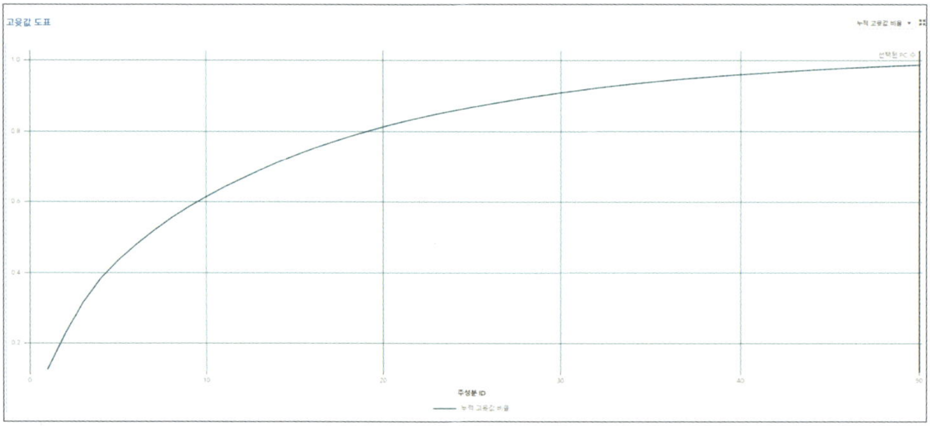

[그림 18.11] 누적 고윳값 그래프

[그림 18.11]을 보면 약 80%의 분산 설명력은 약 20개의 주성분으로 가능하다. 또한 최대 주성분을 50개로 했음을 알 수가 있다. 노드 스코어 코드 산출물에서 고윳값 벡터를 확인한다.

19장

군집분석

19.1 개요

군집분석(cluster analysis)은 데이터 객체들을 적절한 유사도 기준에 의하여 동질적인 집단으로 나누는 것이다. 즉, 하나의 군집은 유사한 데이터 객체들의 그룹을 의미한다. 군집분석은 하나의 알고리즘만을 사용하지 않는다. 이름만 군집분석이지 실제로는 아주 많은 알고리즘들이 군집분석이라는 이름하에 적용되고 있다.

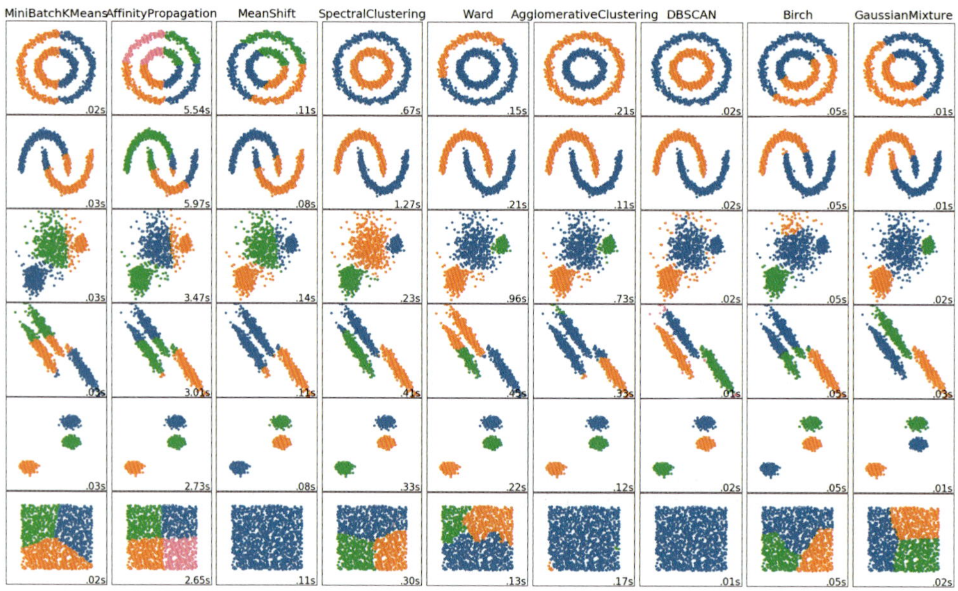

[그림 19.1] 다양한 군집분석 알고리즘 예

[그림 19.1]은 [CLSEX]에서 인용한 것으로 데이터와 하고자 하는 목적에 따라 서로 다른 알고리즘이 어떻게 군집화하는지를 보여 주고 있다.

이 장에서는 군집분석의 시각화 기법인 t분포 확률이웃끼워넣기(t-SNE: t-distributed stochastic neighbor embedding) 기법과 널리 알려진 K-평균 군집화(K-means clustering)에 대하여 알아보기로 하자.

19.2 t-SNE

t-SNE(t-distributed stochastic neighbor embedding) 기법은 비선형 차원축소기법 중 하나로, 고차원의 데이터를 2차원 또는 3차원의 데이터로 변환하는 것이다. 군집분석의 시각화(visualization)에 많은 도움을 주는 기법이다.

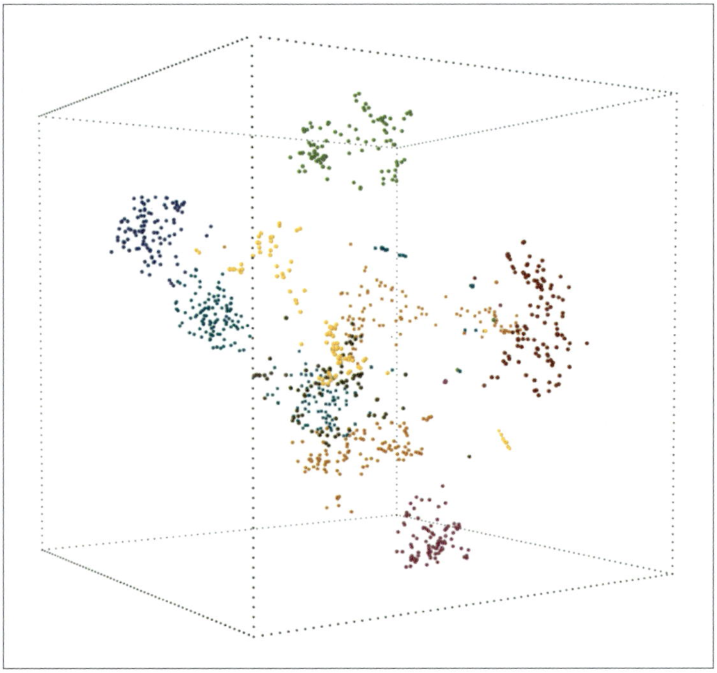

[그림 19.2] [DIGITS] 데이터에 대한 t-SNE 사영

[그림 19.2]에서 보듯이 각 0-9 숫자는 나름대로 정확히 군집으로 구성되어 있으며 분리될 수 있음을 보여 주고 있다. t-SNE는 차원축소기법으로 분류되고 활용되기도 하지만 실제 데이터가 어떠한 기법을 이용해서 군집화를 하든 간에 실제 군집화가 가능한 것인지 또는 군집화를 하면 어느 정도 잘 분류되는지를 확인하는 과정에서도 많이 사용된다. **[그림 19.2]**와 같이 0-9 숫자가 3차원에서 잘 분류되어 보인다면 고차원에서도 잘 분류될 수 있을 것이라고 판단할 수 있다.

19.2.1 t-SNE 계산

고차원의 점들, 즉 p차원의 데이터 또는 객체들을 $\mathcal{X} = \{x_1, \dots, x_n\}$이라고 하자. 이때 해당 객체들의 갖고 있는 유사도(similarity)와 같은 속성을 그대로 유지하면서 저차원, 이를테면 2차 또는 3차원의 객체인 $\mathcal{Y} = \{y_1, \dots, y_n\}$으로 변환하는 것이 일반적으로 차원축소 방법이다. 이때 원 데이터가 갖고 있는 속성은 단지 선형으로만(예를 들어 주성분 분석) 설명할 수가 없다. 이러한 비선형 변환 중에 t-SNE는 원 데이터가 갖고 있는 짝별(pairwise) 유사도를 저차원의 객체로 변환하는 것이다. 원 데이터가 갖고 있는 유사도의 측도로써 대표적인 것이 유클리드 거리(Euclidean distance)이다. 거리는 다음과 같이 계산된다.

$$d(x_i, x_j) = \|x_i - x_j\| = \sqrt{\sum_{k=1}^{p} (x_{ik} - x_{jk})^2}$$

SNE는 이러한 거리를 이용하여 원 데이터의 유사도를 다음과 같이 가우시안 커널을 사용하여 조건부확률로 정의하였다.

$$p_{j|i} = \frac{\exp(-\| x_i - x_j \|^2 / 2\sigma_i^2)}{\sum_{k \neq i} \exp(-\| x_i - x_k \|^2 / 2\sigma_i^2)}$$

여기서 σ_i^2은 x_i를 평균으로 하는 정규분포의 분산이다. 분모는 확률분포를 만들어주기 위한 정규화(normalizing) 상수이다. 즉, $\Sigma_j p_{j|i} = 1$을 만들어주기 위한 상수이다. $p_{i|i} = 0$으로 정의한다. 조건부확률은 x_i 객체가 주어진 경우에 x_j라는 객체를 이웃(neighbor)으로 선택하기 위한 확률이라고 볼 수 있다. 즉, 이 값이 크면 이웃이 될 가능성이 높다. 여기서 만약 σ_i^2이 크면 $\exp(-\| x_i - x_j \|^2 / 2\sigma_i^2) \approx 1$이므로 가까운 이웃과 먼 이웃 간에는 차별성이 없어지게 된다. σ_i^2이 작으면 $\exp(-\| x_i - x_j \|^2 / 2\sigma_i^2) \approx 0$이므로 아주 가까운 이웃만 이웃으로 판단하게 된다. 즉, 적절한 σ_i^2이 사전에 정의되어야 한다. 즉, 일종의 초모수이다. $p_{j|i} \neq p_{i|j}$이므로 t-SNE에서는 다음과 같은 결합확률을 사용한다.

$$p_{ij} = \frac{p_{j|i} + p_{i|j}}{2n}$$

여기서도 마찬가지로 $p_{ii} = 0$, $\forall i = 1, \cdots, n$로 정의한다.

마찬가지 방법으로 저차원의 점들에 대한 유사도도 조건부확률을 이용하여 정의할 수 있다. 그런데 t-SNE에서는 가우시안 커널을 사용하지 않고 자유도가 1인 t분포 확률밀도함수를 사용한다. 이런 의미에서 t-SNE라고 부른다. 이 분포를 사용하는 이유는 양 꼬리가 긴 분포이므로 원 데이터가 갖고 있는 혼잡성 문제(crowding problem)를 어느 정도 해결할 수 있기 때문이다.

$$q_{ij} = \frac{\left(1 + \| y_i - y_j \|^2\right)^{-1}}{\sum_{k \neq m} (1 + \| y_k - y_m \|^2)^{-1}}$$

여기서 t분포 확률밀도함수는 y_i들의 분포가 아니라 거리인 d(y_i, y_j)에 대한 분포를 의미한다. 따라서 저차원의 결합 확률은 다음과 같다.

$$q_{ij} = \frac{q_{j|i} + q_{i|j}}{2n}$$

여기서도 마찬가지로 $q_{ii} = 0$, $\forall i = 1, \cdots, n$로 정의한다.

고차원과 저차원의 점들에 대한 유사도를 확률분포로 정의하였다면 두 개의 확률분포 간의 차이를 어떻게 측정할 것인가? 이에 대하여 잘 알려진 측도가 쿨백-라이블러 발산(Kullback-Leibler divergence)이다. 이를 이용하여 비용함수를 다음과 같이 정의한다.

$$C(\mathcal{Y}) = KL(P||Q) = \sum_i \sum_j p_{ij} \log\left(\frac{p_{ij}}{q_{ij}}\right)$$

비용함수의 모수는 $\mathcal{Y}$, 즉 저차원의 점이다. 따라서 기울기 하강법(gradient descent) 알고리즘을 사용하기 위해서는 편미분값을 구해야 하며 구한 식은 다음과 같다.

$$\frac{\partial C}{\partial y_i} = 4 \sum_j (p_{ij} - q_{ij})(y_i - y_j)\left(1 + \| y_i - y_j \|^2\right)^{-1}$$

위 식의 자세한 유도 과정은 [TSNE] 문헌을 참조한다. [TSNE]에서는 다음과 같은 식에 의하여 Y값을 갱신한다.

$$y^{(t)} = y^{(t-1)} + \eta \frac{\partial C}{\partial y} + \alpha(t)\left(y^{(t-1)} - y^{(t-2)}\right)$$

여기서 t는 반복번호, η는 학습률, $\alpha(t)$는 관성계수(momentum coefficient)이다.

19.2.2 t-SNE 초모수

사전에 정의되어야 할 초모수는 최대반복수, 학습률 그리고 σ_i^2이다. σ_i^2은 원 데이터에서 임의의 객체의 분산이다. 원 데이터의 분포를 보면 밀도가 높은 곳과 낮은 곳이 있을 수 있으므로, 밀도가 높은 곳에서는 분산을 작은 값을 주어도 되지만 낮은 곳은 큰 값을 주어야 한다. 이런 의미에서 각 객체마다 정의해주어야 한다.

t-SNE에서는 원 데이터의 하나의 객체인 x_i가 분산을 정의해주면 하나의 분포인 P_i를 만들어 낼 수 있다. 이때 이 분포의 혼란도(perplexity)를 다음과 같이 정의한다.

$$Perp(P_i) = 2^{H(P_i)}$$

여기서 H는 엔트로피이며 다음과 같이 정의된다.

$$H(P_i) = \sum_j p_{j|i}\, log_2\, p_{j|i}$$

엔트로피는 x_i 분포를 설명하기 위하여 필요한 최소 정보의 개수를 비트(bit)로 표시한 것이므로 혼란도를 효율적인 이웃의 개수를 표현하기 위한 평활측도(smooth measure)라고 해석할 수 있다. 혼란도는 σ_i^2 값이 크면 해당 값도 커진다. 따라서 x_i 주변의 데이터가 작은 경우에는 혼란도 값을 증가시켜야 한다. [TSNE] 문헌에 의하여 혼란도 값을 5~50 사이의 값만 주면 크게 문제가 되지 않는다고 한다. 즉, 어느 정도 로버스트성(robustness)이 보장된다.

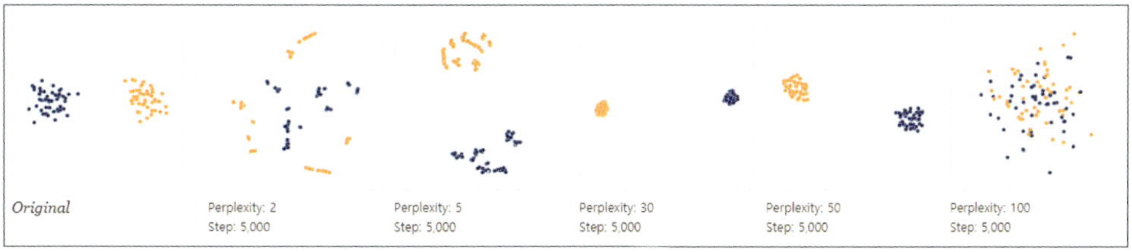

[그림 19.3] 혼란도(perplexity) 값에 따른 t-SNE 결과(SNEUSE)

[그림 19.3]은 [SNEUSE] 문헌에서 참조한 것으로 혼란도 값에 따라서 실제 군집화가 어떻게 표현되는지를 보여 주는 것이다.

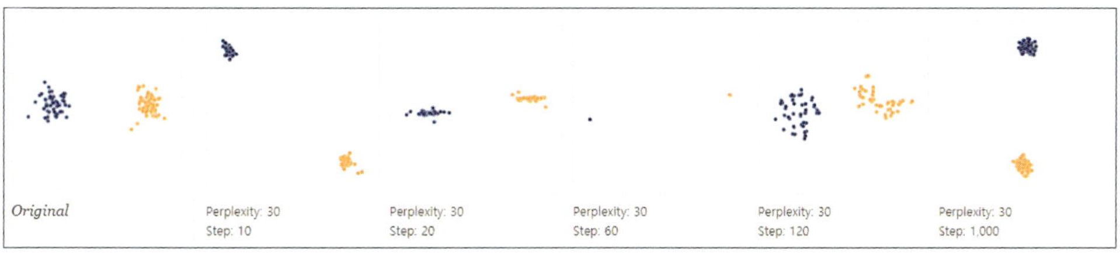

[그림 19.4] 최대 반복수에 따른 t-SNE 결과(SNEUSE)

[그림 19.4]는 최대 반복수에 따라 실제 군집화가 어떻게 표현되는지를 보여 주는 것으로 군집의 모습이 어느 정도 안정화될 때까지는 반복수의 증가가 필요하다는 것을 보여 준다. 따라서 t-SNE를 효과적으로 사용하기 위해서는 혼란도값과 최대 반복수 값과 같은 초모수값을 적절히 조율해주어야 한다.

19.2.3 SAS VDMML 초모수

기타의 **[데이터 탐색]** 노드를 선택하면 **[그림 19.5]**와 같이 초기 옵션 집합을 볼 수 있다.

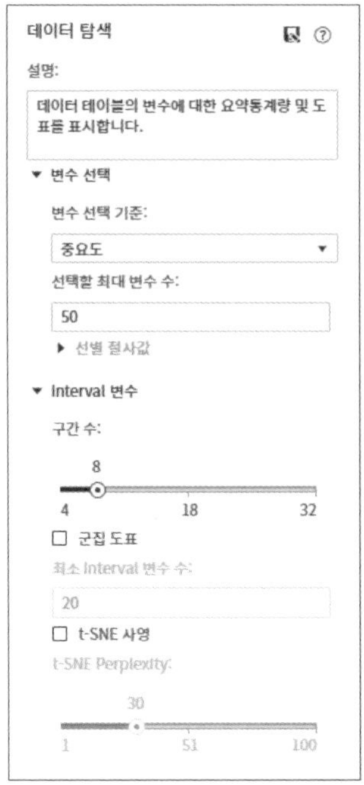

[그림 19.5] 데이터 탐색 초기 옵션

[그림 19.5]는 데이터 탐색 노드의 초기 옵션이며 t-SNE 사영(projection) 여부를 선택할 수 있고 t-SNE를 사용하는 경우에는 혼란도(perplexity) 값을 지정할 수 있다. 참고로 t-SNE 사영은 SAS VDMML 제품의 TSNE 프로시저에서 지원한다.

19.2.4 SAS VDMML 예제

[DIGITS] 데이터에 대하여 다음과 같은 파이프라인을 만들고 데이터 탐색 노드의 t-SNE의 각 옵션을 실행하여 결과를 확인한다.

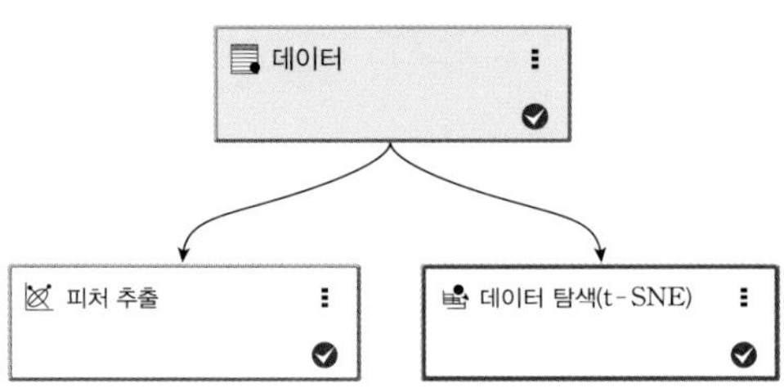

[그림 19.6] 데이터 탐색 파이프라인

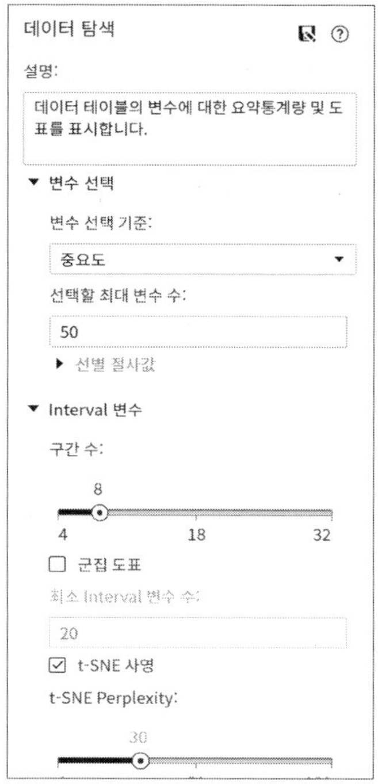

[그림 19.7] 데이터 탐색의 t-SNE 옵션 예시

19.3 K-평균 군집화

19.3.1 개요

K-평균 군집화(K-means clustering)는 군집분석에서 가장 많이 사용되는 알고리즘 중 하나이다. 군집분석 알고리즘의 분류에서는 중심점 기반 모형(centroid-based model)으로 자리하고 있으며, 사전 정의된 K 값에 의하여 K개의 군집으로 데이터를 분할하는 것을 의미한다. 단, 분할 시에 각 군집에 속한 객체는 자기 군집의 평균점에 가장 가깝게 할당되도록 한다. 이를 수식으로 표현하면,

$$\arg\min_{C_1,\ldots,C_K} \sum_{l=1}^{K} \frac{1}{2} \sum_{x_i \in C_l} \sum_{x_j \in C_l} \|x_i - x_j\|^2$$

이다. 여기서 $C_1, \ldots, C_K$는 군집이다.

$$\sum_{l=1}^{K}\frac{1}{2}\sum_{x_i\in C_l}\sum_{x_j\in C_l}\|x_i-x_j\|^2=\sum_{l=1}^{K}n_l\sum_{x_i\in C_l}\|x_i-m_l\|^2=\sum_{l=1}^{K}WCSS_l$$

여기서 m_l은 l 군집에 속한 데이터 객체의 평균이며, $n_l = \Sigma_k 1(x_k \in C_l)$은 l 군집에 속한 데이터 객체의 개수이다. 즉, 주어진 식은 군집 내 제곱합($WCSS_l$: within-cluster sum of squares)들의 합이며, 따라서 군집 내 제곱합이 최소가 되도록 데이터를 분할하는 것을 의미한다. 또한

$$\frac{1}{2}\sum_{i}^{n}\sum_{j}^{n}\|x_i-x_j\|^2=\frac{1}{2}\sum_{l=1}^{K}\sum_{x_i\in C_l}\left(\sum_{x_j\in C_l}\|x_i-x_j\|^2+\sum_{x_j\notin C_l}\|x_i-x_j\|^2\right)$$

이고, 식에서 좌변은 늘 일정하므로 군집 내 제곱합을 최소화한다는 것은 군집 내 점과 군집 외 점 사이의 거리를 최대화하는 것과 같은 문제이다.

19.3.2 K-평균 군집화 알고리즘

알고리즘은 다음과 같다.

순서	내용	비고
1	주어진 K에 대하여 $m_1,\cdots,m_K$의 초깃값을 생성한다.	무작위로 K개의 데이터를 선택하는 것도 하나의 선택 사항
2	다음의 과정을 반복한다. 단, 어떤 데이터도 군집의 변동이 발생하지 않을 때까지 반복한다. 1) 할당 단계(assignment step): 모든 데이터에 대하여 각 군집의 평균점과의 거리를 계산하여 가장 작은 거리를 주는 군집에 데이터를 할당한다. 단, 반드시 하나의 군집에만 할당한다. 2) 갱신 단계(update step): 새로 형성된 각 군집에 대하여 새로운 중심점(centroid)인 $m_1,\cdots,m_K$ 값을 구한다.	
3	각 데이터에 대하여 할당된 군집값을 반환한다.	

이 알고리즘에서 초깃값을 주는 방식은 여러가지가 있는데, 무작위로 K개의 데이터를 선택하여 사용하는 방법과 무작위로 K개로 훈련 데이터를 나누고 나서 평균을 구한 후 초깃값으로 사용하는 방법 등 다양한 선택 방법이 있다. 어느 방법이든 초깃값

에 따른 영향이 크므로 반복하여 실행해 보는 것이 좋다.

19.3.3 K-평균 군집화 알고리즘 예시

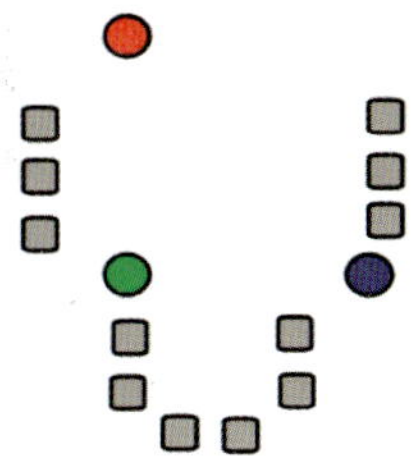

[그림 19.8] 데이터 및 초기화 값 표시(위키피디아)

데이터는 **[그림 19.8]**과 같이 분포되어 있고, 데이터에서 K=3개의 점을 무작위로 선택하여 표시하였다.

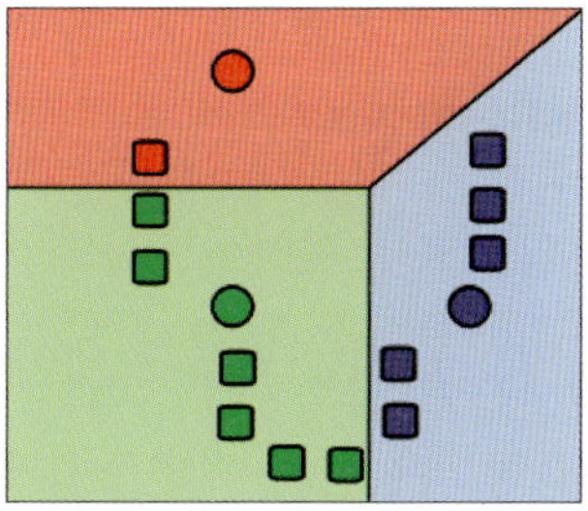

[그림 19.9] 할당 및 보로노이 다이어그램(위키피디아)

[그림 19.9]는 할당의 첫 번째 단계로써 초기 중심값에 대하여 할당된 결과이다. 결과의 그림을 보로노이 다이어그램(Voronoi diagram)이라고 한다.

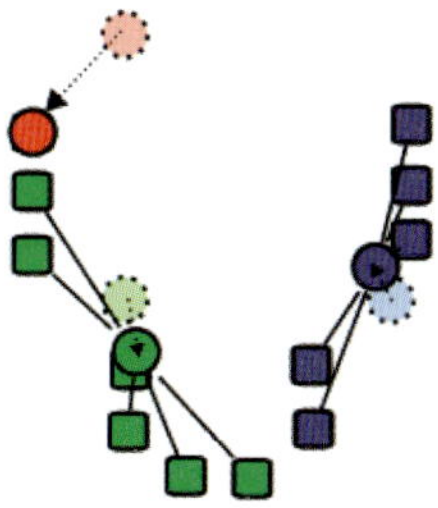

[그림 19.10] 할당 후 중심점 갱신(위키피디아)

[그림 19.10]은 갱신 단계로서 할당 후 새로운 중심점을 계산하는 것을 의미한다.

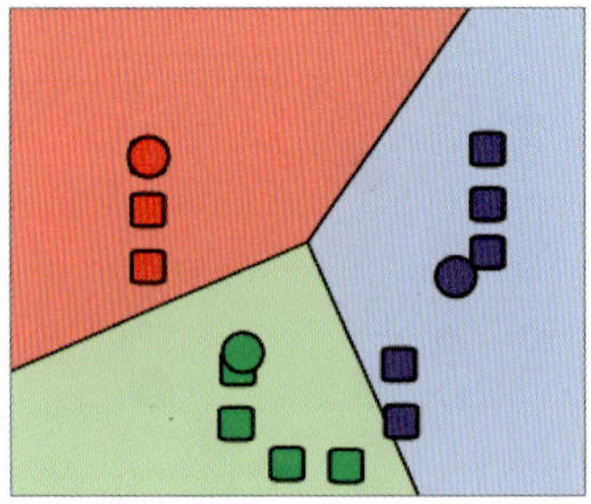

[그림 19.11] 할당 과정 반복(위키피디아)

[그림 19.11]은 갱신된 중심점에 대하여 다시 할당 과정을 진행하여 데이터 공간을 분할한 결과이다. 마찬가지로 결과는 보로노이 다이어그램으로 표시하였다. 이러한 과정을 반복하며 더 이상 새로운 할당이 없으면 군집화 과정이 완성된다.

19.3.4 격차통계량을 이용한 K의 선택

K-평균 군집화는 사전에 정의된 K에 의하여 군집화가 정의된다. 그런데 일반적으로 K는 업무 관점에서 정의되기도 하지만 탐색적 데이터 분석에서 임의로 설정하기는 어렵다. 즉, 데이터의 군집 정도에 따라 자연스럽게 K가 결정되어야 한다. 이러한 K를 선택하는 방법 중의 하나로 격차통계량(gap statistics)을 이용하여 설정하는 방법이 있다.

$$W_K = \sum_{l=1}^{K} WCSS_l = \sum_{l=1}^{K} n_l \sum_{x_i \in C_l} \|x_i - m_l\|^2$$

주어진 식은 K개의 군집으로 구성된 경우의 군집 내 제곱합의 합계이다. 이 값은 K가 증가할수록, 즉 군집이 많을수록 감소하게 된다. 만약에 최적의 군집의 개수가 K*라면, K < K*일 때는 최적의 군집의 개수에 다다르지 않았으므로 K*에 도달할 때까지 일정하게 W_K는 일정하게 감소하게 된다. 그러나 K > K*가 되면, W_K는 최적의 군집을 더 나누었기 때문에 상대적으로 W_{K^*}에 비해 감소 폭이라고 할 수 있는 격차가 상대적으로 작을 것이다. 즉, 최적의 K*를 기준으로 하여 그 전과 그 이후의 $W_K - W_{K+1}$ 값의 차이가 많이 날 것이다. 따라서 [GAPS] 문헌에 따르면 **[그림 19.12]**와 같이 꺾인 부분(kink)이 존재하게 된다.

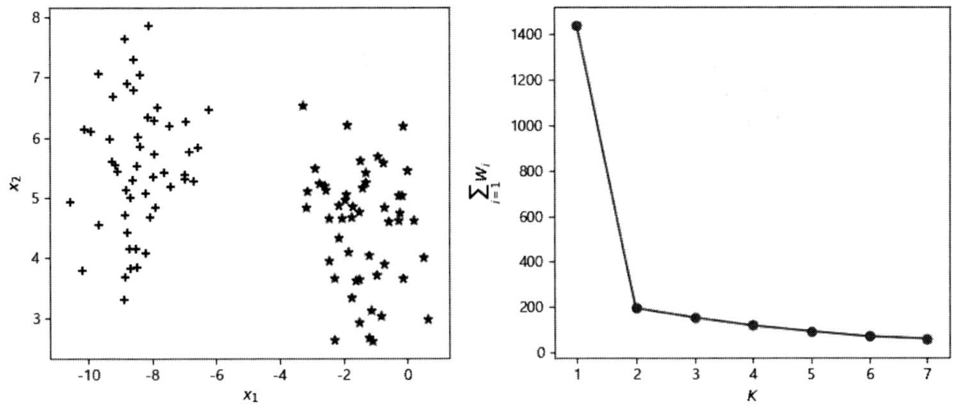

(a) (b)

[그림 19.12] 군집 개수 대 군집 내 제곱합의 변화 예시

[그림 19.12a]는 가공된 데이터에 대한 입력변수 간의 산점도이며, **[그림 19.12b]**는 군집의 개수의 변화에 따른 군집 내 제곱합의 합이며, 일종의 팔꿈치에 해당하는 군집의 개수가 2인 경우에 꺾인 부분이 발생하는 것을 알 수 있고 따라서 최적의 군집의 개수는 2라고 할 수 있으며 이는 가공 데이터에서도 확인된다. 격차통계량은 이러한 부분을 알고리즘화하여 하나의 값으로 판단하고자 한 것이다.

격차통계량 기법은 $\log(W_K)$ 값과 데이터로부터 생성되는 귀무참조분포(null reference distribution)에 의한 $\log(W_K)$의 기댓값 간의 차이를 비교하는 것이다. 격차통계량은 다음과 같이 정의한다.

$$\mathrm{Gap}(K) = E^*\{\log W_K\} - \log W_K$$

여기서 E^*는 데이터의 참조 분포에 의한 기댓값이다. 단순하게는 격차통계량의 값이 최대가 될 때 그때의 K값이 최적의 군집 개수가 된다.

격차통계량을 구하는 알고리즘은 다음과 같다.

순서	내용	비고
1	주어진 $l = 1, \ldots, K$에 대하여 데이터를 군집화하고 $W_1, .., W_K$를 구한다.	
2	아래의 각 값을 계산한다. 1) 각 입력변수의 값의 범위에 따른 유계 상자(bounded box)를 구성하고 여기에서 다변량 균등 분포를 정의하고 이 분포로부터 B개의 붓스트랩 표본을 구성한다. 2) 갭 통계량 값을 구한다. $$Gap(l) = \frac{1}{B}\sum_{b=1}^{B} \log W_{lb}^{*} - \log W_l$$ 3) $\log W_{lb}^{*}$에 대한 표준편차를 계산한다. $$sd(l) = \sqrt{\frac{1}{B}\sum_{b}\left\{\log(W_{lb}^{*}) - \frac{1}{B}\sum_{b} \log W_{lb}^{*}\right\}^2}$$ 4) $Gap(l)$에 대한 표준편차를 계산한다. $$s_l = \sqrt{1 + 1/B} \cdot sd(l)$$	W_{lb}^{*}: b 번째 붓스트랩 표본에 의하여 계산된 군집 내 제곱합의 합. 군집 내 제곱합이 참조 분포에 의한 평균값 대비하여 차이가 크면 그때가 최적의 군집 개수라고 판단. 대략 최대의 격차통계량 값을 줄 때의 군집의 개수를 최적으로 판단.
3	아래의 값을 만족하는 가장 작은 l을 선택한다. $$Gap(l) \geq Gap(l+1) - s_{l+1}$$	격차가 다음 격차 값의 표준오차를 뺀 값보다 큰 경우.

19.3.5 범주변수 거리 정의

범주변수는 연속변수의 거리, 즉 유클리드 거리와는 다르게 정의할 수밖에 없다. 가장 기본적인 범주변수의 거리는 단순 짝짓기 비유사성(simple matching dissimilarity)으로 정의할 수 있다.

$$d(x_i, x_j) = \sum_{k \in nominal\ variables} \delta(x_{ik}, x_{jk})$$

여기서 $\delta(x_{ik}, x_{jk})$는 다음과 같이 정의할 수 있다. 이러한 방법을 이진(binary) 방법이라고 한다.

$$\delta(x_{ik}, x_{jk}) = \begin{cases} 0 & if\ x_{ik} = x_{jk} \\ 1 & if\ x_{ik} \neq x_{jk} \end{cases}$$

마찬가지 방법으로 다음과 같이 전역 빈도기반 비유사성(global frequency-based dissimilarity)을 정의할 수 있다.

$$\delta(x_{ik}, x_{jk}) = \begin{cases} 0 & if\ x_{ik} = x_{jk} \\ \dfrac{\left(n_{x_{ik}} + n_{x_{jk}}\right)}{n_{x_{ik}} \times n_{x_{jk}}} & if\ x_{ik} \neq x_{jk} \end{cases}$$

여기서 $n_{x_{ik}}$는 k 범주변수가 i번째 객체가 갖고 있는 수준의 전역 빈도이다. 군집 빈도기반 비유사성(cluster frequency-based dissimilarity)은 다음과 같이 정의된다.

$$\delta(x_{ik}, x_{jk}) = \begin{cases} 1 - \dfrac{n_{ik,c}}{n_c} & if\ x_{ik} = x_{jk} \\ 1 & if\ x_{ik} \neq x_{jk} \end{cases}$$

여기서 n_c는 c 군집의 데이터 개수, $n_{ik,c}$는 k 범주변수가 i번째 객체가 갖고 있는 수준의 c 군집에서의 빈도이다.

19.3.6 혼합 거리 정의

혼합 거리(mixed distance)는 다음과 같이 정의한다.

$$d_{혼합} = d^2_{연속변수} + \gamma \times d_{범주변수}$$

여기서 γ는 범주변수 가중값이며 일반적으로 0.5를 사용한다.

19.3.7 SAS VDMML 옵션

데이터 마이닝 사전 처리의 **[군집화]** 노드를 선택하면 **[그림 19.13]**과 같이 초기 옵션 집합을 볼 수 있다.

[그림 19.13] 군집화 노드 초기 옵션

[그림 19.13]은 군집화 노드 초기 옵션이며 군집 초기화를 어떻게 할 것인지, 연속변수와 범주변수의 처리, 즉 표준화 방법, 거리 등을 지정하게 되어 있다. 여기서 군집 초기화는 Forgy 방법과 임의 방법이 있다. Forgy 방법은 군집 수만큼 임의의 데이터를 추출하여 군집의 중심으로 설정하는 방법이며 임의 방법은 임의로 군집 수만큼 데이터를 구분한 후 군집의 중심값을 설정하는 방식이다.

[그림 19.14] 군집화의 군집 수 추정 옵션

[그림 19.15]는 격차통계량을 이용한 군집 수를 추정하는 옵션이다. 추정 기준은 다음과 같다.

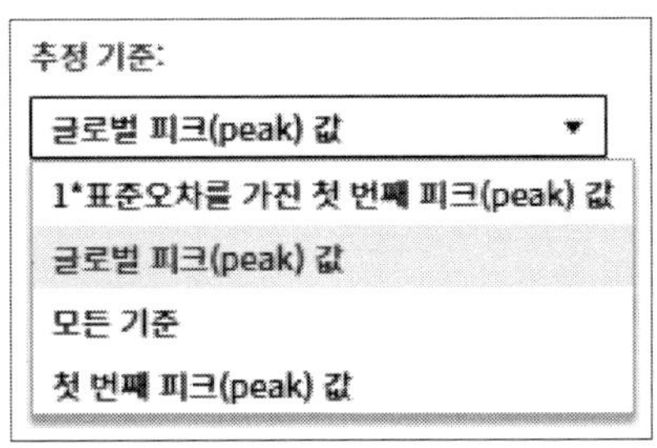

[그림 19.15] 군집화의 군집 수 추정 기준

참고로 군집화 노드는 SAS Visual Statistics 제품의 KCLUS 프로시저에서 지원한다.

19.3.8 SAS VDMML 예제

[CLAIMS] 데이터에 대하여 다음과 같은 파이프라인을 만들고 군집화의 각 옵션을 실행하여 결과를 확인한다.

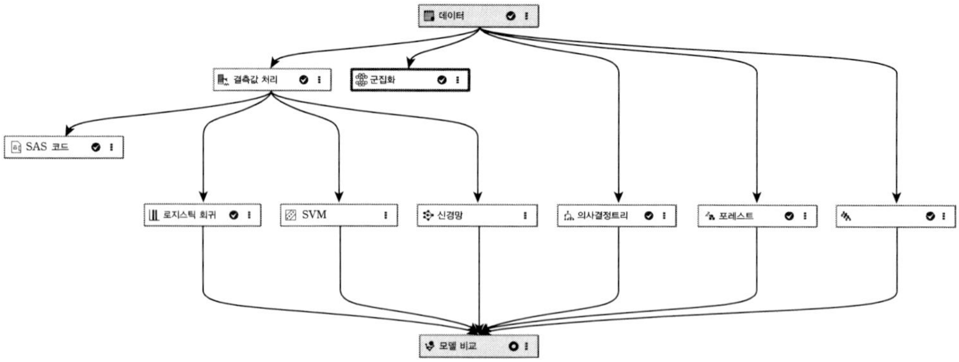

[그림 19.16] 군집화 파이프라인

[그림 19.17] 군집화 군집 수 추정 옵션 예시

실행된 결과 중에 선택된 군집 수는 다음의 ABC 통계량에서 확인할 수 있다.

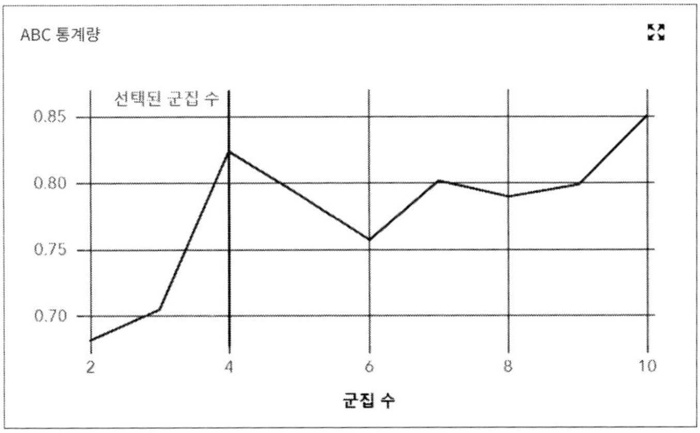

[그림 19.18] ABC 통계량에 의한 군집 수 선택 출력물

[그림 19.18]에 의하면 최적의 군집 수는 4개임을 알 수 있다.

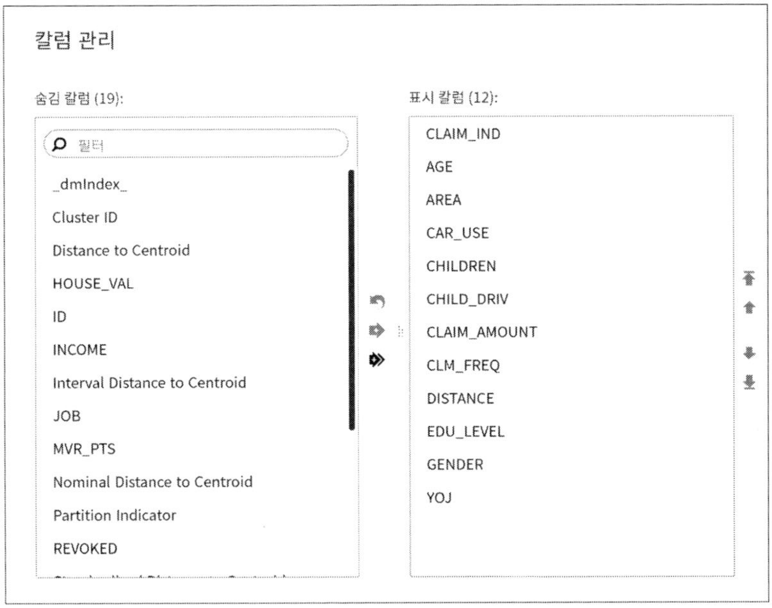

[그림 19.19] 출력 데이터 레이아웃

[그림 19.19]를 보면 출력 데이터 레이아웃 중에서 "Custer ID"가 출력됨을 알 수 있다. 이후 분석에는 이 변수값도 하나의 입력으로 하여 분석을 실시할 수 있다.

참고 문헌

참고 문헌 중 본문에서 특별히 언급된 문헌은 아래 표의 인용어 표시로 인용하였다.

순번	인용어	참고 문헌
1		Hastie, T., Tibshirani, R., & Friedman, J. H. (2009). The elements of statistical learning: data mining, inference, and prediction. 2nd ed. New York: Springer.
2	ISL	James, G., Witten, D., Hastie, T., and Tibshirani, R. (2013) An Introduction to Statistical Learning with applications in R, www.StatLearning.com, Springer-Verlag, New York
3		CS 229: Machine Learning (Course handouts)
4	SVN	Cortes, Corinna; Vapnik, Vladimir N. (1995). "Support-vector networks". Machine Learning. 20 (3): 273-297.
5		VAPNIK, V., and A. CHERVONENKIS, 1964. A note on one class of perceptrons. Automation and Remote Control, 25.
6	SMO	Platt, John. Fast Training of Support Vector Machines using Sequential Minimal Optimization, in Advances in Kernel Methods-Support Vector Learning, B. Scholkopf, C. Burges, A. Smola, eds., MIT Press (1998).
7		Daffodil Software. (2017) "9 Applications of Machine Learning from Day-to-Day Life". https://medium.com/app-affairs/9-applications-of-machine-learning-from-day-to-day-life-112a47a429d0
8		Eyal Grayevsky. "How Artificial Intelligence is Transforming Recruiting Today and in the Future". https://www.adecco.ca/en-ca/employers/resources/lead-magazine/lead22/how-artificial-intelligence-transforming-recruiting/.
9		Freund, Y. and Schapire, R. (1996a). Experiments with a new boosting algorithm, Machine Learning: Proceedings of the Thirteenth International Conference, Morgan Kauffman, San Francisco, pp. 148-156.
10	BOOSTFA	Schapire, R. E. & Freund, Y. (2012). Boosting: Foundations and Algorithms. MIT Press
11		Jure Leskovec, Anand Rajaraman, Jeffrey David Ullman, Mining of Massive Datasets, 2012, CAMBRIDGE UNIVERSITY PRESS
12	GAPS	Tibshirani, R., Walther, G. and Hastie, T. (2001b). Estimating the number of clusters in a dataset via the gap statistic, Journal of the Royal Statistical Society, Series B. 32 (2): 411-423.

순번	인용어	참고 문헌
13		Peter J. Rousseeuw (1987). "Silhouettes: a Graphical Aid to the Interpretation and Validation of Cluster Analysis". Computational and Applied Mathematics 20: 53-65.
14	CLSEX	scikit-learn. (2018) "2.3. Clustering". http://scikit-learn.org/stable/modules/clustering.html.
15		scikit–learn. (2018). "Selecting the number of clusters with silhouette analysis on KMeans clustering". http://scikit-learn.org/stable/auto_examples/cluster/plot_kmeans_silhouette_analysis.html.
16	NNR	Jeremy Jordan. (2017). "Neural networks: representation.". https://www.jeremyjordan.me/intro-to-neural-networks/.
17	NNWI	Andre Perunicic. (2017). "UNDERSTANDING NEURAL NETWORK WEIGHT INITIALIZATION". https://intoli.com/blog/neural-network-initialization/.
18		Xavier Glorot; Yoshua Bengio (2010). Understanding the difficulty of training deep feedforward neural networks. 13th International Conference on Artificial Intelligence and Statistics (AISTATS) 2010.
19		neuroclusterbrain.com (2013). "Neuron model RF-PSTH (which simulates Receptive Field (RF) structure and PSTH output signal of the neuron)". http://neuroclusterbrain.com/neuron_model.html.
20		Andrej Karpathy. Stanford University CS231n: Convolutional Neural Networks for Visual Recognition. http://cs231n.stanford.edu/syllabus.html.
21		Gustav von Zitzewitz (2017) "Survey of neural networks in autonomous driving". https://www.researchgate.net/figure/Winner-results-of-the-Im–ageNet-large-scale-visual-recognition-challenge-LSVRC-of-the_fig7_324476862.
22		Jake VanderPlas (2016). "In-Depth: Support Vector Machines". https://jakevdp.github.io/PythonDataScienceHandbook/05.07-support-vector-machines.html.
23	DROT	Nitish Srivastava; Geoffrey Hinton; Alex Krizhevsky; Ilya Sutskever; Ruslan Salakhutdinov (2014). Dropout: A Simple Way to Prevent Neural Networks from Overfitting. Journal of Machine Learning Research 15 (2014) 1929-1958.
24		Paras Dahal (2017). "Classification and Loss Evaluation-Softmax and Cross Entropy Loss". https://deepnotes.io/softmax-crossentropy

순번	인용어	참고 문헌
25		Wojciech Zaremba; Ilya Sutskever (2015). LEARNING TO EXECUTE. https://arxiv.org/pdf/1410.4615.pdf.
26		Mitchell Feldman (2018). "10 Real-World Examples of Machine Learning and AI [2018]", https://www.redpixie.com/blog/examples-of-machine-learning.
27	IGS	Michael Shilman (2012). "Ignite Seoul: Machine Learning". https://www.slideshare.net/shilman/ignite-seoul-machine-learning.
28	ABSVI	Zbigniew Wojna; Alex Gorban; Alex Gorban; Dar-Shyang Lee; Kevin Murphy; Qian Yu; Yeqing Li; Julian Ibarz (2017). Attention-based Extraction of Structured Information from Street View Imagery. arXiv:1704.03549v4 [cs.CV] 20 Aug 2017.
29		SAS Institute Inc. (2016). Usage Note 57672: Data dictionary for SAS® Enterprise Miner™ SAMPSIO data sets. http://support.sas.com/kb/57/672.html
30		Friedman, J. H., Hastie, T., and Tibshirani, R. (2008). "Sparse Inverse Covariance Estimation with the Graphical Lasso". Biostatistics 9:432-441.
31		Banerjee, O., El Ghaoui, L., and d'Aspremont, A. (2008). "Model Selection through Sparse Maximum Likelihood Estimation for Multivariate Gaussian or Binary Data". Journal of Machine Learning Research 9:485-516.
32		A. Kraskov, H. Stogbauer and P. Grassberger, "Estimating mutual information". Phys. Rev. E 69, 2004.
33		B. C. Ross "Mutual Information between Discrete and Continuous Data Sets". PLoS ONE 9 (2), 2014.
34		Molnar, Christoph. "Interpretable machine learning. A Guide for Making Black Box Models Explainable", 2019. https://christophm.github.io/interpretable-ml-book/.
35		Lipton, Zachary C. "The Mythos of Model Interpretability". arXiv preprint arXiv:1606.03490, 2016.
36	GARCHI	Gartner, Inc. 2017. Preparing and Architecting for Machine Learning
37		SAS Institute Inc. 2018. Supervised Machine Learning Pipelines Using SAS® Viya® Course Notes
38		SAS Institute Inc. 2017. SAS® Visual Data Mining and Machine Learning 8.2: User's Guide. Cary, NC: SAS Institute Inc.
39		SAS Institute Inc. 2018. SAS® Visual Data Mining and Machine Learn-ing 8.3: User's Guide. Cary, NC: SAS Institute Inc.
40		SAS Institute Inc. 2017. SAS® Visual Data Mining and Machine Learning 8.2: Reference Help. Cary, NC: SAS Institute Inc.

순번	인용어	참고 문헌
41	VDMMLR	SAS Institute Inc. 2018. SAS® Visual Data Mining and Machine Learning 8.3: Reference Help. Cary, NC: SAS Institute Inc.
42		SAS Institute Inc. 2018. SAS® Data Explorer 2.2: User's Guide. Cary, NC: SAS Institute Inc.
43		SAS Institute Inc. 2016. SAS® 9.4 Language Reference: Concepts, Sixth Edition. Cary, NC: SAS Institute Inc.
44		SAS Institute Inc. 2019. Analytics Life Cycle. https://www.sas.com/en_us/software/platform/analytics-life-cycle.html
45	DFS	James Max Kanter (2015). Deep Feature Synthesis: Towards Automating Data Science Endeavors. 2015 IEEE International Conference on Data Science and Advanced Analytics (DSAA)
46		Nektar Data Systems Inc. (2018). 5 Factors of High Quality Data & How They Affect Business Decisions. https://nektardata.com/5-factors-of-high-quality-data/
47		Funda Güneş (2018). Automate your feature engineering. https://blogs.sas.com/content/subconsciousmusings/2018/08/09/automate-your-feature-engineering/
48	YJ	I.K. Yeo and R.A. Johnson, "A new family of power transformations to improve normality or symmetry". Biometrika, 87(4), pp.954-959, (2000).
49		SAS Institute Inc. 2018. SAS® Visual Data Mining and Machine Learning 8.3: Procedures. Cary, NC: SAS Institute Inc.
50	VSP83	SAS Institute Inc. 2018. SAS® Visual Statistics 8.3: Procedures. Cary, NC: SAS Institute Inc.
51		Kim, T., & White, H. (2003). On More Robust Estimation of Skewness and Kurtosis: Simulation and Application to the S&P500 Index. UC San Diego: Department of Economics, UCSD.
52		Alice Zheng (2018). Feature Engineering for Machine Learning. O'Reilly
53	VFS	Guyon, Isabelle; Elisseeff, André (2003). "An Introduction to Variable and Feature Selection". JMLR. 3.
54	MIR	B. C. Ross "Mutual Information between Discrete and Continuous Data Sets". PLoS ONE 9 (2), 2014.
55		A. Kraskov, H. Stogbauer and P. Grassberger, "Estimating mutual information". Phys. Rev. E 69, 2004.
56	SICOV	Friedman, J. H., Hastie, T., and Tibshirani, R. (2008). "Sparse Inverse Covariance Estimation with the Graphical Lasso". Biostatistics 9:432-441.
57	GBM	Friedman, Jerome H. "Greedy function approximation: A gradient boosting machine". Annals of statistics (2001): 1189-1232.

순번	인용어	참고 문헌
58		Alex Goldstein (2014). Peeking Inside the Black Box: Visualizing Statistical Learning with Plots of Individual Conditional Expectation. arXiv:1309.6392 [stat.AP]
59	LIME	Marco Tulio Ribeiro (2016). "Why Should I Trust You?": Explaining the Predictions of Any Classifier. arXiv:1602.04938 [cs.LG]
60		Bishop, C. M. (1995). Neural Networks for Pattern Recognition. Oxford: Oxford University Press.
61		Christopher M. Bishop (2006). Pattern Recognition and Machine Learning. Springer Science + Business Media, LLC.
62		Van der Maaten, L. (2014). "Accelerating t-SNE Using Tree-Based Algorithms". Journal of Machine Learning Research 15:3221-3245.
63	TSNE	Van der Maaten, L., and Hinton, G. (2008). "Visualizing Data Using t-SNE". Journal of Machine Learning Research 9:2579-2605.
64		G.E. Hinton and S.T. Roweis. Stochastic Neighbor Embedding. In Advances in Neural Information Processing Systems, volume 15, pages 833-840, Cambridge, MA, USA, 2002. The MIT Press.
65	SNEUSE	Wattenberg, et al., "How to Use t-SNE Effectively", Distill, 2016. http://doi.org/10.23915/distill.00002
66	SVDD	Tax, D. M. J., and Duin, R. P. W. (2004). "Support Vector Data Description". Machine Learning 54:45-66.
67	KANG	강봉주(2019). 파이썬으로 실무에 바로 적용하는 머신러닝. 에이콘출판사

찾아보기

ㄴ

ㄷ

ㄹ

ㅁ

ㅂ

ㅅ

ㅇ

ㅋ

ㅌ

ㅍ

ㅎ

기타

SAS Viya 기반의
실무에 바로 적용하는 AutoML

저 자 강봉주
발 행 인 김지영
발 행 처 자유아카데미
주 소 경기도 파주시 회동길 37-42
파주출판도시
전 화 031-955-1321
팩 스 031-955-1322
홈페이지 www.freeaca.com
전자우편 main@freeaca.com (대표)
editor@freeaca.com (편집)
crm@freeaca.com (영업)
등 록 제406-2003-017호, 1980. 7. 12
제1판1쇄 2020년 7월 5일 발행
제1판2쇄 2020년 11월 30일 발행

ISBN 979-11-5808-272-7 93000